"十四五"普通高等教育本科部委级规划教材

大学生创业计划书

方法与案例

主　编◎和　征
副主编◎张余丹

中国纺织出版社有限公司

内 容 提 要

全书包括创业计划书概述、商业机会、产品与服务、市场分析、商业模式设计、营销策略、创业融资、创业风险识别与控制、企业介绍与团队管理等内容。根据大学生创新创业需求特点，期望构建独具特色的高质量的创新创业课程，结合大学生创业方法和成功案例，系统阐述了大学生在创业过程中需要重点关注的问题，旨在激发大学生的创业潜力，释放大学生的创业活力，增强大学生的创业能力。

图书在版编目（CIP）数据

大学生创业计划书——方法与案例/和征主编.--北京：中国纺织出版社有限公司，2022.12

“十四五”普通高等教育本科部委级规划教材

ISBN 978-7-5180-8671-9

Ⅰ.①大…　Ⅱ.①和…　Ⅲ.大学生—创业—高等学校—教材　Ⅳ.①G647.38

中国版本图书馆CIP数据核字（2021）第131715号

责任编辑：张　宏　　责任校对：王惠莹
责任设计：师卫荣　　责任印制：储志伟

中国纺织出版社有限公司出版发行
地址：北京市朝阳区百子湾东里A407号楼　邮政编码：100124
销售电话：010-67004422　传真：010-87155801
http://www.c-textilep.com
官方微博 http://weibo.com/211988771
三河市宏盛印务有限公司印刷　各地新华书店经销
2022年12月第1版第1次印刷
开本：710×1000　1/16　印张：13.5
字数：300千字　定价：58.00元

序　　言

习近平总书记在党的十八大会议中提出实施创新驱动发展战略，并在党的十九大报告中再次指出“创新是引领发展的第一动力，是建设现代化经济体系的战略支撑”。

大学作为创新创业的摇篮，积极响应国家“大众创业，万众创新”的号召，开设了创新创业的相关课程，举办了“互联网+”“挑战杯”等一系列创新创业大赛，从理论和实践两个方面培养大学生创新创业的意识和能力。但在此过程中仍会出现以下问题：

1. 大学生创新创业动力不足。虽然大学生对创新创业有一定的兴趣，但是由于课业的压力和负担较重，导致学生无法协调创新创业课程与其他主修课程的时间与精力；同时，由于大多数学校创新创业类课程和比赛与学生的学分直接挂钩，导致学生为了获得学分，机械地完成相关作业和比赛，从而导致学生进一步降低了对创新创业的兴趣。

2. 缺乏完整、系统的培训过程。一方面，高校开设的大多数创新创业课程往往只单纯地讲述理论和概念，很少与具体案例、比赛实践相结合，课程内容较为枯燥，使得学生对创新创业课程的重要性认识不足，甚至产生抵触和厌恶情绪；另一方面，很少有课程讲述完整的创业计划书的过程和编写规范，使得学生在创新创业比赛或实践中无法着手完成一份完整的创业计划书，无法体现项目的创新点，甚至无法解决实际问题。

基于以上问题，我们编撰了《大学生创业计划书——方法与案例》一书。编著本书的意义在于以下几点：

1. 激发大学生创新创业的潜力——完整的方法论。本书完整地阐述了创业计划书编写过程中应该包括的具体内容，能够让大学生对创新计划书有全面的了解和认知，并且能够为大学生在创新创业比赛或实践中提供指导，以激发他们创新创业的潜力。

2. 释放大学生创新创业的活力——理论与案例相结合。本书的各个章节都附有相关的案例支撑，能够引导学生在学习理论知识的过程中，对知识的应用进行积极有效的思考，在案例分析中总结经验、吸取教训，从而进一步提升学生对创新创业的兴趣。

3. 增强大学生创新创业的能力。本书结合方法论与案例，从撰写创业计划书的视角，全方位培养学生以项目的生命周期为脉络，识别项目需求、产品、市场及用户、商业模式、融资、风险等一系列因素，从而达到增强学生创新创业能力的目的。

本书内容共包括九个章节。第 1 章创业计划书概述，阐述了创业计划书在创新创业过程中的地位和作用以及编写计划书的基本要领和方法；第 2 章商业机会，讲述了创业项目开始时如何识别和评估商业机会；第 3 章产品与服务，介绍了项目中最为重要的产品与服务的开发、规划以及社会效益分析问题；第 4 章市场分析，介绍了如何从市场的角度分析项目的战略布局；第 5 章商业模式及其设计，介绍了项目商业模式相应的核心要素以及设计要点；第 6 章营销策略，介绍了如何根据项目的前期分析定位目标市场以及如何采取相应的营销策略；第 7 章创业融资，介绍了项目融资过程中的资金获取、融资模式及融资渠道的相关内容；第 8 章创业风险识别与控制，介绍了项目风险的识别、分析与控制过程；第 9 章企业介绍与团队管理，阐述了创业企业的宗旨、理念、文化，企业发展战略规划和团队管理的内容。

在本书的编撰过程中，郭爽琳、曲姣姣、李芳、夏超、张志钊查找了大量资料，收集了与各章节相关的应用案例，丰富了本书的内容，并实现了理论与实际的结合。其中，李芳主要参与第 1 章创业计划书概述和第 2 章商业机会的编写；夏超主要参与第 3 章产品与服务和第 4 章市场分析的编写；郭爽琳主要参与第 5 章商业模式及其设计、第 6 章营销策略和第 7 章创业融资的编写；曲姣姣主要参与第 8 章创业风险识别与控制和第 9 章企业介绍与团队管理的编写；张志钊也参与了第 3 章产品与服务的编写。正是由于大家共同的努力和付出，最终完成了本书的编撰。在此，向为本书编撰付出辛勤劳动的所有老师、学生，以及对本书提出宝贵意见的专家和教授表达深深的谢意。

本书的编撰时间紧促，难免存在一些疏漏或差错，望广大读者批评、指正！

和征　张余丹

2020 年 10 月 9 日

目　　录

第 1 章　创业计划书概述

扫码获取
本章课件

引例

在进入正式课程之前，让我们看一个案例：

许小姐一门心思做老板。她的第一桶金是通过七年的奋斗和省吃俭用积攒下来的，其中十万元用于注册资本，五万元作为流动资金。她认为，个人创业必须有丰富的工作经验。因此，在她过去的工作过程中，无论是本职内还是本职外的事，她都不计报酬、抢着干。特别对于经营相关的工作，她为了多学点本领，为自己创业做准备，尤为上心。除此之外，她认为个人创业必须有一个好的项目。于是她将目光投向了当时的朝阳产业——房地产租赁咨询。在完成所有注册流程后，她依旧兢兢业业努力工作，但没想到创业最初几乎没有生意，直到半年后才有了营业收入，但是经营状况不太稳定，半年时间她赔了三万元。她开始动摇了，觉得自己是在靠天吃饭，靠运气吃饭。创业开公司不应该是赌博，一定在某些方面出了问题。于是，许小姐并没有等到十五万元都赔光的时候才行动，而是搞清楚问题的原因是什么，最终在第七个月时关掉了公司。

这个案例告诉我们，导致许小姐失败的原因或许会有很多种，但没有一个完整的创业计划一定是其中一条重要的原因。由于小企业抵抗风险的能力较低，如果创业时不经过成熟考虑，一厢情愿地做事情，必然会危机重重。大学生要想创业成功，就要提前掌握相关方法，避免投资“打水漂”。

创业计划书也叫商业计划书，是指在初创企业成立之前，创业者针对某些具有市场发展前景的新产品或服务进行分析，以便供投资者、风投公司、重要伙伴等进行合作和风险投资的可行性商业报告。创业计划书主要用来描述创办新企业时所有的内部和外部因素。一方面，创业计划书集成了包括市场营销计划、生产和销售计划、财务计划、人力资源计划等在内的各项职能；另一方面，创业计划书也是创业初期中短期决策遵循的方针。

创业计划书作为创业者吸引投资的一份报告性文件。现实中，任何形式出资的创业者都需要创业计划。因为创业并不只依靠热情和冲动，而是一种理性的行为。所以，在创业活动开始前，一个较为完善的计划是非常有必要的。具体来看，首先在做创业计划时，创业计划书会比较客观地反映实际问题，通过帮助创业者对成功创业主要影响因素的分析，使创业者保持清醒的头脑；其次，一项比较完善的创业计划足以成为创业者的创业指南或行动大纲；最后，创业计划书也可以作为商业的可行性报告及其他渠道融资的报告性文件，用于向风险投资家游说以取得创业投资。从这个意义上讲，一篇优秀的创业计划也会成为创业者吸引资金的“敲门砖”和“通行证”。

在当前互联网背景下创业更需要具备以下特点的计划书：

(1) 简洁：用几句话清楚地说明目前市场中存在一个什么空白点或存在一个什么问题以及这种情况有多严重。

(2) 能力展示：用什么样的解决方案或什么样的产品能够解决这个问题，方案或者产品是什么，提供了怎样的功能。

(3) 商业价值：产品的独特性是什么，有什么特别的核心竞争力，产品市场有哪些。

(4) 突出亮点：强调优势在哪里。

1.1 创业计划书的作用

1.1.1 对外宣传，获得融资

作为一份全方位的项目计划，创业计划书既是对将要展开的创业项目的可行性分析，也是从企业的产品、营销、市场及人员、制度、管理等各个方面向，包括风险投资商、银行、客户和供应商在内的利益相关者做关于拟建企业及其经营方式的宣传。从这个角度来讲，创业计划书在一定程度上也是拟建企业对外进行宣传和包装的文件。

一个好的创业计划书是获得贷款和投资的关键因素之一。如何吸引投资者、特别是风险投资家参与创业投资项目，这时一份高质量且内容丰富的创业计划书，将会使投资者更快、更有效地了解投资项目，将会使投资者对项目充满信心，并投资参与该项目，最终达到为项目筹集资金的目的。

创业计划书是争取项目融资、投资的敲门砖。投资者每天会接收到很多创业计划书，创业计划书的质量和专业性就成为企业争取投资的关键点。企业家在争取获得风险投资之初，首先应该将创业计划书的制作列为头等大事。

1.1.2 自我评价，理清思路

首先，创业计划书应该是给创业者自己看的文件。创办企业不是“过家家”，创业者应该以严谨的态度对自己所有的资源、已知的市场情况和初步的竞争策略做尽可能详尽的分析，并提出一个初步的行动计划，通过创业计划书做到使自己心中有数。除此之外，创业计划书也是创业资金准备和风险分析的必要手段。对初创企业，创业计划书的作用显得尤为重要，往往酝酿中的项目很模糊，通过制订创业计划书，可以更好地分析目标客户、规划市场范畴、形成定价策略、对竞争性的环境做出界定，在其中开展业务，以求成功。创业计划书的制订保证了创业初期企业各项职能保持协调一致。同时，随着创业计划书的制订，往往能够在撰写过程中发现具有竞争力的优势方面，也可能是计划书所蕴藏的机遇或挑战。将计划书付诸纸上有助于提高创业者管理企业的能力，也可以集中精力避免任何偏差，做到防患于未然。

1.1.3　向合作伙伴提供信息

利用创业计划书向相关组织和业务合作伙伴提供信息。

（1）对投资者：把所有的业务问题弄清楚，就会有规则可循；

（2）对政府：政府资助的创业项目需要一份创业计划书；

（3）对金融机构：创业计划书是金融机构进行商业贷款的重要文件；

（4）对外合作：在招募其他股东或合伙人时，创业计划书最具说服力。

编制创业计划书的最重要的目的是寻找自己的战略合作伙伴，使企业更有活力，实现多方共同发展。

1.2　创业计划书的基本内容

近年来，随着我国投资业向国际资本市场开放，国内投资业发展迅速，项目差异越来越明显，这使得创业计划书的撰写格式发生了一定的变化，不再只是按照常规的标准编制，而是根据不同的项目特点和不同的企业特点，重新设计创业计划书的编写步骤，细化、规划章节，加以区分。此外，不同的投资者，特别是一些来自不同国家的投资者，对创业计划书的阅读习惯也不同，这对创业计划书的专业性提出了更高的要求。创业计划书的主要编制要求如下：

（1）内容真实：创业计划书所涉及的内容和反映情况的数据必须绝对真实可靠，不得有偏差和错误。其中使用的信息和数据应反复验证，以确保内容的真实性。

（2）预测准确：创业计划书是投资决策前的活动，具有预测性及前瞻性。它是事件发生前的研究，也是对未来发展的估计，以及对可能存在的问题和结果的分析。因此，必须深入调查研究，充分掌握数据，运用实用的预测方法，科学预测未来前景。

（3）论证严密：论证性是创业计划书的一个显著特点。为了使项目具有规范性，必须运用系统分析的方法对影响项目的各种因素进行分析，包括宏观分析和微观分析。

创业计划书的基本结构如下：

1. 摘要

对于创业计划书的编制内容，最重要的是计划书摘要，它位于创业计划书的最前面，是浓缩创业计划书的精髓。摘要涵盖了计划的要点，以便投资者能够在最短的时间内进行评审和判断。计划书摘要一般包括以下内容：公司简介、主要产品（服务）及经营范围、市场概况、营销策略、销售计划、生产管理计划（产品研发计划）、经理及其组织机构、财务计划、资金需求等。

在介绍企业时，首先要说明创办新企业的理念、理念的形成过程以及企业的目标和发展战略。其次，阐述企业的现状、历史背景和经营范围。在这一部分，应客观地评价企业过去的情况，不回避失误。诚实的分析更容易赢得信任。最后，有必要介绍风险企业家自身的背景、经验、经历和专长等。企业家的素质往往对企业的绩效起着关键性的作用。在这里，企业家应该努力突出自己的优势，展示自己的创业精神，以打动投资者。

摘要中还必须阐述清楚下列问题：

①企业所在行业、经营性质和经营范围；

②企业主要产品内容；

③企业的市场在哪里，谁是企业的顾客，他们有哪些需求；

④企业的合伙人、投资人是谁；

⑤谁是企业的竞争对手，对企业的发展有什么影响。

摘要尽量简明、生动。尤其有必要详细说明企业自身的差异性以及影响企业成功的市场因素。如果企业家明白自己在做什么，两页的总结就足够了。如果企业家不知道自己在做什么，总结可能会超过20页。因此，有些投资者根据摘要的长度“从谷壳中拣出谷粒”。

2. 企业简介

这一部分的目的不是描述总体计划或提供另一个概述，而是介绍企业，重点是企业理念以及如何为企业设定战略目标。企业简介需要给出企业的基本情况，主要包括企业的名称、位置、性质，主要业务、员工的组成，财务状况、近期和长期目标。如果是拟创业的企业，创业者可以模拟成立企业来做具体介绍。

3. 行业状况

这一部分主要说明企业在行业分析中的外部因素，应正确评价所选行业的基本特征、竞争状况和未来发展趋势。关于行业分析的典型问题如下：

（1）该行业发展程度如何？现在的发展动态如何？

（2）创新和技术进步在行业中的作用是什么？

（3）该行业的总销售额有多少？总收入为多少？发展趋势怎样？

（4）价格趋向如何？

（5）经济发展对该行业的影响程度如何？政策是如何影响该行业的？

（6）是什么因素决定着它的发展？

（7）竞争的本质是什么？你将采取什么样的战略？

（8）进入该行业的障碍是什么？如何克服这些障碍？该行业典型的回报率有多少？

4. 产品（服务）介绍

在进行投资项目评估时，投资人最关心的问题之一就是风险企业的产品、技术或服务能否以及在多大程度上解决现实生活中的问题，或者风险企业的产品（服务）能否帮助顾客节约开支，增加收入。因此，产品（服务）介绍是创业计划书的重要组成部分。产品描述一般应包括以下内容：产品的概念、性能及特性；主要产品介绍；产品的市场竞争力；产品的研究和开发过程；开发新产品的计划和成本分析；产品的市场前景预测；产品的品牌和专利。

在产品（服务）介绍这一部分，创业者要对产品（服务）做详细的说明，说明既要准确，还要通俗易懂，让非专业的投资者能够理解。一般来说，产品描述应包括原型、照片或其他描述。

通常，产品介绍需要回答下列问题：

（1）客户希望企业的产品能够解决哪些问题，客户能够从企业的产品中获得哪些好处？

（2）与竞争对手相比，企业自身的产品有哪些优势和劣势？客户为什么会选择企业的产品？

（3）企业对其产品采取了哪些保护措施，拥有哪些专利、许可证，与申请专利的生产企业达成了哪些协议？

（4）为什么企业产品的定价能够为企业带来足够的利润，为什么用户会大量购买企业的产品？

（5）如何提高产品的质量和性能，企业对开发新产品有什么计划？

5. 人员及组织结构

当有了一个产品后，创业者需要做的第二件事就是建立一个合理的管理团队。企业管理的质量直接决定了企业风险的大小。而高素质的管理人员和良好的组织结构是搞好企业管理的重要保证。因此，风险投资家特别重视对管理团队的评估。

管理团队应该是互补的、具有团队精神的。企业必须具备负责产品设计开发、市场营销、生产经营管理、企业财务管理等方面的专业人才。在创业计划书中，需要明确主要的管理者，介绍他们的能力，他们在企业中的职位和职责，他们过去详细的经历和背景。同时在这一部分中还需要简要介绍企业的结构，包括：组织机构图、各部门的功能与责任、各部门的负责人及主要成员、企业的报酬体系、股东名单（包括认股权、比例和特权）、企业董事会成员及其背景资料等。

成功的经验比学历学位更有说服力。如果要把一个特别重要的职位交给没有经验的人，一定要给出一个很好的理由。

6. 市场预测

当一个企业想要开发一种新产品或开拓一个新市场时，它必须首先做一个市场预测。如果预测的结果不好或者预测的可信度有问题，投资者就不得不承担更多的风险，这是大多数风险投资家无法接受的。

市场预测从需求预测开始，应解决以下问题：这种产品有需求吗？需求水平是否为企业带来了预期的效益？新的市场规模有多大？需求发展的未来趋向及其状态如何？影响需求的因素都有哪些？其次，市场预测还应包括对市场竞争形势的分析——企业面临的竞争格局，应解决以下问题：市场中主要的竞争者有哪些？公司产品是否存在市场缺口？本企业预计的市场占有率是多少？当企业进入市场时，竞争对手的反应是什么？这些反应对企业的影响是什么？……

在创业计划书中，市场预测部分应包括以下内容：市场现状综述、竞争厂商概览、目标顾客和目标市场、本企业产品的市场地位、市场区域和特征等。

风险企业的市场预测应建立在严谨、科学的市场调查基础上。风投公司所面对的市场本质上更加不稳定和不可预测。因此，风险企业应扩大信息收集范围，重视环境预测，采用科学的预测方法。创业者应牢记市场预测不是想象出来的，对市场的判断错误是企业失败的主要原因之一。

7. 营销策略

拥有了优质的产品与服务和良好的市场机遇，还需要一个切实可行的营销策略与计划来配合。在创业计划书中，营销策略包括营销组织和营销渠道的选择、营销团队和管理、促销计划和广告策略、价格决策等。

8. 财务规划

财务规划一般侧重于编制现金流量表、资产负债表和损益表。流动资金是企业的生命线。因此，企业在创业或扩张时，需要事先制订详细的计划，并严格控制过程中的流动资金。损益表反映的是企业的损益。它是企业经营一段时间后的经营成果。资产负债表反映了企业在某一时刻的状况。投资者可以利月资产负债表中数据所获得的比率指标来衡量企业的经营状况和可能的投资回报率。

9. 融资计划

融资计划包括融资目的和额度、资金用途和使用计划、融资后项目实施计划（包括资金投入进度、效果和起止时间等），以及融资后未来 3～5 年的投资平均年回报率及相关依据。

10. 风险与风险管理

创业计划书都会对项目做出一些美好的未来规划，但是风险投资者都会害怕面对一个存在着太多不确定因素的项目。因此，风险控制分析部分就是说明各种潜在的风险，并向风险投资者阐述针对各类风险的规避措施，主要内容包括：企业在市场、竞争和技术方面面临哪些风险？准备怎样应付这些风险？企业还有一些什么样的附加机会？如果创业者的估计不那么准确，应该估计出误差范围到底有多大。如果可能的话，对关键性参数做最佳和最差的设定。

1.3　创业计划书的编写步骤与制作技巧

创业计划书的编制是对一个项目的未来前景进行展望，仔细探索其中的合理思想，确定项目实施所需的资源，然后寻求必要的支持的过程。

需要注意的是，并非上述所有内容都应包含在任何创业计划中。创业内容不同，创业计划书之间的差别也很大。

创业计划书的编写步骤如下：

第一步：经验学习

创业计划书编写的核心理念就是通过创造性模仿和重组来构建，那么这里创新的部分就在于理解这些模式成功的形态是什么样的，并能通过转化、重组和转变等方式将这些成功的形态应用到自己的计划书中。而这个过程并不是一个简单的盲目性模仿，而是学习其他人成功的经验。

第二步：创业构思

这一阶段需要考虑的问题主要包括：计划项目的类型、构思背景、项目将销售的产品或服务、产品或服务的销售对象、产品或服务的销售方法和销售途径、项目将解决并满足顾客的什么需求等一系列问题。

第三步：市场调研

市场调研是为了获得第一手的商业信息数据、提升决策的质量而专门进行系统的信息收集和分析。现今社会，市场创新层出不穷，消费者喜新厌旧，竞争态势日趋加剧，社会观念持续变化，科学技术持续进展。在外部环境时刻发生变化时，企业的紧要任务不再单单是关注自身产品质量和竞争对手，而应将“洞悉消费者需求和满足消费者需求”列为重中之重。通过市场调研能够为项目决策提供依据。

第四步：计划编写

写出创业计划的全文，加上封面，抽出要点来撰写摘要，然后将整个创业计划书按照以下顺序排列：

①市场机遇与谋略；

②经营管理；

③经营团队；

④财务预算；

⑤其他与读者有直接关系的；

⑥企业创始人、潜在投资者，甚至家庭成员和配偶的信息和资料。

第五步：修饰

首先，写一个一到两页的总结，把创业者的主要观点写在前面。其次，检查一下，不要有错别字之类的错误，否则别人会怀疑创业者做事的严谨性。然后，设计一个漂亮的封面，编制目录和页码。最后，打印，装订成册。

第六步：检查

创业计划书写好后，创业者最好再检查一遍，确认计划书是否能准确回答投资者的问题，赢得投资者对企业的信心。一般来说，可以通过以下方式来审查该计划书：

（1）创业计划书是否显示出创业者有经营一家企业的经验？如果创业者自己没有能力管理公司，那就需要聘请一位职业经理人来管理公司。

（2）创业计划书是否显示创业者有能力偿还借款？一定要给潜在的投资者提供一份完整的比率分析。

（3）创业计划书是否表明创业者做了全面的市场分析？说服投资者相信创业者在计划书中陈述的产品的需求是真实的。

（4）创业计划书是否容易使投资者理解？创业计划书应该具有索引和目录，以便投资者可以较容易地查阅各章节，同时还应保证目录中的信息是有逻辑的和准确的。

（5）为了引起投资者的兴趣，计划书的摘要应写得引人入胜。

（6）创业计划书是否在文法上全部正确？如果创业者不能保证，最好找他人帮忙检查。不要因计划书中的字词、语法和排版等方面的错误错失良机。

（7）创业计划书能否使投资者对创业者的产品（服务）放心。如果需要，创业者可以准备一件产品模型。创业计划的各个方面都会对筹资的成功与否产生影响。所以，如果创业者对自己的创业计划的成功没有信心，最好向专业顾问咨询。

此外，在制作创业计划书的时候，可以运用以下技巧。

1. 结构体例

一般来说，创业计划书的结构和风格是比较固定的。虽然没有硬性的规则，但创业者要注意的是，不能为了创新而偏离总体的结构和格式。当然，最好不要直接应用创业计划软件包提供的一些模板，即使这样做可能会使创业计划看起来更专业。

不能偏离太多，也不能直接应用模板，那该怎么写呢？一个基本要求是必须根据具体的市场调研数据和事实来写，要充分体现企业的可预测性和企业家的激情。

另外，创业计划书在排版和印制上也有讲究。例如不要过度使用文字处理工具，如粗体、斜体、字号、颜色等工具，否则会使创业者的计划书看起来不够专业。

还有其他细节需要注意。例如，如果企业有一个漂亮的 logo，就把它放在封面和每页的页眉上，并尝试与其他图标的颜色相匹配。这些小细节将给投资者留下深刻的印象。

2. 内容设计与组织

创业计划书的内容是基于市场调查或其他真实数据的。因此，在撰写创业计划书文本时，可以先写客户和市场分析，再写结合企业发展目标的产品开发和财务信息。

然而，在实践中，大多数企业家把他们的大部分时间和精力都花在了财务上，详细阐述公司的财务计划，而忽视了市场调查，这显然是不值得的。

创业计划书的内容书写反映在一个过程中。随着写作工作的深入，创业者可以得到越来越具体的关于新市场和潜在客户的信息，所以创业计划也需要随时做相应的调整。而且，随着相关信息的增多，创业者的个人目标也会发生变化，从而影响公司的所有权、销售预期、盈利预期和融资决策。

因此，创业计划书的编写不是一劳永逸的工作，而是一个动态的过程，需要创业者随着理解的加深和环境的变化不断调整。因此，在编写创业计划书的过程中，创业者应该保持诚实和开放的心态，不断修改和完善自己的计划书。

需要注意的是，在创业计划书的内容设计和信息组织的过程中，要更多地考虑投资者的意见和感受。因为创业者的建议最终是说服投资者投资。因此，一些高科技公司需要拿出一种“对投资者有益”的财务计划，表明在理论上有潜力创造十倍的回报。

例如，对内部投资回报率的分析显示，国外风险投资一般寻求的投资机会都是在四到六年的时间内能够增长到五千万美元的收入。因此，许多创业计划书表明公司的收入将在第五年达到五千万到一亿美元。

3. 注意细节处理

俗话说“细节决定成败”。有时候你的创业计划书写得很好，但是由于一些细节上的错误，不能赢得投资者的青睐。

例如，摘要太长太松，没有准确、清楚地说明要点；只显示产品的价值，而忽略了对潜在客户的市场调查；没有清楚地回答用户为什么要使用你的产品；未能在附录中注明管理团队简历，导致投资者误认为创业者的团队没有经验；对财务预期过于乐观；没有清晰地回答产品所处的阶段；定义的市场规模太大，缺乏深入、认真的市场调研等。这些是创业计划中经常出错的细节。

1.4 参考案例

1.4.1 案例一：家居饰品店创业计划书

一、项目概述

在各种类型商店丰富的今天，“个性”可以视为商店的灵魂和生命。我们以墙挂、藤编容器等家居配饰为经营项目，以专业化、个性化为主导理念，以普通消费者为客户群，利用电商模式，建立自己的家居饰品店网站，利用“一站式”销售来实现最大的经营利润。采用电子互动平台来提高产品供应链、营销链到市场的整体速度，及时补货，与客户进行充分沟通。经营饰品店的想法来源于对个性化饰品和家居装饰的浓厚兴趣，还有饰品行业巨大的发展潜力的吸引，希望我们的一个藤编花瓶，一副泰式壁挂，一盏贝壳灯，都能为您温暖的家增添光彩，营造浪漫的氛围。

二、公司介绍

1. 公司经营宗旨及目标

公司坚持诚实守信、客户利益第一的经营宗旨。我们将时刻关注客户需求，以公司网站为平台，关注客户反馈信息，为客户提供多种咨询服务，并以市场为导向，加快产品更新速度，从而保证我们家居饰品的质量和时尚性，满足人们追求个性、简约、时尚的愿望。

依靠薄利多销，以质量和设计赢得客户的认可，这是我们的经营之道。相信在大家的努力下，我们的产品一定会获得良好的口碑，同时也会帮助客户营造温馨舒适的家居氛围。实现公司与客户的双赢，这便是我们的目标！

2. 公司简介

（1）公司名称：猴哥淘艺。

（2）业务范围：家居小饰品——各种壁挂、藤花瓶、靠垫、陶瓷画、陶瓷花瓶、小地毯、电器罩等。

3. 公司管理

（1）管理思想：在质量管理要求下，员工不断学习和成长。对业务流程进行重新思考和设计，在成本、质量、服务、速度等绩效度量标准上取得重大突破，完成企业的流程再造。公司采用网络分级管理制度，实现集中与分散统一、稳定与变化统一、一元化与多元化统一。

（2）管理队伍：以总经理为中心，下设产品服务总监、营销总监、网站技术总监、财务总监。

（3）管理决策：以总经理为核心，各部门负责人共同参与讨论公司的相关事务。总经理拥有最高的决策权，如涉及公司战略方向的选择以及不同工作单元中自主劳动力的范围和边界的确定等问题。公司管理在一定程度上强调统一指挥、集中权力的同时，也注重分权。单位的一线人员，即部门领导，有权在公司战略参数范围内独立处理可能发生的突发事件。

三、成本及经济效益分析

1. 目标市场

销售对象主要集中在具有一定消费能力、对生活质量和生活方式有较高要求和期望的白领人群，偏爱休闲有情调，更注重生活品质而非物质。所以在销售过程中要锁定这个消费群体：高学历高收入的波波族、新贫族、白领阶层，也包括高中生和大学生。

2. 顾客的购买准则

遵循自愿、平等、诚信的原则，使用支付宝进行结算，遵守淘宝网网上交易协议。

四、产品与售后服务

××公司主要经营由××公司和××公司生产的礼品、挂图、工艺品等艺术产品的销售。××公司的产品包含××系列，××型号、××颜色、××规格……

（1）凡在商店购买任一商品的顾客均是本商店的普通会员，普通会员积分达到1500分（每消费1元可获得1分积分），即成为VIP会员；VIP会员积分达到3000分时，成为钻石会员，普通会员可享受10%的折扣，VIP会员可享受20%的折扣，钻石会员可享受7.5折优惠，并提供免费邮寄或快递服务。

（2）商店将根据客户选择的方式寄出，邮寄或长途运输（包括保险）的费用将由客户承担。

（3）商店对因邮寄或者长途运输造成的货物损失不负赔偿责任。

（4）为确保订单的有效性，商店将在客户发出订单后一天内通过短信、电话或电子邮件确认订单是否购买。一旦收到客户的准确答复，合同即视为生效。货款和邮资余额应在两天内付清，并在客户订单到账的当天或次日寄出。如果客户的费用因其他原因显示已从账户中汇出，而商店账户未到账，商店会在收到货款后发货，或者如果客户能提供相关证明来证明实际情况，商店认为合理的话，会在提供证明后三天内发货。

（5）顾客可以在两天内购买一件以上的商品，然后一起邮寄。如果客户购买的礼品涉及特殊设计、印刷等问题，商店在接到客户的订货意向后，会与客户联系，协商最终价格（注：涉及商标侵权责任由客户承担）。

（6）商店将根据客户的会员级别给予折扣，最终价格将在收到订单意向后与客户协商。

（7）如果顾客在收到订购的商品时发现质量问题，由于店方工作人员的疏忽或商品质量与描述不符，商店保证将无条件在收到货物之日起三天内为顾客更换和修理。与此同时，客户应承担退货的费用，不应承担重新邮寄的费用。

（8）顾客收到产品后如对产品不满意，可在不改变产品设计、材料，不损坏标识印刷，无任何质量问题不影响再次销售的前提下更换产品。由此产生的费用由顾客承担。

（9）如因顾客行为造成的商品外观、包装、性能等损坏，影响二次销售，请谅解，本店不会退货或换货。

五、资金需求、筹措方法及投资回报

由于公司为网上公司，产品覆盖面积小，起步前可以先根据市场需求作需求分析，根据分析逐步扩大购买规模，因此前期资金投入相对较小，预计公司将采取3000元的启动资金，主要用于仓库采购、员工培训和市场推广。筹集资金的方式是个人或组织的风险资本，以投资成为股东的方式投资，其他资本投资方式也可以考虑。根据每月一种产品的销售额（平均销售利润率为30%），预计在未来一年将收回成本。

1. 设备费用

计算机（启动投资）：初期计划使用两台计算机，保证每天8小时在线，在校期间每月平均计算机投资20元，假期每月60元；

软件（启动投资）：100元；

办公用房租赁（月投资）：拟租赁办公用房约20平方米，每月租金200元（按季度支付）；

设备启动资金共计760元。

未来，随着访问量的增加和采购团队的壮大，线上业务的重心将转移到建设公司独立的网站上。提高服务器等级，增加专线带宽，增加计算机数量，扩大办公面积。额外的设备费用预计在一年的时间内追加到位。

2. 行政费用

人员工资：起薪是零工资，属于创业阶段，资产以股份制的形式归个人所有；

宣传费用：宣传单每次发行100份；

通信费用：预计每月100元；

参考资料：网上和货品来源地为参考；

交通及其他行政开支预计为150元。

3. 盈利回报

在互联网时代，注意力可产生经济效益。基于高度的方向性和相对忠实的注意力，网上商店可以实现以下盈利方式：

在线一口价收费：按年营业额约6000元计算，收取5%的劳务费。年收入：3000元。

在线拍卖：（在小有盈利的基础上）以每年12件左右的交易量为基础，降低部分劳务费，提高产品美誉度和客户吸引力。

由于采用网上经营的方式，节省了传统店铺的经营成本。我们的资金主要用于购买、运输和储存货物。

据我们所知，采购渠道是多种多样的，包括直接从厂家那里采购，从设计公司采购，从批发市场采购等。从厂家采购成本较低，因为厂家不具备设计能力，产品多为加工和拉深加工，产品会比市场稍显过时。从设计公司买东西要贵一点，但能保证产品的“新鲜感”。批发市场按照收货价格，留出 50%的经营空间。

经过对批发市场的勘查，确定并选择了一家更熟悉的供应商。采购价格比零售价格低 50%，使我们有足够的利润空间来降低经营风险。初步估计首期投资为3000元，公司四人均摊。

1.4.2 案例二：大学健身房创业计划书

一、创业背景

近年来，有研究表明大学生的身体健康状况不容乐观，如体质下降、容易生病等。这不仅影响了当前大学生的学习，也对他们未来的职业生涯产生了重大影响。特别是近年来 NBA、英超等体育转播的普及，激发了大学生在赛场上展现自我风采的愿望。现在大学生希望通过体育锻炼来增进健康，但学校提供的健身设施比较陈旧，而目前市场上的健身费用往往超出了大学生的承受能力。因此为大学生开设健身房前景光明。

考虑到福州大学缺少学生健身中心，我们计划选择大学城作为创业起点。利用庞大学生群体及其在体育教学中的优势，可以预见我们有着巨大的市场空间和发展空间。

二、创业构想

1. 项目介绍

我们计划成立一间健身房，以大学城为中心，顾客以附近大学的大学生为主，以及周围的社会上的顾客。项目前期打算先租赁一间大仓库，地点选在地价相对较低的地段。相关配套设施有跑步机 5 台、五人综合训练器 1 台、坐式蹬腿训练器 1 台、坐式胸肌推举训练器 1 台、下斜举重床 1 台、臂力训练器 2 台以及乒乓球台、桌球台、桌游设备等。

2. 项目经营

形势分析：在前期，由于设施有限，知名度不高，顾客对我们的认可度不高。

相应对策：我们必须把顾客放在第一位。前期我们计划为每位客户量身定制健身方案，争取每位客户都有专门的教练指导和训练。在顾客中留下良好的口碑和形象，通过顾客的好评打开我们在大学城的市场，让我们站稳脚跟。

经过后期的开发扩容，首先是扩大场地，更新装备，引进新装备，增加专业教练数量。有可能发展成为中国唯一一家专业的大学生健身连锁店。

3. 项目优势

大学城附近没有设备齐全、大学生负担得起的体育馆。即使有，也没有专业的大学生健身团队。现代社会对良好身体素质的需求要求我们改变自己，提高身体素质。

初中，我们迫于学业压力，锻炼的机会和时间很少，大学的时间很充足，而且我们正处于从学校到社会的过渡阶段。俗话说，健康是革命的本钱。拥有一个良好的体格对我们进入社会和参加工作是很有帮助的。因此，加强体育锻炼，提高身体素质是现代大学生的需求。

4. 团队优势

我们的团队拥有自己的体育专业的学生，拥有专业的健身知识、优秀的管理和营销策略以及我们对健身事业的热情。

三、市场分析

1. 市场调查与行业分析

大学生是走在时尚和思潮前沿的群体，随着我国经济的发展，健身和健康时尚行业越来越受欢迎，大学生自然也不会落后。

对于大学生来说，一方面，健身并不是一种简单而随意的消费。大学生没有固定的收入来源，而且他们平时必须上课，空闲时间是有限的。另一方面，健身房能做些什么来吸引更多的大学生成为他们的会员？大学生作为潜在消费者，无疑将成为未来健身房的主要消费群体。从某种意义上说，这是一项长期投资，但绝对值得。

目前，大学生主要出生于2000年之后（人们俗称的“00后”）。这个群体伴随着中国经济的快速增长，互联网已经成为他们日常生活的重要组成部分。大学生群体的特点是思想开放，容易接受新事物，敢于尝试新事物。对于这样一个群体，传统的高校健身项目显然不能满足他们的基本需求。而当前福州市高校众多，发展高校健身市场具有重要意义。通过调查研究发现，福州大学生月平均消费约为750元，但办一张健身房的健身年卡至少需要3000元。对于一个普通的大学生来说，无法承受如此高昂的健身费用。毫无疑问，大学生想要在健身房里健身锻炼只是一种奢侈的幻想。为此，我们有针对性地开设了这个健身房。

大学城远离市区，这个位置可以吸引更多的大学生，竞争压力相对较小。此外，集体消费的习惯多见于当代大多数大学生，且因为运动时间相对集中，学习和社团的任务和压力都比较大，所以需要更多的体育项目来减轻压力。并且我们有更多专业的健身教练，可以建立一套更完善的健身计划来满足不同学生的需求。

目前，大多数学校的健身方法都比较简单，内容也比较枯燥。有些大学生很关心锻炼的结果，对表现有强烈的欲望。他们希望通过体育锻炼获得更多的成功体验。我们根据客户的要求，选择最适合他们的健身方式。

男生市场：主要以锻炼大腿、胸腹、手臂等肌肉为主的健身项目。

女生市场：主要开设瑜伽、普拉提、舍宾等健身项目。

大学生心理分析：

消费者最看重的无非是“物美价廉”，特别是对于没有稳定收入的大学生来说，这四个字更为重要。首先，要有心理预算。在这个预算的基础上，我们应该确保这个健身房的健身项目价格不是很高，符合我们自己的消费能力。其次需要考虑交通是否方便，大多数大学生在周六和周日去健身。在那种情况下，会不会有交通堵塞的情况发生，到达那里需要多长时间，等等。

针对当前大学生的消费心理，制订相应的销售方案。

从健身房的角度分析：现在越来越多的大学生选择去健身。虽然年卡和大学生套餐相对便宜，但它仍然是一个巨大的市场。怎样才能尽可能得到更多的市场份额呢？大多数大学生首先是被价格所吸引，比如××健身房会员卡促销每年 399 元，很多人都会停下来看看。其次，必须有一个具有专业素质和经验的会员顾问。还有就是主动出击，正常情况下就是让会员顾问通过分发传单来吸引那些想健身的大学生的注意。通过他们的体验、试课，会员顾问就会对顾客有全面的了解，也会让大学生觉得自己不会被骗，消除顾虑。例如，团体体操课可以帮助他们学习自己想学的东西，锻炼团队精神，享受健身；动感单车可以锻炼他们的心肺，对减肥有好处；器械可以更好地锻炼他们的肌肉力量，有很好的塑形效果。要尽我们所能让学生觉得设施、教练和课程安排满足了自己的需要，并且非常适合自己。要时刻为顾客着想，除了硬件设施外，还要有好的服务态度。

预计未来会有越来越多的大学生进入健身房，对大学生的健身服务也会越来越完善。相信这最终将是大学生和健身房双赢的局面。

2. 高校分布情况

目前福州大学城的高校分布情况：该地区至少有六所高校，也就是说待开发的市场非常广阔，不仅仅局限于一所大学。

3. 竞争分析

营运成本比较低，设备器材也会相对较薄弱。相比之下，许多大型健身房拥有较大的健身场地，设备齐全，客户来源稳定，收入稳定。当发现大学生市场后，竞争会更加激烈。

另外，如果我们正常地经营下来，不排除有新的竞争者加入。类似的专门针对大学生的健身机构非常多，行业没有专利，门槛相对较低，没有办法进行垄断经营。

4. 弱势分析

想在市场竞争环境里生存下来是很困难的。初始投资何时能回笼是一个关键问题。如果资金缺口过大，健身房很可能无法正常运作。

四、组织与场地分析

1. 组织结构

营销中心、财务部、开发部、市场部、门店。

2. 场地选取

在大学分布比较集中的区域选择租金比较便宜的场地开办健身房。

3. 参考选址类型

（1）商圈的设定。

①以徒步为主的商圈。如商业区、住宅区等，以店为中心，半径约500米，步行可以到达且方便快速为主。

②以车辆动线为主的商圈。位于十字路口附近及城区外主干路上，具有方便的停车空间及良好的视觉效果，可满足流动车辆所需的商圈。

（2）商圈以区域大小分类。以区域的大小加以分类，则有下列几种形态：

①邻近中心型。商圈半径为200～500米，即徒步商圈。这种类型的商业区分布在每个地区的人口密集区域或商业集中区。

②地区中心型。商圈半径约为1000米，也称为生活商圈。

③大地区中心型。此为地区中心更广的商圈。

④副都市型。通常是指公交线路聚集的地方，形成交通聚集地。

⑤都市型。商圈涵盖的范围是整个都市，其人群来自四面八方。

（3）具体选址要求。场地租金相对便宜，场地面积比较大。以大学为中心的圆，找出几个圆的交点。这样店面的辐射范围会比较大。

要有大学生经常经过的地方。可以经常与大学生面对面交流，了解大学生的消费意向和消费能力。

（4）目标消费群定位。

①根据公司的经营战略的思想和理念划分顾客。

A类顾客：一般是刚来的新生，目标年龄一般在17～18岁。

B类顾客：一般是大一或大二的学生，年龄一般在20～22岁。

C类顾客：一般是快走向社会的消费群体，年龄一般在22岁以上。

②按照族群类别划分顾客。

A类顾客：有“夜生活”习惯，追求娱乐与享受，主要是年龄在16～25岁的年轻人，如单身人士、青年学生和夜班人员。

B类顾客：一般是习惯快节奏生活的人。

（5）经营面积定位。根据公司的经营理念、未来的竞争需求和抵御风险的能力，公司将现在和未来要开的店铺划分为三类：

A类店：400～600m^2（适用于筹备期）。

B类店：800～1000m^2（适用于发展中期）。

C类店：上下层的模式，每层约800m^2（适用于发展后期）。

（6）装修标准定位。统一的店面形象和装修风格，按照以下标准进行门店装修：

①落地玻璃。

②空调、风扇、排气扇、上下水道。

③防潮地板砖；给必要的地方装上海绵垫。

④卫生间：两蹲一站、洗手盆、墙体全砖、防潮地板。

⑤店招牌用亚克力透明胶片，内打灯制作。

随着我们品牌的不断发展，我们的店铺装饰将采用更好的装修设计和装修材料。

五、营销策划

1. 营销方式与营销策略

营销方式：建立一种适合不同人群共同锻炼的新型锻炼模式。对健身的焦虑心情可以通过棋盘游戏来缓解。适当设置男女混合运动项目。增加户外活动。在每周锻炼结束时，会反馈锻炼效果并提供锻炼建议，举办“大学城先生”活动。

营销策略：凭借价格优势，专业的咨询团队，定制化的健身计划，以客户为导向，打造目前大学生唯一的专业健身房。

2. 具体操作流程

我们的核心理念：超越卓越！

服务理念：做好每一件小事，力求为客户带来更多喜悦！有针对性才有挑战性。围绕以上的理念，我们的团队制作出了如下具体营销模式：

①开店前，主要以传单的形式，面向周边高校宣传。宣传内容包括月卡、年卡的形式，价格低廉，服务专业，有专业的健身教练，目前唯一专门为大学生健身开办的健身房。开业首日前十名顾客可获赠一张为期一个月的免费体验卡。

②一开始可能没有很多客户。为每位来这里的顾客量身定做最适合他们的健身计划。随时征求客户意见，并给予建议和指导。

③第一批客户的健身计划完成后，这些客户将是我们品牌推广的最佳媒介。此后，宣传方式将转移到客户口碑的宣传阶段。

④针对每个客户的需求，制订不同方案的锻炼计划。

定价方案：

月卡：120 元（包月）。

次卡：80 元（一次性，适合周末）。

日卡：20 元（一天）。

学期卡：450 元（包学期）。

⑤销售周期：分 3 个周期。

旺季：推出季度卡、月卡优惠，在开学前后吸引学生购买。

淡季：从开学到放假，我们将举办户外活动、棋盘游戏、乒乓球等项目，以减少开支，保持学生对健身的兴趣。

假期：设立假日培训班和夏令营来吸引附近的客源。

3. 健身方案

针对不同的顾客类型做出具体的健身方案。以下按男女性别制订：

男人炫耀自己身体最好的地方是他的胸、臂和腹肌。所以，对于男性大学生，我们主要使用力量型健身来塑造其整个身体。

与男性不同的是，对女性我们注重使用柔韧性的训练，加上必要的力量训练。因此，对于女性大学生，我们主要以瑜伽、集体体操、搏击等为主要训练方法。

以下是按照锻炼的时间习惯制订的方案：

方案 1：晚上运动型

时间一般在晚上 8 点到 10 点。晚上的运动时间不宜过长。所以一般安排两个小时左右。一般可以用跑步机跑半个小时，然后开始进行手臂肌肉、胸肌、腹肌、腿部肌肉的运动锻炼。晚上的肌肉很容易放松，所以对于肌肉的锻炼要适当，不宜过长。

方案 2：白天运动型

白天运动是正常的运动时间，尤其是早晨和傍晚，可以根据每个人的不同需求进行不同的训练。

方案 3：周末运动型

周末是许多人选择的锻炼时间。因此，当周末有很多人的时候，我们会增加团体运动的数量。

六、经费预算

1. 经费预算

经费预算表如表 1-1 所示。

表 1-1　经费预算

项目	数量	单价（元）	合计（元）
跑步机	5	3500	17500
五人综合训练器	1	13000	13000
坐式蹬腿训练器	1	5000	5000
坐式胸肌推举训练器	1	6000	6000
下斜举重床	1	6500	6500
臂力训练器	2	6000	12000
其他设施（乒乓球台等）	若干		30000
其他费用（租金等）			220000
合计			310000
注：其他费用为场地的租赁费用以及装修的费用等。			

2. 经费筹措

按照以家庭集资为主，以银行贷款为辅的原则筹措经费。

1.4.3　案例三：废品回收企业商业计划书

一、企业介绍

随着我国经济的不断发展和人民生活水平的不断提高，电器、塑料、纸张等方面都有了很大的发展，在我们的生活中也变得越来越重要，新产品、新技术层出不穷，使消费者必须不断地更新物品，一些旧产品自然被淘汰了下来，如果处置不当就会污染环境，危害人体健康。但在一定程度上，这些物品仍然具有利用价值，完全可以回收利用。本企业在取得可观的社会经济效益的基础上，突破传统的收购方式，根据现状，设立了废旧电器、塑料、废纸于一体的废物回收服务公司。与此同时，利用残疾人弱势群体的居家服务，不仅有效解决了一些残疾人的就业问题，而且方便了人们对废弃物的处理。

一方面是环境友好型经济项目，有效利用废弃资源，实现资源循环利用；另一方面，通过这个经济项目，我们可以提高环保意识，使南宁以绿城为特色的住宅项目更加绿色，为环境保护树立榜样。同时也解决了一部分残疾人的就业问题，让残疾人真正做到自力更生，展现奋斗的精神，献出我们的爱，让南宁的人文更加和谐。

1. 企业业务

主要业务是建立完善的废弃物回收网络，通过分步处理的方式将废旧物资转移给当地生产者或需求者，从中获取利润。

2. 企业宗旨

诚信第一，信守承诺；变废为宝，循环利用；扶贫助残，付出爱心；取之于民，用之于民，服务社会。

二、企业经营项目

（1）废纸类：报纸、书本、杂志、纸箱等纸制品。

（2）有色金属类：铜、铝、铅、锌、镍等各类有色金属。

（3）废塑料类：各类废旧的塑料、光盘以及各式易拉罐等。

（4）各类废旧电器：电风扇、空调、液晶电视、智能冰箱、计算机、滚筒洗衣机、智能音响等。

（5）闲置设备：车床、铣床、柴油发电机组、变压机、吊车等。

三、市场分析

（1）废纸丰富。随着报纸和杂志每天的发行和购买量的增加，废纸必然会产生。

据统计，南宁每天采购的报纸杂志有×份，产生的废纸约有×吨。此外，各种日用品和家用电器包装盒每天产生不低于×吨的废纸。

(2) 有色金属有一定的数量。人们需要更多的有色金属来装饰他们的房子，这将不可避免地产生一定数量的有色金属废弃物。按销售废品的1%计算，南宁每天铝生产的废品达×吨。

(3) 废塑料是大头。虽然纸制品已经取代了一部分塑料制品，但由于塑料制品价格低廉，人们生活中所用的塑料制品并没有减少，比如塑料袋、塑料杯、塑料盒等这些，产生了大量的废塑料。据环保部门统计，南宁市每天的废塑料量达到×吨。

(4) 各类废旧电器。由于电器的升级换代，一些旧电器在现代城市生活中被无形地自然淘汰了。虽然二手电器的等级不高，但在中国的一些农村地区和贫困地区仍然可以使用。因此，购买二手电器转售到农村将会带来经济效益。

(5) 闲置设备。有些人需要一些设备，但是他们没有足够的资金去购买新的；而有些人的设备被闲置了很长一段时间。我们可以通过这个平台将闲置设备利用起来。

四、竞争分析

由于过去人们缺乏环保意识，受废旧物品回收观念的影响以及传统回收方法的限制，废旧物品的回收还没有形成规模，尚处于初级阶段，因此具有很大的商业前景。

五、营销策略

1. 争取政府部门的支持

由于企业将主要采用残疾人蹬三轮车上门回收的做法，在一定程度上会影响交通问题，这需要我们争取公安、城管等部门的大力支持。同时，根据我国《残疾人保障法》的规定，争取和使用国家给予的政策优惠和资金支持。

2. 建立和完善回收体系

(1) 加大宣传力度。结合政府环保机构及相关政策，组织一系列废物回收活动，树立废物必须回收利用的观念，提高废物回收率。

(2) 设立废物回收箱和回收点。结合政府环保、卫生等部门，在人口密集地区、商场、学校等设立回收箱和废旧物品回收站，将捐赠不回收与有偿回收相结合，提高回收率。也可以尝试以旧换新的方法，这样人们就可以得到自己心仪的便宜又实用的商品，从而构建完善的废旧物品回收网络。

(3) 积极开拓废旧电器、闲置设备的回收销售渠道，实现资源再利用，保护环境，并从中获利。

(4) 我们将在互联网上建立一个回收网站，24 小时接受捐赠和收购废物。只要客户有废料，我们都会提供上门服务。与此同时，对于捐赠者，将利用网络平台公布捐赠者的姓名和所捐赠物品及数量。

六、投资与财务

1. 投资资金来源

投资资金来源：主要通过企业的支持、扶贫资金以及政府部门的财政支持筹集。

2. 成本预算

（1）企业基础设备建设资金：×万元。

（2）宣传及组织管理资金：×万元。

（3）企业流动资金：×万元。

（4）设备维修及维护资金：×万元。

（5）人工成本：×万元。

3. 盈亏分析

（1）经营目标：企业成立之初，每年回收的废旧物资达到×万吨（每天回收废旧物品×万吨）。

说明：南宁市年废弃物达×吨，计划回收量不到×%。随着企业的发展，年处理量将会增加。

（2）营业额目标：年收入额万元。

说明：

①保证每天回收万吨，可得到万元的收益。

②全年收入：×万元/天×365 天=×万元

③随着企业步入正轨，年回收量会增加，年收入也会逐年增加。

（3）收益预算：利润=年营业额-成本费用=×万元。

七、风险预测

（1）废旧物品回收率不高；

（2）与各小区、学校、厂矿、商场等合作是否顺利尚不清楚；

（3）管理制度不完善。

控制办法：加大宣传力度，建立合理的回收体系；与各社区、学校、工厂、矿山、商场实现互利共赢，制定合理的协议；加大管理力度，改革管理办法。

八、风险投资退出渠道

（1）公开上市是退出风险投资的最佳途径，通过首次公开募股，投资可以获得相当不错的回报。

（2）出售可以迅速地将风险资本从企业中移除，从而实现资本增值。

九、企业管理

企业内部设立管理部门，由企业法人负责管理。与管理部门人员共同努力，负责协调各部门工作，汇总和处理市场信息，在企业重大决策中发挥关键作用。企业设立市场信息研究部、组织策划部、宣传网络部、回收部、财务部、法务部等。

十、可行性分析

1. 资金方面

(1) 国家有相应的资金支持和税收优惠政策；

(2) 创意好，易于得到企业的扶持投资。

2. 资源方面

(1) 原料丰富；

(2) 废旧物品的基数大，而且每年增加；

(3) 废旧物品易于回收。

3. 竞争方面

(1) 初创时，并没有很多可以与本公司竞争的公司；

(2) 在成长期，公司将扩大回收废弃物的半径，发展更多的客户渠道。

4. 投资潜力方面

(1) 市场巨大，可得到可观的经济效益；

(2) 客户具有长久的需求，所以长时间不会失去客户。

1.5 课后习题

(1) 简述创业计划书的作用。

(2) 创业计划书的基本内容有哪些？

(3) 在编写创业计划书的时候有哪些需要注意的细节？

(4) 写出编写创业计划书的具体步骤。

(5) 假如现在需要你来完成一份创业计划书的编写，你会如何去做？

第 2 章　商业机会

扫码获取
本章课件

2.1　商业机会的内涵

2.1.1　商业机会的概念

我们把具备一定时间性的优势情况称为机会。机会也可以理解为是一种关键要害。而商业机会是指一种商业活动的范围，它具备长远的吸引力且产生需要合适的时间，目的是可以给创造者和客户带来价值或者提供增加价值的产品和服务。在市场中，还没有满足、还没有被开发且具有一定购买力的消费需要，这是商业机会的一种表现形式，同时也被称为市场机会。各种各样的商业机会可以在社会生活的各个方面发现。企业的市场营销员工需要对商业机会的类别和特点有一定的了解，这样才能及时发现潜在的商业机会并对其进行专业分析，最终目的是高效利用市场机会，给企业创造更大的商业价值。

2.1.2　商业机会的特征

商业机会具有潜在性、客观性、风险性、针对性、利益性、公开性、时效性等一系列特性，下面分别对其解释说明。

（1）潜在性：一般是指对企业生产、企业产品研发和开发市场、企业经济效益有一定帮助的有利条件等。

（2）客观性：商业机会是客观存在的，它表明市场上某种尚未满足的需要，生产经营满足该需要的产品或服务就可能带来收益；它不以人们的意志为转移，无论你是否认识到它的存在，它总是存在于市场中；如果你能识别它、把握它、驾驭它，就能使这种机会转化为获得收益的机会。

（3）风险性：商业机会的时效性和公开性决定了商业机会的风险性。因为商业机会的多变要求企业承担机会变动的风险。因为商业机会的公开性表明企业之间在捕捉和选择商业机会上存在竞争，如果选择不当，导致过度竞争，将产生销售风险。此外，人们认识机会的能力受到主观条件的限制，主观认识的商业机会与客观存在的商业机会存在差异。

（4）针对性：就微观经济主体而言，并不是所有的市场需求都表现为商业机会，针对那些具备组织和满足该种市场需求条件的企业或个人来说，才是真正的商业机会。这一特点表明，商业机会总是针对特定市场主体而言的。

（5）利益性：商业机会通常是能够给企业带来收益可能性的机会，只要企业能够在平均社会必要劳动时间条件下生产和组织该机会的产品或服务供给，就能平衡自己的支出，并获得一定的收益。不能给企业带来收益可能性的机会不是商业机会。企业在决定选择某个商业机会时，考虑到商业机会的利益性，一定要考量这个机会到底能不能给企业增加利益、带来什么样的利益，同时需要将带来利益的多少计算进去。

（6）公开性：商业机会是任何一个企业都能够发掘和分享的，是一类非主观的、真实存在的或者快要出现的经营环境情况。商业机会和企业的专有技术、产品、专利不一样，是公开化的，同时是能够被处于整个经营范围内全部企业所共同拥有的。在商业机会公开化的情况下，企业需要尽可能早地去寻找具有发展潜力的商业机会。

（7）时效性：市场机会的时效性是指机会的产生和消失一定会伴随着环境的改变，如果对市场机会的探索和利用迟缓，就会因为其他企业的抢先发现和利用导致企业机会效率降低甚至完全消失。商业机会的时效性说明企业一定要学会抓住且及时发现有利的机会，这样才能获得最高的时间效率。

2.1.3 商业机会的类型

商业机会主要有以下几种类型：

1. 环境机会与企业机会

环境机会是指因为环境的改变而出现的多种没有满足的需求；企业机会指的是属于环境机会且满足企业战略计划的要求，对发展企业优势有一定帮助的商业机会。企业的市场营销管理部门在选择有利的商业机会时需要对环境机会进行评估，同时还需要使用合理的方法利用机会。

2. 显性市场机会与隐性市场机会

显性市场机会是指在市场上很显然未被满足的现实需求，而隐性市场机会指的是目前存在的产品类型没办法满足的或者是还没有被人们发现的看不到的需求。显性市场机会比较容易被人们找到，而且使用这种类型机会的企业比较多，这样就很难获得机会效益，也就是比其他企业先进入市场所能够得到的利益。隐性市场机会因为比较不容易被人们找到，因此使用这种机会的企业相对比较少，这样的话机会效益会变得更高一点。企业应该学会及时发现和使用隐性市场机会。

3. 行业性市场机会与边缘性市场机会

行业性市场机会是指市场机会出现在企业所在的行业或者经营范围内，边缘性市场机会指的是市场机会出现在两个或多个不同行业之间交叉或者结合的部分。企业在受到自己生产经营条件约束的情况下，一般都会积极主动地寻找和利用行业性市场机会且加倍重视，但是，因为企业所处的行业内部存在比较激烈的竞争，机会效益往往会减弱，严重的时候甚至会消失；可当企业采用行业外出现的市场机会时，又会经常遇到一些比较大的困难或麻烦。这样就会促使企业为寻求比较有利的市场机会而考虑行业之间交叉或者结合部分的商业机会。利用边缘性市场机会可以使企业更加容易地获得机会效益，这是因为它可以充分发展企业的优势，而且比较隐蔽，不容易被大部分企业所利用。企业的营销人员需要具备一定的想象力以及比较强的开发精神，才有可能发现边缘性市场机会。

4. 目前市场机会与未来市场机会

目前市场机会是指没有被实现的需求出现在当前环境改变中的市场上，它只代表了一小部分人的消费想法或者需求；未来市场机会指的是在未来市场上大多数人的消费意向和需求，它将会随着环境的改变和时间的流逝而出现。如果企业正确利用未来市场机会，将开发产品提前且在机会出现之前及时把产品推向市场，这样就能比较容易获得领先的地位以及抓住竞争优势，同时机会效益也比较大，但是它本身也存在一定的危险性。看重未来市场机会并不表示就可以看轻目前市场机会，不然的话企业就可能面临失去经营基础的风险，而且如果缺少对未来市场机会的预见性以及准备的话，企业之后的发展也会处于不利的地位。所以企业应该将对这两种机会的发现和分析工作结合起来。

5. 全面市场机会与局部市场机会

全面市场机会是指在比较大的市场范围内出现的没有实现的需求，是一种整体市场环境改变的一般趋势；局部市场机会是指在较小市场范围内出现的没有实现的需求，是一种与其他市场部分不一样的局部市场环境改变的特别趋势。企业要想有目的地展开市场营销活动，不仅需要区分这两种市场机会，还需要确定市场的规模，收集并分析需求的特征。

6. 大类产品市场机会与项目产品市场机会

大类产品市场机会是指某一大类产品在市场上出现的未实现的需求，它是一种一般趋势，表明某一大类产品在市场上的需求发展；项目产品市场机会是指某一大类产品内一些详细种类出现的未实现需求，它是一种具体指向，显示社会市场对某一大类的市场需求。分析大类产品市场机会对企业来说有十分重要的意义，它能够帮助企业制定任务、确定企业发展的大致方向、确定企业战略计划。理解项目产品市场机会对企业来说也有十分重大的意义，能够促进企业明白如何才能满足战略计划的要求、确定市场营销计划以及完成市场营销任务。

2.2 商业机会识别

2.2.1 商业信息收集

1. 一般商业信息收集应从五个方面入手

（1）消费者调查。应该充分了解消费者的想法，弄清楚消费者的具体需求，不能把消费者的思想直接转变为制造商的想法，保持客观态度。如工业品行业需要注意：尽一切可能满足客户的要求，如果客户需要的话，还要教会客户如何使用其产品。

（2）产业市场调查。使用能够接触到的资源整理关于本行业的一些具体信息，例如本行业的发展现状、进一步的发展趋势以及行业如何生存等内容，及时发现本行业中出现的新兴技术等。

（3）竞争调查。在对竞争者进行调查的时候，观察其是如何对市场行为规律进行分析的，尤其要注意主要经营者的变化和其他方面的改变。而且特别需要记住的是，竞争的来源是多方面的，不是只有相同行业间最类似的产品才能带来竞争，供应商、顾客、替代品以及新进入的竞争者都会给企业带来竞争压力。由于各企业所处的行业不同，要有所区别。例如，在新兴技术不断出现的行业中，新产品出现得比较快，一些新产品就会成为旧产品的替代品，从而给旧产品企业带来一定的竞争压力，对旧产品企业来说，新产品就应该成为重点的竞争调查对象。

（4）营销渠道调查。要对市场网络中的成员所在地区、数量多少、规模大小、性质属性、替代品的具体情况、合作内容以及主要经营者的状态做好专门的记录，且要定期更新数据。

（5）宏观环境调查。要及时发现经济环境的改变，尤其是对本行业影响较大的重要产业的发展趋势和变化。目前中国的经济仍然在转型期，要注意收集有关经济方面的各类法规政策和政府主管部门的相关信息，与此同时还需要时刻关注有关产业长期发展的具体要求和政府相关行为的力度，以此来判断政府的态度。

2. 商业信息收集的途径

（1）利用可用资源去寻找相关经济类的书籍、报纸以及本行业的出版物等，再将这些资料中的有用信息筛选出来并进行收集整理，以供企业内部人员相互传递阅读、分析学习等；找准机会与企业外部人员交流，这些人员包括供应商、客户、经销商和其他的外界人士；在与他们交流的过程中，有时候在不经意间就能获取到重要的信息情报。

（2）要尽最大可能发掘销售人员的潜在能力，因为他们处在一线服务，能够及时、准确地对市场需求做出快速反应。将情报收集列入销售人员工作考察项目中，并作为销售人员的基本工作之一。

（3）为了鼓励经销商积极主动地去搜索、收集相关信息情报，企业可以在年度评定指标项目中增加经销商情报收集这一项，并给表现比较好的经销商一定的奖励，以提高他们收集情报的热情。因为只有当经销商意识到自己为企业发展也做出了一定的贡献，他们才会更加积极主动去收集相关的情报。

（4）购买情报。购买情报有两种方法：一是选择购买那些价格比较高、来源于权威专业情报机构的情报；二是购买本行业内专业人士的情报，这种方法比较灵活，而且可以让企业相关人员对感兴趣的情报有深入的了解，但这个需要企业选对人并处理好与对方的关系。

（5）选择购买那些具备一定参考价值的专业报刊、年鉴等，且整理好对本企业发展有利的相关信息。

（6）学习竞争者管理企业的好策略，总结他们失败的原因，这样往往能发现企业发展的潜在机会。

3. “互联网+”商业机会收集的原因

在移动互联网高速发展的今天，具备移动互联网的思维，才是获取商业机会的王道。原因有以下几点：

（1）移动互联网大势所趋。如今，作为移动互联网的一部分，智能手机等设备跨越了时间和空间将我们本来彼此独立的个体相互连接起来。在移动互联网高速发展的时代，智能手机消费群体日渐庞大，消费者逐渐从被动变为主动，零售霸权时代已经不复存在。

中国“5G大爆发”来临的那一天，同时也是全球5G处于大范围推广的时候，这时操作系统将会承载着所有的商业活动，人们只需要一部移动智能设备就能处理所有的事情，到那时候，智能设备不只是智能手机、iPad平板电脑以及各种便携式设备，互联网汽车也将成为其中的一员，从而改变人们的生活方式。

（2）消费习惯慢慢改变。互联网技术的革命重叠在一起将会带来一场新的商业革命，也就是第三次零售革命。每个消费者的思想和感受都将会通过互联网或者是移动互联网释放出来，促使消费者之间形成消费互联网。

任何消费者、企业家都可以从这场革命中获取改变自己的机会。第三次零售革命的核心变成了消费者，这一点十分重要。任何一个消费者都有可能是社交消费者、本地消费者、移动消费者、个性化的客户。

智能手机消费者都希望他们能够获得真正的消费平等。“我的消费，我做主”，对消费者而言不仅仅是一句简单的口号，更是他们的实际行动，消费者未来的生活将会改变成他们曾渴望的模样。

（3）消费者关系将重新构建。消费者关系和维系模式随着移动互联网的发展而转变。过去大部分人是通过工作、亲戚、朋友来聚合关系，但移动互联网的出现使得消费者能够通过地理位置、兴趣爱好、行为习惯等多种途径来聚合关系，这样更具备一定的商业价值。

消费者可以及时地在移动智能设备上搜索身边的有效数据，使得他们可以更好地和身边的人互动。比如根据自己所在的位置组织身边的人一起团购；根据相似的旅行路线，将兴趣爱好相同的一群人集结起来组成登山队、旅游团等。

4. 商业机会收集的方法

（1）分析竞争对手以发现机会。看看企业所在行业的资深竞争对手和初创竞争对手都在做什么，对比做一些分析，比如，他们采用了何种企业战略？采用了怎样的营销手段，效果如何？品牌影响力如何？有哪些关键的技术专利？认真了解、分析竞争对手能够帮助企业发现有利于企业前进发展的机会，能扩大市场规模，促进企业研发新的产品和服务。

当一款竞争产品获得良好的市场反响时，就意味着这款产品开拓了一个全新市场或者满足了一部分之前的产品未曾满足的需求。这样，我们就可以通过思考该全新市场的需求的其他解决方案或如何满足更多未被满足的潜在需求来继续对市场机会进行探索。去看看用户对他们的反馈，了解用户对其产品的好恶。比如：用户喜欢竞争产品的哪些特点？用户不喜欢竞争产品的哪些特点？在使用过程中遇到的困难是什么？哪里可以改进，针对的目标人群、操作体验、设计、制造、成本等？没有什么产品或服务是无法改进的，任何产品都有进化空间。产品经理日常应多加了解用户对竞争产品的反馈，并思考如何使其变得更好，也可以到一些众筹网站上发现好的市场机会。

戴森真空吸尘器就是经过分析竞争产品，然后不断改善成为自己特有产品而实现市场成功的典型案例。1978 年，31 岁的戴森像往常一样使用真空吸尘器，突然吸尘器暂停了工作，戴森平时喜欢钻研，于是他亲自动手拆开吸尘器，之后发现他遇到的是自吸尘器问世 70 年来一直未被解决的堵塞问题：每当收集灰尘的袋子堆满了之后，吸尘器的气孔就会被堵住，这个时候吸力就会消失。于是戴森开始思考解决方案以改进市面上的真空吸尘器的这个缺陷，在耗费了 5 年时间制作了 5127 个模型之后，他发明出了双气旋真空吸尘器，彻底解决了市面上的竞争产品无法解决的问题，引发了真空吸尘器市场的革命。如今，戴森建立的公司早已经成为国际性的家电设计制造公司。

（2）观察人们所遇到的问题。大多数机会将自己伪装成问题。想想在平常的生活中，有什么事情使你或其他人感到烦闷，在完成什么样的工作时我们会碰到怎样的困难，然后试图问问自己“怎样做才能改变这样的状况”，向人们询问他们期望的解决方案。

要把注意力放在指定的目标市场，然后一起思考什么样的服务理念才能使这个群体感兴趣。理解他人烦恼与问题的一个有效方法就是：把自己看成在使用这些产品或服务的人，然后再思考这个时候自己在想什么，换位思考就能感受到别人的需求。有意识地去观察和收集那些最普遍的未被满足的需求，对发现商业机会是至关重要的。获得新产品或服务的商业理念的关键是确定未满足的市场需求。作为产品经理，我们应该始终睁大眼睛，学会如何将问题视为商业机会，提出创造性的解决方案，思考如何利用新技术来推动企业的业务发展。机会可能来自进入市场的新技术或产品，其他人可能还不知道如何将这些技术商业化以及技术的应用场景，比如早期的 AI、机器人、区块链和 AR。

如果 King C. Gillette 没有厌倦直刃剃须刀磨砺的烦琐，他就不会创造出一次性剃须刀行业。正如马克所说的那样："任何商机都会出现在我的面前，我会关注问题的核心以及机会源自何处并作深入研究以弄清楚我是否可以提供适当的解决方案。如果可以的话，我会迅速行动，看看我能在哪里创造价值并参与项目。"

（3）依据企业自身优势和激情所在。寻找商业创意或机会，首先要从内部寻找。由于无知、懒惰和自我怀疑，大多数人都错过了这个最大的商业创意来源。深入了解企业/自己，检查企业/自己的优势、技能、经验和激情所在。

假如你知道企业/自己在某些方面占有一定的优势，比如你已经发现企业/自身在某些领域有着过人之处，那么现在是时候深入分析这些技能或经验了。

要了解企业/自身擅长什么或开始做什么业务，可以先回答以下问题：

企业/自身拥有哪些技能或经验?

企业/自身的兴趣与目标愿景是什么?

人们是否愿意为企业/你的相关技能/技术付费?

…………

然后考虑企业战略、新兴技术、市场趋势对企业/你的技能/技术和经验会有哪些影响，自身优势在哪些目标市场以外的领域也会产生优势，以及市场上有哪些未能满足的需求是和它们相关的。比如，特斯拉知道其自身的过人之处是掌握的关键技术——电池管理系统，这样的话只要认真思考哪些行业或者场景能够通过使用电池管理技术创造商业价值，就可能发现新的市场机会。

（4）紧跟潮流，了解市场趋势。社会时下的热门事件、技术进步或社会环境的改变，都是商业创意的来源——因为有时市场会出现对某种问题全新的解决方案，或者有时大众突然"想"做某事，由此产生的需求无法立即得到满足。培养创造性思维的工具是信息，因此要将阅读企业相关的商业和科技新闻、书籍当成习惯，定期参加高科技电子展会和交易会，这样不仅可以发现新的产品和服务，还可以与其销售代表、分销商、制造商和供应商等面对面地交流。开拓自己的眼界，扩大自己的信息量，有意识地发现商业创意，这能让你的大脑产生很多新的创意。了解当下时事可以帮助你识别市场趋势、新潮流、行业信息，偶尔还会产生具备商业可行性和潜力的新想法。

例如，在 2015 年北京雾霾情况严重的那段时间，恶劣的空气质量引发了人们呼吸洁净空气以保障身体健康的需求，进而引爆了防霾口罩和空气净化器的市场。

除了社会时事，更大的社会发展趋势也创造了不同的巨大市场机会。例如，老龄化问题在我国日渐严重，对老年人的护理服务的需求目前供不应求，由此引发了多种多样的机会，如智能化养老解决方案、健康监测类智能硬件产品、保健品、老年人陪护机构、养老服务培训机构、保健品等。

（5）与潜在客户和现有客户沟通。当你产生了一个创意，但不确定它的潜力时，马上去研究目标市场，看看那里的潜在用户需要什么；了解、分析企业的潜在和现有顾客还有哪些需求没实现等都是寻找商业机会的一个好途径。当你与潜在客户沟通时，要仔细倾听他们对你所在行业的需求、期望、障碍和挫败感：

他们之前是否使用过类似的产品和服务？

他们喜欢什么，哪些需求得到了很好的满足？

他们不喜欢什么，哪些需求没有被很好的满足？

他们对当前问题的解决方案有没有好的建议？

他们对你的产品或服务有何异议？

认真倾听用户对上述问题的回答，并挖掘答案背后的深层原因，这些宝贵的信息将帮助你找到更多研发产品和服务的机会。全球最大的速递公司 FedEx 是一个很好的例子，我们可以看它是如何通过与客户的沟通和交流从而发现更多商业机会的：FedEx 的主要用户之一是医疗机构，对于医疗机构来说，除了医疗器械、药物等物品需要进行运输外，一些活体组织和器官也存在运输到世界各地的患者那里的需求。但活体器官的保存条件比较苛刻，器官活性会受到温度、压力、湿度等条件的影响，稍有不慎活体器官可能就无法满足移植条件，而且医生也无法了解运输过程中活体器官的情况，无法在器官到达后做好万全的准备。FedEx 识别出这个需求后，拉动医疗机构、患者以及医疗器械供应商深度沟通合作，利用 Senseaware（传感器）来追踪活体器官的关键数据，让医疗机构实时掌握活体器官的情况，以便活体器官到达时做好充分准备。后来，Senseaware 被用于包裹位置跟踪，专门用于贵重物品运送或企业物品运送，给 FedEx 带来了丰厚的收益。如果没有与用户进行深度的沟通，FedEx 可能永远也无法识别出这样的市场机会并拿出这样一个解决方案。

2.2.2 商业机会分析

1. 一般商业机会分析

很多人在碰到一些自己觉得不错的机会时常常会有这样的想法：

（1）这真是一个很好的产品（想法），我一定能成功。

（2）这是一个很大的市场，我们的产品应该有很大的空间，我一定会成功。

（3）我对成本和利润的预测是偏低的，我一定能成功。

任何一个大胆开放的想法都可以变成商业机会且成为成功的商业，这一说法是否正确？答案是否定的，商业机会分析是商业机会识别的基础，也是检验一个商机是否适合自己的最基础的标准。

要了解、分析这个商业机会本身具有什么样的特征，可以采用 SWOT 分析法。任何事情都是双面性的，要学会分析自身的优点和缺点，想办法把自己的优点展示出来，缺点隐藏起来。SWOT 分析如表 2-1 所示。

表 2-1　SWOT 分析

内部因素 / 外部因素	优势（Strengths）	劣势（Weaknesses）
机会（Opportunities）	SO 发挥优势、利用机会	WO 克服劣势、利用机会
威胁（Threats）	ST 利用优势、回避威胁	WT 减小劣势、回避威胁

内部因素：

优势（Strengths）——超越竞争对手的条件和能力

劣势（Weaknesses）——不如竞争对手的条件和能力

外部因素：

机会（Opportunities）——环境所带来的有利因素

威胁（Threats）——环境所带来的不利因素

2. “互联网＋”的商业机会分析

任何一个商业模式在刚开始的时候都没法同时满足又快又大又赚钱，不管是大的互联网企业还是小的互联网企业。商业机会一般可以从移动互联网上找到，但没办法确定商业机会的方向及其入口。现在很多公司或企业会因为 App 的推广成本高而愿意选择去做手机。用户使用 App 的门槛不像记网站拼音那样容易，它要比之前互联网网站的门槛高很多。

为了解决之前没有解决好的困难，每一次技术创新和历史进步都很简单。为了可以得到最长远的客户使用价值，要更高效地应用搜索引擎等。

除此之外，在手机上发生变化的不仅有产品形态，还包括商业模式。比如当手机上经常出现一些莫名其妙的广告时，人们总是会缺少耐心，有些人会从中发现商机，比如手机用户需要每月支付一笔话费来屏蔽手机广告，这个现象很少会出现在互联网上。但是生活中又不得不出现一些广告，因此广告也随着人们的内心想法发生了一定的改变，它变得更加有趣，有些甚至和手机用户所想要看见的内容交杂在一起，使得客户变得不那么抵触广告了。实际上，对商家而言，手机用户所看到的是广告，但对用户而言，广告有时也变成了有用的信息。

2.2.3　商业机会识别的影响因素

1. 创造性

产生比较有新意或创意的想法、作品等的过程就称为创造性。在某些意义上，机会识别属于创造过程的一种，它也是重复创造性思维的一个过程。

当你听过许多有趣的新鲜事物或想法，这个时候你就会在很多产品、服务和业务等发现创造性的影子。一个创造过程对于具体的某个人来说可以把它分成五个阶段：

准备阶段、孵化阶段、洞察阶段、评价阶段和阐述阶段。

2. 认知因素

机会识别对于个人来说，也许是一种先天就具备的技能或者是一种对事物/事情的认知过程。创业者在一些人眼中具备“第六感”，这种能力可以使他们发现别人曾经失去过的有一定发展潜能的机会。

很多创业者常常会使用这种观点去审视自己，很多时候都会觉得自己比其他人更加“警觉”。在很大程度上，警觉会被看成是习得性技能的一种，如果想要相比其他人对自己所在领域中的机会更加敏感，也就是说更加警觉，增加本领域知识的学习将会有一定的作用。

3. 先前经验

“走廊”原理，指的是在某个特别指定产业中的先前经验对创业者顺利识别出商业机会有一定的帮助。“走廊”原理还可以理解为，在创业者开始准备创立企业的时候，走向成功的旅程就开始了，在这个过程中，创业者将会慢慢清晰地看见创业机会的“走廊”。

从这个原理中，创业者们可以知道，一旦他们开始在某个产业创业，他们会比那些在这个产业之外的人更容易发现这个产业所具备的发展潜力和机会。

4. 社会关系网络

通过一些有价值的信息往往能够发现创业机会，而这类信息可以在社会关系网络中寻找，但机会识别也存在一些影响因素，比如个人社会关系网络的深度和广度。

目前已经有研究表明，个体识别创业机会的重要源头是社会关系网络，个体识别创业机会更加依赖于社会关系网络。

2.2.4　商业机会识别的内容

1. 一般商业机会识别的内容

(1) 首先搞清楚市场是什么。

(2) 想办法确定自己的市场在价值链中的哪个部分，只有这样才能判断是谁在和你竞争以及及时发现机遇在哪个地方。

(3) 在认真判断完影响市场的每一类因素并且明确自己的市场定位之后，了解发现并分析这个市场的抑制和驱动因素。要及时分析到底有哪些环境因素将会对该市场造成影响，与此同时还需要对这些影响因素进行分类，弄清楚哪些是抑制因素，哪些是驱动因素。除此之外，还需要区分这些因素是属于长期的还是短期的，假如某个抑制因素是属于长期因素，那就需要仔细斟酌利弊，认真思考这个市场做下去是否能够带来一定的收益。与此同时，还需要考虑这个抑制因素到底强不强，要想找到这个市场消费人群的需求，就需要了解并认真分析市场，对影响市场的各类因素进行分析并进行整理分类，这样就能比较容易地发现该市场的需求点具体是什么。

（4）在对市场客户按照需求、喜爱或其他类别进行分类之后，分别对每一类客户的增长趋势进行分析和预测。要想做到这一点，就需要分析什么样的价格市场增长快或者慢，以及相对应价位一般是哪个阶层的人比较愿意购买，人们购买产品有哪些驱动因素等，这些都要在做市场需求分析时弄明白。除此之外，市场供应分析也是需要的，也就是说要明确有多少人给这个市场提供了相应的服务。在这个整体价值链中，企业需要所有人都为其提供相对应的服务，有些会因为处在不同的位置上，成为你的合作伙伴而非竞争对手。此外，将市场需求分析结合起来，合理判断供应伙伴在供应市场内的优势以及劣势。

（5）创业机会也可以理解为及时发现新创空间机遇，作为供应商需要思考的是市场中的每一块需要如何才能被覆盖，怎样做才能从中找到一个可行的商业机会，同时建立出来的新创业模式刚好能够把这块空白给填补上。

（6）对创业模式需要进行细分。我们已经明确了市场需求，弄清楚了消费者的关键购买因素，还有企业/公司在市场竞争中具备的优势以及劣势，综合以上几点，就可以总结出新建立的公司要想在市场中获得一定的位置需要具备什么样的优势，然后再以这个优势为目标，建立起一个适合企业发展的商业模式。

2. “互联网＋”商业机会识别的内容

“互联网＋”商业机会识别的内容与一般商业机会识别的内容大同小异，但“互联网＋”的商业机会的识别内容还具有自己的特性。

刚开始，“互联网＋”出现在我们的生活中时只是赶时髦，直到近几年，它的商业价值才逐渐得以体现。“互联网＋”的商业机会特有的识别内容大致如下：

（1）主要从技术角度去考虑互联网。很多时候我们会认为网络只是技术网络，其实技术网络会带来社会网络的深刻变化。比如在原来大规模“定制时代”的生活方式下，当时人们的行为方式可能是“趋同”的，而现在，个性化的生活方式要求我们的产品要定制化，这也就对技术有了很高要求。

（2）环境是否有利于我们的发展。如果互联网的发展使我们的社会变成了互联网社会，那么薄弱环节就是环境营造问题。互联网和以往的工厂模式形态不同，如果不联网，不把自己融入整个环境，单独的一个节点是难以生存的。不仅如此，政策环境也要有所考虑，要随时调整与政策不适应的那部分，因为我们过去的很多政策都是在非互联网时代出台的，所以可能会出现新的问题。因此，发展要跟上，法律也要跟上。

（3）互联网与传统社会相结合，即虚拟与现实相联系。虚拟世界的存在使人们认识世界、改造世界的实践活动更丰富。虚拟世界本身不同于现实世界，但却从属于现实世界，它只不过是对现实世界的一种间接再现。虚拟世界和现实世界最终将统一于世界的物质性，而人们的实践和认识活动归根结底是以直接再现的现实世界为基础。另外，我们也应该承认，虚拟世界的出现的确给人们的现实世界带来了巨大的冲击和影响，为人们认识世界的全貌带来了巨大的挑战。这就需要我们正确认识、处理和协调二者的关系。既要反对将现实世界与虚拟世界并列起来的世界多元论观点，又要反对将现实世界与虚拟世界割裂的观点，从而避免给人们的思想认识造成混乱。虚拟世界与现实世界是相互联系、互相促进的。

2.2.5 商业机会识别的过程

商业机会识别有三个完全不一样的过程：首先，分析市场需求以及明确市场上还有哪些还没有被使用的资源；其次，学会在相对比较特殊的市场需求和资源中寻找它们之间相互匹配的东西；最后，用一种新的业务方式把特殊市场需求和资源相互匹配的东西表现出来。

以上三个过程除了表现出识别之外，同时也是感知、发现和创造的另一个表现形式。商业机会识别的过程同时还可以分成以下三个阶段：一是机会的搜集。在这个阶段，创业者需要对处于市场中所有可能出现的机会进行搜集和整理，当创业者意识到某个想法或者是创意能够给企业带来一定的经济效益，这个时候就会进入机会识别的下一个阶段。二是机会的识别。这里所说的机会识别不同于整体意义上的机会识别，它指的是在具有新颖想法的创意中发现机会，即狭义上的识别（这个阶段包含两个部分：视察整体市场环境和判断机会是否具有价值）。三是机会的评价。这个阶段主要是考察企业的各项财务指标和创业团队的组成，经过这个阶段，创业者对到底组不组建企业以及是否投资做出最终决策。

2.2.6 商业机会识别的策略

1. 一般商业机会识别策略

（1）市场细分法。根据消费者不同的消费倾向、兴趣爱好等把市场中的所有消费者划分为几类不同的消费者群体，并且为不同的消费群体提供不一样的产品或服务，这种方法叫作市场细分法。

（2）需求挖掘法。根据目前消费者的消费现状，从中发现消费者存在的一些未被满足的需求，这种方法叫作需求挖掘法。消费者群体中存在这种潜在的需求，是因为目前市场上存在的产品或者服务不能满足消费者需求，也可能是消费者需要产品与服务结合起来才能得以满足。

（3）市场预测法。进一步加深对企业所在市场环境的分析和调研，之后能够更加科学合理地推测出产品或者服务的变化趋势，在情况发生变化之前能够及时地调整产品和服务的方法叫作市场预测法。

（4）空白填补法。在市场上经常会出现一些不容易被发现的市场缝隙，创业者可以从中发现具有发展潜能的商业机会，从而能进一步发掘新的产品或服务市场，这种方法叫作空白填补法。市场缝隙不容易被发现的原因是，人们还没有发现或者发现了但未重视。

(5) 技术创新法。为了能够进一步满足消费者的需求，企业需要引进新的生产技术或者自行创造研发新技术，最终研发出能满足目前消费者未被满足的需求，这种方法叫作技术创新法。无论是大企业还是小企业，科学技术能够促进它们的进步和发展，同时还承载着巨大的商机。

(6) 危机转化法。任何事情都是具有双面性的，危机在条件合适的时候也会转变为商机。当企业遇到了危机，利益受到了损失，要学会在危险中寻找生存的机会，将危机转变为商机，这种方法叫作危机转化法。

(7) 无中生有法。人的本能是趋利避害的，有时候会选择相信一些对自己有利但实际上是虚假的东西，利用人的这种心理为其提供一些产品或者服务，这种方法就叫作无中生有法。这种方法主要是利用消费者的满足心理，使他们购买一些可能对他们来说并不能达到预期效果的产品及服务。

2. "互联网＋"商业机会识别策略

"互联网＋"的商业机会识别策略大体上与一般商业机会识别策略一致，但针对进入移动互联网领域的挑战和机遇，还有一些其他应对策略。

企业介入移动互联网领域还将存在许多困难，主要来自政治、政策、法规、行业垄断、标准、技术、知识产权等方面的挑战，除了这些，还有许多不可预见的因素，比如市场发展、产业发展、行业竞争、用户习惯、商业模式等。

互联网改变了商业，移动互联网的出现将加速商业的变革。识别"互联网＋"商业机会的策略如下：

(1) 企业要比以往更快地掌握移动互联网特性和其对用户的影响方式，研究移动互联网发展动态，掌握新技术的本质。

(2) 不能照搬照抄互联网模式，必须考虑到移动终端的特性和用户习惯。

(3) 尽可能避免过多地投入研发费用和广告"烧钱"行为。

(4) 对上下游资源进行分类整理以达到降低风险的目的，不要盲目地去靠本企业自身研发产品和技术，适当时候可以通过收购其他企业或者和其他企业合作来获取产品和技术。

(5) 尽量在传统行业和互联网公司的基础上过渡或进入移动互联网。

(6) 避免对于产品和技术的狂热追求而忽略了用户习惯的变化。

(7) 在引导和改变用户习惯方面要注意循序渐进，要打持久战。

(8) 产品和服务千万不可过度依赖手机终端和带宽等客观条件。

(9) 建立平台化思维，不可陷入事事都由自己公司去做的狭小视野。

(10) 借助移动互联网技术的深度应用，企业将摆脱时空的限制，缩短乃至解除中间流程，建立能够激发企业发展的商业盈利模式，我们坚信基于移动互联网的信息技术。

2.3 商业机会评估

2.3.1 商业机会评估准则

任何商业行为都源自极好的商业机会，不管是商业团队还是投资者都希望投身于具有好商业前景的商业机会，创业者也更希望自己所看中的商业机会能够给其企业带来高的收益。事实证明，大部分宏伟的商业梦想最终都以失败告终，开始一个新商业取得高度成功的案例少之又少。很多商业机会在创业者选择它的时候就注定会失败。但重要的是不能害怕失败，每一次失败都在为最终的成功打基础。有些商业构想要么开始就存在缺陷，要么缺少进入市场的合适机会，如果创业者在决定利用这类商业机会之前能够对它们进行客观评价，也许就会少了很多失败的案例，成功的概率也会随之增加。

基于商业机会的市场和效率两个方面，我们给出了一系列评估市场的准则，并对每个准则的含义进行了详细叙述，力求为创业者决定是否选择创业开发提供参考。

1. 市场评估准则

（1）市场定位。我们把具备拥有特殊市场定位、侧重实现客户要求以及可以为客户增加一定价值这三个特点的商业机会视作好的商业机会。基于好的商业机会的定义，我们可以通过判断市场定位和客户需求的清晰程度、客户交流通道的流畅程度以及产品持续生产的程度等来分析某个商业机会所能够为企业带来的收益价值。商业给予客户的价值和商业机会的成功率是成正比的。

（2）市场结构。主要从以下五个方面进行市场结构分析：进入市场所面临的困难，供应货物的商家，客户、经销商所具备的谈判能力，替代品所带来的竞争威胁和市场内部竞争的激烈程度。经过市场结构分析之后，我们可以对新建企业在市场中的地位进行预测，还能尽可能判断在未来所遇到的竞争对手能力大小。

（3）市场规模。新建企业的发展会受到所进入市场的规模以及成长速度的影响。普遍来说，如果进入市场规模较大的话，那么企业进入市场所要面临的困难较低，同时市场竞争相对不是很激烈。但是若想进入一个发展已经很成熟的市场，哪怕这个市场规模很大，新建企业也将会面临所得利润少的风险，所以一般不建议新成立的企业再投入这个市场。与这种情况相反的是，正处于上升空间的市场一定存在着大量的商机，只要选择合适的时间和地点进入，就会有收益。

（4）市场渗透力。市场渗透力是商业机会的重要影响因素。机智的创业者往往会在机会最好的时候，也就是整个市场发展呈上升趋势的时候进入市场。

（5）市场占有率。一家新建企业未来在市场上的竞争力往往可以从商业机会给企业带来了多少市场占有率中看出来。大多数情况下，要想成为领导市场发展的任务，该企业在市场上占有率至少要达到 20%。若新建企业在市场上的占有率不足 5%，那么它在市场上就没有强大的竞争力，也会影响该企业未来的上市价值。

（6）产品的成本结构。新建企业的发展前景可以从该企业产品的成本结构中体现出来。比如从物料和人工成本的占比、变动和固定成本的比例等，能够分析出企业在未来的发展趋势以及设计出适用于企业的商业模式。

2. 效益评估准则

（1）合理的税后净利。一个至少可以创造 15%及以上税后净利润的商业机会一般被认为是具有吸引力的。如果一家新建企业预期达到的税后净利润为 5%，甚至低于 5%，那么一般情况下是不建议投资的。

（2）达到损益平衡所需的时间。一般来说，在两年之内就可以达成损益平衡，若三年还未达成，这时候就需要思考这个商业机会是否值得继续投入。但也有一些商业机会需要较长时间的准备才能克服障碍，为企业后期创造更大的价值。

（3）投资回报率。在创业的时候会遇到各种各样的风险，这个时候需要 25%以上的投资回报率才算合理。如果面临 15%以下的投资回报率，这种创业机会一般不建议考虑。

（4）资本需求。对投资者而言，他们比较喜欢需要投资金额比较低的商业机会。大量的现实案例也表明，并不是投资金额高创业就一定会成功，有的时候甚至还会出现负面效果，比如抑制投资回报率的增长。一般来说，了解商业机会的知识越多、投资金额越低带来的投资回报越高。

（5）毛利率。面临的风险相对较低且更容易达到损益平衡的一般是那些毛利率比较高的商业机会。相反，当商业机会所能达到的毛利率很低的时候，风险相较而言会变得比较高，企业在面临所做决策失误以及市场变化较大时，抵抗风险的能力明显降低。一般而言，理想的毛利率是 40%，若企业毛利率为 20%甚至更低，企业将面临遭受损失的风险，这时的商业机会就不值得再花更多的时间和精力。

（6）策略性价值。还有一项十分重要的指标是判断新建企业在市场上创造的策略性价值大小。一般来说，该企业生产产业网络规模大小、相关的利益机制以及企业在市场上的竞争程度都会对策略性价值产生一定的影响。

（7）资本市场活力。新建企业在资本市场活力较高的市场中时，它所获得的利润也会较高。但是因为资本市场变化过快，若想筹备资金相对比较容易，就需要在资金成本较低的时候投入，也就是在资本市场活力比较高的时候投入。而在资本市场处于较低点的时候，会导致投资新建企业的可能性降低，这个时候也不会存在很多好的商业机会。

（8）退出机制与策略。退出机制和策略变成对商业机会评价的一项重要指标，这是因为任何投资活动的最终目的都是回收投资资金并且获得相应的利润。一般来说，只有具备客观鉴别价格能力的交易市场才能确定企业所拥有价值的大小，但是如果这类交易机制还不够完善，则会对新建企业退出机制的弹性造成一定的影响。因为退出市场的难度一般要比进入市场的难度高，所以若是想要发现一个极具吸引力的商业机会，给所有新建企业投资者创建退出机制和相应的计划是必不可少的。

2.3.2 商业机会评估方法

1. 商业机会价值的影响因素

企业或者公司在某商业机会下所能实现最大程度上的收益叫作商业机会的吸引力，它又可以理解为企业在合理的时机下极尽可能地使用商业机会。所以商业机会吸引力和可能性决定了商业机会的价值。从市场需求规模大小、利润率高低，以及发展潜力大小等方面能够看出商业机会吸引力的大小。

当供应给予量保持不变的时候，在大部分情况下，市场规模越大，商业机会对企业的吸引力越大。在计算某个商业机会给企业所能带来的最大利润收益时，需要将利润率和市场规模大小一同考虑进去。可以通过商业机会的发展潜力来判断其能够给企业带来多少市场需求，预测利润率的发展速度及趋势。

2. 商业机会的评估方法

对于市场上出现的商机，怎样快速衡量它的好坏？这就需要对商业机会进行评估。对商业机会进行评估是投资前必须要做的事情，下面将介绍几种评估商业机会的方法。

（1）前景分析法。新商机出现，就要对这个商业机会进行前景分析，适合创业的商机，一定要有持续性和成长性。需要明白的十分重要的一点是，哪怕只是兴起一段时间，某些新的商业机会还是会有无限的发展潜力。它很大程度上决定了商业投资的时间长短，所以分析特定商机的持续时间与市场需求的成长性是十分有必要的。

（2）消费者分析法。在进行商业机会的评估时，以下几点起着至关重要的作用：分析该商机所对应消费者群体的特征，这包括对应消费群体的年龄、消费能力、接受新事物能力的大小以及消费者是否想要通过这个商业机会来满足其需求等。

（3）政策环境分析法。因为政府出台的各类政策、规定等都会对某些项目和企业带来一定的影响，所以当发现一个新商业机会的时候要将各项政策、规定等是否支持其发展考虑进去。

（4）竞争对手分析法。某个商业机会开始出现的时候，大多数情况下竞争对手要么比较少，要么比较弱。值得注意的是，即使是这样也不能掉以轻心，竞争依然无处不在，企业还是需要对已经存在或者即将出现的竞争对手进行分析，知己知彼才能百战不殆。

（5）自身分析法。若不能确定自身是否拥有足够的能力投身于新的商业机会，采用 SWOT 分析是一个认清自身能力的绝佳选择，弄清楚自身的长处和短处才能将自身的优势发挥到极致。

（6）风险评估法。对新出现的商机进行投资，这一定是存在风险的。要想在投资新商机的时候尽量减少或者规避风险，在投资之前对其进行风险评估是十分重要的。风险评估主要包括：从投资到获利需要多长时间、整个投资活动需要多少资金，以及如果投资失败将会付出多少成本等问题。

（7）互联网商机匹配性分析法。互联网创业机会是适当的商机、有价值的创意、可得的资源和富有应用思维的团队四者的有机组合。因此，互联网创业机会的识别还需要进行四类要素的匹配性分析。首先，最基本的是商机与创意之间的匹配，如果这二者不匹配，此时的商机自然不能被视为互联网创业机会，其次，需要分析创业者的能力是否与其创意相匹配，即创业者是否有能力实施自己创意，同时是否能掌握该创意所需的资源。如果不匹配，则这时的商机也不构成互联网创业机会。

3. 商业机会价值评估矩阵

下图为吸引力和可行性两个指标共同组成的商业机会价值评估矩阵，其能够用来评估商业机会价值，如图 2-1 所示。

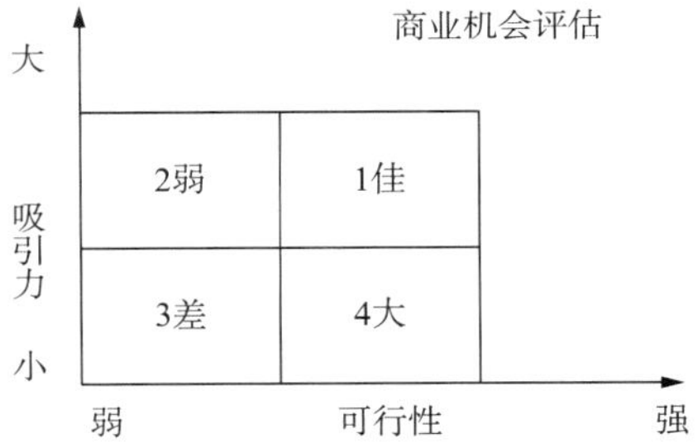

图 2-1　商业机会价值评估

我们可以从图中看出：

处于区域 1 中的商业机会，吸引力和可行性都很大，后期所能带来的商业价值也会比较大。通常此类商业机会既稀缺又不稳定。所以企业要时刻关注该区域，及时判断哪些商业机会即将出现或者消失在该区域。

处于区域 2 中的商业机会，它的吸引力比较强但是可行性较差，总体来看这种情况下的商业机会能够产生的商业价值相对较低。这时企业应该重点关注该区域范围内商业机会的可行性是否会发生改变，若可行性向好的方向发展，那么要做好利用这类商业机会的准备。

处于区域 3 中的商业机会，不管是吸引力还是可行性相对来说都比较弱，能产生的商业价值是这几类商业机会中最低的，且就算其吸引力和商业机会发生了改变，也不可能一下子就进入区域 1，只有当时机合适的时候才有可能。

处于区域 4 中的商业机会，其可行性较强但吸引力较小，这类商业机会在面临风险较低的同时获利能力也相对较弱，这种类型的商业机会是综合能力不那么强的企业通常会考虑选择的。这时候企业应该把重点转移到观察其商业机会吸引力的变化情况及趋势上，这样企业能在这类商业机会进入区域1的时候及时发现。

2.3.3 商业机会的决策与管理

1. 一般商业机会的决策与管理

(1) 决策：在进行商业机会的识别和分析过后，企业还需要做好以下几项工作：预期选择的商业机会是否和企业自身发展趋势相匹配，判断该商业机会是否能够将企业的竞争优势发挥到极致，评估该商业机会给企业带来多少利益。

①定性决策。定性决策的方法包括经验判断法、群体决策法、专家会议决策法、德尔菲法、头脑风暴法以及政策分析法，下面分别阐述。

经验判断法：研究领域内的权威人士、顾问和企业主管等依据已有的知识和工作经验总结出来对企业有一定帮助的资料进行推断的方法就被称为经验判断法。

群体决策法：一个决策好坏的关键主要取决于环境信息、个人偏好以及方案评价等。但这些会因为个人的工作经验及其态度的不同而有所差异，尤其是一些比较难以解决的决策问题，它们涉及的知识特别广泛。比如说一个人难以完成某个具有多目标的决策，其包含了很多不确定因素及相关的竞争信息，这个时候就需要集体来解决问题。这种由许多人一起参与解决决策问题的方法叫作群体决策法。

专家会议决策法：此方法又被称为专家座谈法。可以理解成具备大量知识及工作经验的优秀人员组成的专业小组，他们一起进行分析和讨论，在这个过程中互相分享自己的想法，最后预测商业机会发展结果的方法。

德尔菲法：美国兰德公司在1946年开始使用，也被叫作专家调查法。这个方法是企业自己组成的对商业机会及企业发展前景预测的机构，这个机构内拥有相关领域专家以及企业发展预测的相关组织者，再根据有关文件指定的步骤，针对商业机会未来在市场上的发展前景咨询相关专家的意见，然后对商业机会及企业发展前景进行预测。

头脑风暴法："头脑风暴"一词最开始出现是在精神病理学上，特指精神病患者出现的一种精神错乱状态，现在表示没有任何约束的自主想象及讨论。头脑风暴的最终目的是产生解决问题的新想法。

政策分析法：政策分析法又可以被叫作政策科学。其主要是分析政策调研、制定、分析、筛选、实施和评价的全过程。政策科学最主要的问题是分析备用政策将带来的效果、其本质问题是为什么会出现备用政策。基于运筹学和系统分析，政策科学才慢慢发展起来。但是其和运筹学及系统分析的重点不一样，攻策科学的重点是发现新的解决问题的方案而研究问题的性质。

②定量分析法。

社会调查法：社会调查法主要是系统收集资料，这些资料一般是关于所分析对象的一些历史的、现实的实际情况。一般在专题研究中会经常使用到社会调查法，主要目的是发现所研究对象在社会上可能存在的问题以及相关规律。在使用社会调查法的过程中需要阅读大量的资料，再将其分类整理，适当时候还需要借助谈话、填写问卷调查等其他研究手段，最终形成相关系统文件。

统计分析法：统计分析法需要将企业近期生产线上所用工作时间没被改动的初始记录，经过统计分析之后再进行总结整理，然后以整理后的资料为基础算出先进消耗水平，最后将其作为依据制订额定劳动。

预测分析法：预测分析法的最终目的是以客观存在的相关知识为基础，推测相关事情在未来的发展前景和趋势，并且不仅需要定性分析，还得进行定量分析。

最优化法：最优化法又被称为运筹学方法，它是近五十年才开始慢慢形成的。最优化法可以在进行决策时提供相关判断依据，使用过程中还需要运用数学相关知识来研究各类系统中的最好路径及方法。

（2）管理：

①最大范围地收集意见与建议。广大用户、员工的意见和建议是我们工作、决策的“第一信号”，也是一种对商业机会行之有效的管理方法。因此，我们应该最大范围地收集意见与建议。

②综合加权分析。综合加权分析主要是要根据规定好的评分标准为存在的每个指标实际值打分，大部分情况下按五级评分，最优 5 分，最差 1 分。除此之外，还需要明确各指标的权数。最后基于权数和得分计算加权综合值，也就是各项指标的综合评价值。

③专业的商业机会分析。专业人员通过其丰富的知识，多年的从业经验，以及其敏锐的洞察力和反应力，对商业机会进行全方位的分析。聘用专业人员进行商业机会分析是对商业机会的一种高效管理。

④完善商务信息系统和经常进行商业机会研究。当今社会，信息技术已经渗透到企业组织的各个层面。因此，建立完善的商务信息系统是势在必行的。同时，经常性的商业机会研究可以帮助企业发现商机并快速做出使企业利益最大化的决策，从而保持企业的生命力和活力。

2. “互联网＋”下的商业机会决策与管理

（1）自有资源优先考虑。所谓自有资源，就是互联网创业者已经拥有或者通过一定的组织方式可以直接掌控的资源，包含物质资源、技术资源、社会关系、从业经验等，相对于其他资源，自有资源的获取成本、使用成本及管理成本都比较低。在创业初期可以节省不少成本。另外，因每个人对自己所拥有的事物都比较熟悉，通过一定的经营手段往往能使其效益最大化，从而有利于在激烈的市场竞争中占据主导地位。因此对于现阶段的电子商务而言，自有资源的选择和利用要符合“特色化”和“差异化”原则。

（2）满足市场需求。每一位互联网创业者在创办企业之前，必须考虑产品或服务是否符合社会经济的发展趋势，是否满足特定市场中的顾客需求。通常来讲，互联网创业项目满足市场需求有四种方式：一是开发一种新的产品或服务放在网上销售，如一些纯手工类饰品、工艺品在淘宝网、京东等 C2C 平台上很受欢迎；二是对现有资源进行再度开发，如特色农产品整合包装后统一销售；三是为现有的产品或服务寻找新的细分市场或销售渠道，如传统企业入驻天猫旗舰店；四是改善现有的产品或服务，填补市场需求空白，如移动电商中 App 功能的优化。

（3）产品或服务要符合互联网营销特点。回顾我国电子商务十多年的发展历程，如今网络营销的重心从“大而全”逐步偏向“小而美”“个性化”“定制化”，因此对于个人创业者或者小微型创业团队来讲，互联网创业项目的产品除了符合网络营销特点和发展趋势外，还需要具有各细分市场的独特性。

2.3.4 商业机会的可行性分析

商业机会的可行性表示的是企业所看中或者选择投资的商业机会在多大程度上能够获得收益。企业内部的商业模式、人员结构等会对商机的可行性产生一定的影响，且企业内部环境的影响一般是主观因素。而相对于企业的内部环境而言，外部环境对商业机会可行性的影响是客观的。

1. 一般商业机会的可行性分析

因为各个行业具备不同的特征，不同行业的商业机会分析及其关注点区别很大，但也有以下几个共同点：

（1）投资必要性。判断某个商业机会是否有必要进行投资，一般是对市场进行调研、预测其发展趋势以及相关政策等进行分析。在这个过程中需要做到以下两点：

第一，观察投资环境，然后依据影响投资环境的各类因素进行全面分析整理；

第二，进行市场调研，这一般需要对市场的各个方面做好分析整理，比如市场需求分析、竞争对手分析等。

（2）技术可行性。技术可行性主要是根据项目所采用的相关技术，整理出一系列合理可行的技术方案之后再进行选择及评价。因为各个行业具备的特征差异较大，这样也会使得不同行业的技术可行性所研究的内容具有较大的差别。

（3）财务可行性。财务的可行性分析主要是指根据项目和投资者的想法制订出合理的相关财务方案，然后再根据企业理财要求对资本进行预测和分析计算，依据所得结果来对该项目的财务能力做出判断，决定是否投资，最后根据企业发展要求来计算投资收益等来推测企业发展前景。

（4）组织可行性。组织可行性的主要目的是保证企业的项目能够成功执行，在这个过程中需要建立适合企业发展的相关进度计划、组织结构、培训计划等。

（5）经济可行性。经济可行性一般要求企业从资源利用的角度，对企业投资项目的发展目标、资源配置、创造就业机会等各方面的效益进行分析评价。

（6）社会可行性。社会可行性主要是对社会层面涵盖的经济、法律、宗教信仰等问题的分析。

（7）风险因素及对策。风险因素及对策主要对企业项目的各类市场风险进行评估，并根据企业的现实状况，作出兼具发展潜力大和风险程度较低的决策。

2. “互联网+”下的商业机会可行性分析

（1）项目硬性指标。互联网创业项目的硬性指标主要包括：创业平台是否具有竞争力；选择的产品是否符合平台特性及目标客户需求；创业者的网站或网店设计是否符合消费群体的审美特点、功能使用是否简单易懂；网站或网店的语言版本、域名解析时间、请求响应时间、页面跳转速度等是否人性化；网店的商品性质及分类体系、图片的综合质量及排列布局、首页产品推荐等是否符合消费者的需求和使用习惯等。

（2）项目推广指标。

①注册用户数量或会员数量。注册用户的数量在很大程度上反映了网站为客户提供的产品或服务是否有价值，会员数量则直接体现了网络营销的广度和深度。

②网站链接数量或店铺友情链接数量。网站链接数量或店铺友情链接数量越多，对搜索结果排名越有利。

③网站或网店知名度。随着电子商务“去中心化”时代的到来，网站或网店的知名度与注册用户数量或会员数量之间的联系将更加密切。

④用户忠诚度。用户忠诚度反映了一定时期内同一个用户登录同一个网站的网店重复购买产品的频度，以及由此表现出来的产品或品牌偏好。在该项指标的考核过程中，创业者要以满足客户的需求和期待为目标，预防和消除客户的抱怨和投诉，不断提升客户满意度和忠诚度。

（3）项目服务指标。电子商务所面对的客户群体与传统商务模式中的客户本质上是一致的，都是某种产品或服务的使用者或潜在使用者。但电子商务的客户来源于网络，他们借助于先进的信息沟通手段实现随时随地跨地区、跨国度购物。其购物形式更加多元化，个性化需求更加明显，而且客户通过网络渠道可以预先了解与产品有关的所有信息。因此，互联网创业者要充分掌握网络客户群体的心理特征和行为习惯，设计出能满足网络客户需求的服务标准，并在经营过程中不断优化。

互联网创业项目服务指标主要包含：个人隐私的保密性及交易过程的安全性；服务信息是否准确，解决问题是否真诚、高效；网站内容布局及网页设计风格是否人性化；客户信息反馈机制是否便利，是否具备个性化的定制服务能力；售后服务是否人性化，处理客户需求是否及时快捷；补救性服务措施是否完备等。

（4）项目经济效益指标。项目经济效益指标最能直接反映出互联网创业项目给企业带来的经济利益，包含直接经济效益和间接经济效益。直接经济效益可以用财务指标来描述，例如，投入与产出的比例、存货周转天数、货款回收天数、总资产周转率、流动资产周转率等。间接经济效益也称“波及效应”或“扩波效应”，主要指企业利用战略实施、项目管理、软件工程评估等方法构建的指标体系。互联网创业项目的间接经济效益主要体现为高效实时的信息处理、准确的商品管理、商品库存管理、良好的客户服务等。

2.4 参考案例

2.4.1 案例一："不安分者"眼中的商机

小胡和小姜两个人自从高中毕业之后从事了有关家电维修方面的工作，每天都需要维修大量的收音机、录音机及电视机来维持日常的开销。小胡是一个思维灵活的机灵人，小姜是一个老老实实做好自己本职工作的安分人。两个人工作了不久之后，小胡突然产生了一个特别的想法：他发现当地农民慢慢都用上了自来水，这样一来，村民们就很可能使用洗衣机来解放双手，只要他们开始使用洗衣机，就对维修有一定的需求。为了扩展自己的业务，小胡将当地比较出名的洗衣机买回去给当地村民体验，就是为了让他们感受到洗衣机的方便，这样还能让他自己在空闲的时候研究洗衣机的内部结构，学习维修洗衣机。付出就会有回报，过了一年，村民们相继用上了洗衣机，小胡维修洗衣机的单子越来越多。相比较而言，小姜还是只能维修收音机、录音机和电视机，缺少小胡这项维修洗衣机的经济来源。

事业成功的人和普通人是有区别的，普通人的眼光一般只局限于目前已经存在的状况，而成功的人往往会试图自己去创造机会。商业机会通常都会出现在人们日常生活中所遇到的问题以及还没有被满足的需求中。要想收获其他人所不能拥有的，就要学会在问题中发现问题，寻找机会。

2.4.2 案例二：菜场内的商机

河北有一个姓李的年轻人带着他的妻子，两个人一起去北京三里屯卖菜来维持生计。卖菜是件十分辛苦的事情，每天天还没亮就得赶到蔬菜批发市场去趸菜。有时候因为事情耽搁或不小心起晚了趸不到卖相比较好的菜，只能趸一些看起来不怎么好看的菜，这样一来，生意自然受影响。但是，善于观察的小李发现有很多"老外"喜欢买这种卖相不怎么好的菜。他和老外交流后发现，他们都知道长得比较好看的菜大多数都是使用了植物激素，反而是那些长相不怎么好的菜吃起来才健康。了解这些情况之后，小李开始转变思维方式，将自己的菜主要卖给喜欢小个头菜的"老外"。于是，他变得和其他卖菜的商家不一样，他每天趸的都是品相不怎么好但却新鲜的菜，慢慢地积累了许多外国客户。有些老外觉得家离菜市场太远了，每天去买菜十分不方便，就建议小李到有很多老外居住的小区附近开一家专门卖蔬菜的店。小李十分愿意这么做，可是缺少启动资金，那些希望吃到健康蔬菜的老外们给了小李一点资助，他的创业之路就这样开始了。现如今，小李开起了自己的连锁店，甚至可以自己直接从国外进口蔬菜了。

北京有多少人在卖菜，像小李遇到的这类问题又有多少人遇到了，但是多数人都把它当作一件不太幸运的事，只有极少数人从中发现了商业机会，创业成功。

2.4.3　案例三：转转二手交易剑指下一个移动入口

根据研究调查显示，二手交易信息在国外一些主要的分类信息网站中所占比重是最大的，为 50%～70%，但在国内的网站，比如“58 赶集”上，二手信息占比相对来说比较少，仅占整体信息的 20%左右。人们对产品的需求量持续上升，且产品逐渐趋于多样化，“双 11”“双 12”等大型促销活动带动了国内许多消费，随之而来的是消费者购买了许多实际上用不到的东西，这样就产生了许多闲置物品。根据“咸鱼”App 官方数据，从其 2014 年上线开始到现在，每天在其平台上成功交易的数量超过 20 万件。之前看似还没有发展起来的二手市场，即将迎来一场翻天覆地的改变。“转转”二手交易网站在 2015 年 11 月前后正式上线，和其他二手交易平台不一样的是，“转转”和腾讯微信建立了战略性合作，要想进入该网站只能采用微信登录的方式，登录进入网站之后也只能通过微信来完成付款交易。“转转”二手网站的主要目的是通过用户的微信好友，让消费者购买后不怎么使用的闲置商品通过朋友圈而流转起来。当在“转转”上发布闲置商品时，可以通过转发朋友圈的方式来发出消息。不仅如此，用户还能发现微信好友有哪些闲置物品需要转手。“转转”的商业模式在全国发展之后逐渐成熟，之后会变得更加完善。“转转”使用线上和线下广告同时进行的方式扩大其知名度，在其正式发布两个月的时间内，通过“转转”二手交易平台完成交易的订单就超过了 100 万元。

“转转”二手网站在曾经比较冷门的行业找到了合适的商业机会，并且将其发挥到极致。我们从中可以知道，一些一直存在的商业机会不一定都会有很好的发展前景，相反，一些容易被人们忽视甚至未被发现的商业机会也许更具发展潜力，更能给企业带来利益。对于投资者和企业来说，用长远的眼光去看待商业机会是十分重要的，一些当前还不能创造收益的商业机会在未来可能会带来意想不到的商业价值。

2.5　课后习题

（1）什么是商业机会？商业机会具备哪些特性？

（2）商业机会有哪几类？具体举例谈一谈你的看法。

（3）简述商业机会的识别过程。

（4）如果你是创业者，你该采取什么行动去发现并抓住商业机会？

（5）谈一谈你是如何理解商业机会的，写下你所想到的利用商业机会成功的案例。

第 3 章　产品与服务

扫码获取
本章课件

3.1　产品与服务的功能

3.1.1　产品与服务的定义

(1) 产品：用来提供给市场，并让人们产生注意，被人们获得、使用和消费，满足人们某种需求的任何东西。消费者购买的更多的是产品的核心利益，而不仅仅是产品的实体。产品的实体是一般实体，这只是产品的基本形式，产品的核心利益只有依附产品实体才能实现。对产品的期望是消费者购买产品的条件和欲望。

(2) 服务：通常是无形的，是为满足顾客的需求，顾客（接受产品的组织或个人）和供方（提供产品的组织或个人）之间在活动中接触时和供方自己内部碰撞出的结果，且必须是顾客和供方至少有一次完成活动的结果。如咨询、旅游、教育、运输、医疗等。服务的提供可涉及：提供给顾客的有形产品（如购买车辆）上所完成的活动，提供给顾客的无形产品（如为京东购买商品的客服咨询服务）上所完成的活动，无形产品的交付（如网络课程资源的传授），为顾客创造氛围（如在酒店）。

3.1.2　产品与服务的分类

1. 产品分类

(1) 核心产品：提供给顾客产品的基本效用或利益。实质上，产品是为解决问题而服务，因此当销售人员向顾客销售产品时，必须真实反映顾客内心的基本效用和利益。

(2) 形式产品：实现核心产品的形式。特征构成有商标、包装、品质、式样等。即便是纯粹的服务，也具有相似的特征。

(3) 期望产品：消费者购买产品所希望得到的与产品密切相关的一整套属性和满足的条件。

(4) 延伸产品：消费者购买的形式产品和期望产品所附带的各种利益的总和，包括产品说明书、安装、送货、技术培训等。国内外很多企业之所以成功，很大一部分原因就是他们清楚地认识到服务在产品中具有重大作用。

（5）潜在产品：现有产品中可能会演变成最终产品的潜在状态的产品。指出了当今时代的演变趋势和顾客需求的变化。

2. 服务分类

（1）按服务推广分类。

①高接触性服务：客户参与服务的过程中参加全部或大部分的活动，如电影院、娱乐场所、公共交通工具、学校等提供的服务。

②中接触性服务：顾客仅在少部分时间里参与自己所需求的活动，如律师、银行等提供的服务。

③低接触性服务：顾客和服务提供者之间只有较少接触的服务，顾客主要与机器设备进行接触，如信息服务。

（2）按综合因素分类。

①根据服务工具的不同划分为以人为基础的服务和以机器设备为基础的服务。以人为基础的服务是非技术性、技术性和专业性服务，如会计审计服务、旅行服务；以机器设备为基础的服务如自动收款机、自动汽车刷洗等。

②根据服务场所是否需要顾客出现划分为顾客亲临现场的服务和不需要顾客亲临现场的服务。顾客亲临现场的服务如身体检查、按摩等；不需要顾客亲临现场的服务如成衣整烫等。

③根据企业与顾客需要的不同划分为面向个人需要的专一化服务和面对企业与个人需要的混合服务。

④根据服务组织的目的的不同划分为非营利性组织服务、私人服务、盈利性服务等。

（3）按营销管理分类。

①根据服务活动的本质的不同划分为作用于人的有形服务、作用于人的无形服务、作用于物的有形服务、作用于物的无形服务。

②根据消费者和服务组织的联系程度不同划分为连续性非正式会员的服务、连续性会员关系的服务、间断性非会员关系的服务和间断性会员关系的服务。

③根据满足程度和联系方式的不同划分为容易达到顾客需求但选择服务方式程度小的服务、较难达到顾客需求但选择自由度较大的服务、能达到顾客需求且选择余地大的服务。

④根据服务供求关系程度的不同划分为顾客迫切需求且基本供应能满足的服务（如天然气）、较少顾客需求的服务（如保险、咨询）、很多顾客需求但会超出供应能力的服务（如宾馆、交通运输）。

3.2　产品与服务的开发与规划

3.2.1　产品生命周期理论

（1）产品生命周期（product life cycle，PLC），它指的是一种产品的市场生命，即从一种新产品进入市场到被市场淘汰的整个过程。雷蒙德·弗农认为：产品生命是指市场中的营销生命。产品就像人的生命一样，要经历形成、成长、成熟和衰退的周期。就产品而言，它经历了一个发展、引入、成长、成熟和衰落的周期。这周期在不同技术级别的国家，时间和过程是不一样的，有一个较大的差距和时差。在这段时间里，表现为不同国家的技术差距，它反映了同一产品在不同国家市场上竞争地位的差异，这个差异确定国际贸易和国际投资的变化。该理论主要从技术创新、技术进步和技术交流、国际贸易中比较利益动态、产品出口优势、在各国之间的传播等方面分析国际贸易的基础。

（2）引入期：当产品从设计研发、然后投产，直到进入市场进行测试。当研发的新产品被投入市场，就进入了引入期。这个时候产品的种类很少，消费者并不是很了解产品，当然除一些追求新颖的消费者外，恐怕就无人问津了。生产者为了获取更大的利润，需要投入更多的精力和金钱进行促销、宣传推广。

（3）成长期：当产品进入引入期成功销售后，则进入成长期。成长期是指产品通过试销，效果良好，购买者逐渐接受产品，产品在市场上立足并开拓销售。这是需求增长的阶段，需求和销量快速增长。生产成本大幅下降，利润迅速增长。与此同时，在看到利润的同时，竞争对手也会陆续进入市场参与竞争。导致同类产品的供给增加，价格下降，企业利润增长率逐渐放缓，最终达到生命周期利润的峰值。

（4）成熟期：一种产品进入大量生产并稳定进入市场，经过生长期，随着买家数量的增加，市场需求趋于饱和。此时，产品日益普及和标准化，成本低，产量高。销售增长率在开始下降之前一直很缓慢。由于竞争的加剧，同类产品的制造商不得不增加在产品质量、设计、规格、包装服务等方面的投资，这在一定程度上增加了成本。

（5）衰退期：产品进入淘汰阶段。科技的迅速发展和消费者需求不断变化，产品失去了活力，销售量和利润不断下降，对于市场的需求不再适应。此时企业觉得无利可图，运营该产品的成本又高，该产品的生命周期逐渐结束，最终退出市场。

产品生命周期模型如图 3-1 所示。

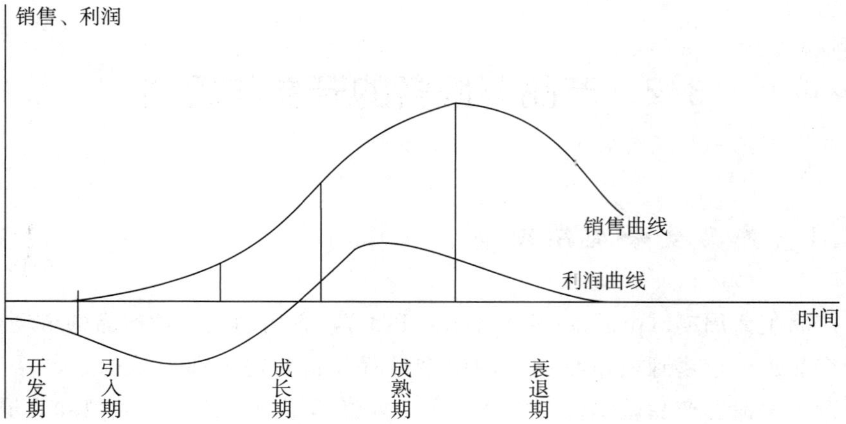

图 3-1　产品生命周期模型

3.2.2　产品与服务开发的阶段与方法

1. 产品开发阶段与方法

新产品的开发是一个烦琐的过程，从收集客户的需求和设想，到最后新产品投入市场，持续时间长、涉及面广，故必须按照促进发展、相互制约的程序有条不紊地进行，才能保证产品顺利地面世。但各行业性质不同、技术层次不同、研发内容不同，这里只选取加工装配性质企业的自行研制产品开发方式为对象，阐述新产品的开发阶段。

（1）调查研究阶段。客户的需求是新产品开发决策的主要依据，为了满足日新月异的客户需求和社会的发展，新产品的开发是重中之重，为此必须认真做好调查研究工作。这个阶段的核心主要是：新产品的构思、新产品的原理和结构等开发设想以及总体方案。

（2）新产品开发的构思创意阶段。产品的创意是新产品开发的核心，故新产品开发是一种创新活动。在这个阶段，需把握市场调查的需求情况和实际条件，充分了解竞争者，产生因时制宜改善产品的一些功能和结构的想法，让产品更加符合现在顾客的需求。产品创意决定了企业新产品开发是否成功。产品创意主要来自三个方面：

①来自用户。企业可以根据老产品迭代出的经验，再根据收集到的用户的需求进行新产品的开发。

②来自本企业职工。企业员工在接触客户时更容易收集到客户对于产品的建议和其他需求。

③来自专业科研人员。科研人员有丰富的专业技术知识，可以让他们充分发挥自己所长，提出自己对产品的想法和看法，为企业提供新产品开发的创意。

新产品创意主要经过产品构思、构思筛选、产品概念的形成三个阶段。

①产品构思。通过市场调查和分析，对新产品的构思和其他建议。

②构思筛选。对产品的构思有好有坏，要分析自己企业的情况，是否有足够的资源可以让这个构思实现，否则再好的创意也是天马行空。所以需要匹配自己企业的情况，进行相应的开发。

③产品概念的形成。筛选后的构思只是基于设计人员或管理者自己的经验和想法，最终是要形成产品，而产品的使用者——客户是否接受起决定作用。产品概念的形成是将筛选后的构思与客户结合的过程。

(3) 新产品设计阶段。通过确定产品设计任务书，确定产品结构所需的技术和管理。此阶段需严格遵守“三段式设计”程序。

①初步设计阶段。这一般是为下一步技术设计做准备。首先编制设计任务书，并得到上级的修改意见和同意，当上级批准设计任务书，这将作为新技术设计的依据。核心任务是选择最佳总体设计方案、设计依据、基本参数、产品工作原理、关键技术解决方案、特殊材料资源分析、产品设计方案比较，通过价值工程，分析有哪些适合产品的功能等，从中选出最佳方案。

②技术设计阶段。这也是新产品的定型阶段。是在完成初步设计实验研究的基础上，在设计过程中，原理结构和材料元件工艺功能或材料模具都必须进行测试，并写出实验研究大纲和研究报告，作出产品设计计划书，画出产品尺寸图，注明主要组件和校准依据，利用价值工程，对使产品成本高、结构复杂、体积大、分量重的主要部件的材料选择进行成本和功能之间关系的分析和技术经济分析，画出各种系统的原理图；列出特殊元件、外购零部件、材料清单；审查和修正设计任务书的某些内容，进行产品可靠性分析。

③工作图设计阶段。设计者在技术设计的基础上，需要严格遵守相关标准性规程和要求，制作供试制以及随机出厂用的全部工作图和设计文件。

(4) 新产品试制与评价鉴定阶段。

此阶段又划分为小批试制阶段和样品试制阶段。

①小批试制阶段。这一阶段的工作重点在于工艺准备，主要目的是考验产品的工艺，验证它在正常生产条件下（在生产车间条件下）能否保证所规定的技术条件、质量和良好的经济效果。试制后，必须进行鉴定，对新产品从技术方面、经济方面作出全面评价。然后才能得出全面定型结论，投入正式生产。

②样品试制阶段。这一阶段对产品设计质量、产品结构、主要工艺、设计图纸进行考核，主要是让产品设计基本定型、验证产品结构工艺、审查工艺相关问题。

(5) 生产技术准备阶段。确定零部件技术要求和完成全部工作图设计。

(6) 正式生产和销售阶段。首先提前准备生产计划、物资供应、劳动组织等，然后将产品以一个合适的方式引入市场，同时做好市场分析，制订产品促销方式、价格策略、销售渠道等计划。经过市场开发，可以充分了解产品的适应程度，可以积累产品迭代的经验，为下一代产品的开发提供依据，同时还可取得有关潜在市场大小的数据资料。

2. 服务开发阶段与方法

产品开发与服务开发过程基本一致，主要区别在于服务开发不仅涉及服务的交付，还包括服务过程本身。服务的内容和过程难舍难分，在服务开发过程中，必须包含服务内容和过程。

（1）服务开发的四个阶段。

①设计阶段：运营目标和战略的制定、服务概念的开发及测试。

②分析阶段：财务分析和与服务传递相关的供应链问题——项目评审。

③开发阶段：完成服务的详细设计和测试；服务传递过程的详细设计和测试；员工的培训；服务的试运行。

④全面上市阶段：新服务投入市场。

（2）服务过程设计方法——顾客接触度法。顾客接触程度（degree of customer contact)：顾客在某一个服务系统中的时间与服务所耗费的总时间的比值。高顾客接触度 VS 低顾客接触度：由于顾客具有不同的需求和建议，对需求时间、服务本质、服务质量都会产生影响，较难管理。采用何种类型的服务系统（组合）与服务本身有关系。服务系统的类型会影响到企业的运营决策（设施地点、布局、过程设计、运营计划、员工需求、能力计划等）。

施米勒根据两个维度提出了服务的分类方法：

①顾客沟通与定制化的程度——顾客接触度。

②劳动力密集程度与服务提供的及时程度。

施米勒根据上述分类方法开发了服务过程矩阵，如图 3-2 所示。

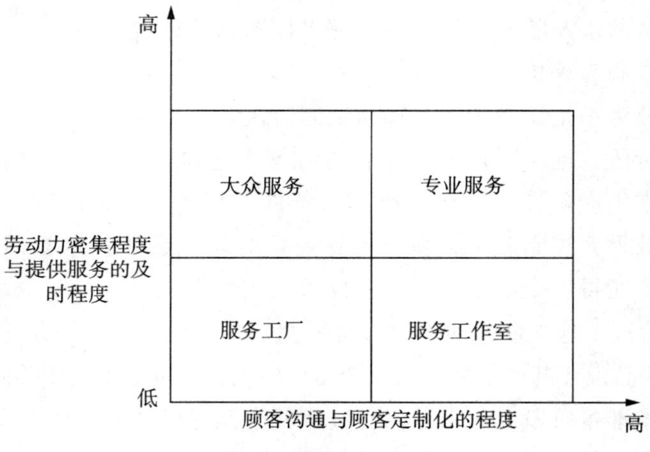

图 3-2 服务过程矩阵

服务过程矩阵：

服务工厂：低密集、低定制，如航空公司、宾馆、娱乐场等。

服务工作室：低密集、高定制，如医院、汽车维修中心等。

大众服务：高密集、低定制，如批发零售、学校等。

专业服务：高密集、高定制，如医生、律师、设计师等。

①劳动力密集程度低的服务组织：通常是资金密集型，且需要很高的固定成本；很难根据需求的变化调整其服务能力，所以必须加强需求管理，避免需求高峰期和需求低估。

②劳动力密集程度高的服务组织：员工的管理是重中之重，如加强招聘、培训、薪酬设计、考核等。

3.2.3　需求调查与分析

在社会这个大环境里，我们每个人在不同的场合都扮演着不同的角色：在学校里，我们可能是老师，可能是学生；在家庭里，我们可能是哥哥姐姐，也有可能是弟弟妹妹；在宏观的交易市场上我们可能是服务者，也有可能是生产者，而唯一相同的是我们每个人都扮演着消费者的角色。不同的消费者就会有自己独特的需求，因此不同的消费者对同一种产品会产生不同的需求，同一个消费者会对不同的产品产生不同的需求，各种各样的需求就需要生产商对产品的需求进行调查分析，从而让产品更好地服务于社会。

若想知道客户对产品都有什么样的需求，就首先要知道自己产品的市场环境是什么，产品的用户都有哪些，要以自己产品的用户为核心进行需求调查，让自己的产品在市场上有一个初步的定位，这里我们简称为“初定位”。然后根据管理学原理里面提到的马斯洛需求层次理论对用户的需求做进一步的分析，把需求划分成不同的层级。这就是一整套的产品需求调查与分析。具体步骤如下：

1. 初定位

明确自己的产品是最关键也是最核心的内容之一。向市场说明产品叫什么，有什么用，现在的市场上还有没有类似的产品，如果有，那么相比于市场上现有的其他产品有什么特色，独一无二的特点会给消费者带来什么样的好处。对不同的消费者来说产品的功能都有哪些使用价值。这些都是产品定位的时候需要注意的问题。否则，产品就很难在市场上准确的定位，这对产品以后的发展会产生不好的影响，不利于产品销售渠道的开发和产品的生产。

2. 分析

马斯洛需求层次理论像阶梯一样，把人类的相关需求分为五种，且从低到高划分为：生理、安全、社交、尊重及自我实现需求。它们呈金字塔结构，通俗地来讲，人们对吃穿住行的需求是最强烈的，不能食不果腹，否则人们无法追求更高层次的需求。如果满足了人们最低层次的需求，他们便会向更高层次的需求迈进。所以在做需求分析的时候要时刻注意对收集到的信息按需求层次理论进行规划整理。

3.2.4 产品设计

产品设计首先要能够反映出来市场需求，因为现在的企业要面对的顾客在知识能力、生活习惯等方面都是多样化的，这就给公司产品设计者带来了巨大的挑战，因为稍有不慎就会给公司造成损失。但顾客的多样化同时也是设计者的机遇，可以通过自己的能力设计多种适合顾客的产品。

3.2.5 未来产品与服务规划

对于一个企业来说，主要是对产品要有远景的规划，要有短期目标和长期目标的设定。在生产产品的时候要着眼于未来，对未来的产品和产品的服务要有有条理的规划，让所有的工作在自己的掌控范围内高效有序地进行。在产品市场方面，要让产品在原有的市场上保持热度，同时对产品的目标市场进行调查和分析，抓住来自目标市场的机会，制订应对来自目标市场挑战的方法。针对现代经济科技全球化的大好形势，发挥产品的聚集效应，不失时机地把产品做大做好。让产品有更好的开发环境，更好的销售渠道。最重要的是还应该有精英开发团队和管理团队，让这些团队对产品的各项指标进行决策。主要的决策内容有：市场增长率、竞争力、新进入者的威胁、市场规模等。除此之外，还要对产品的结构进行新一轮的构思，让未来的产品比现有产品更先进，更具有时代性。

3.3 社会效益分析

将有限的资源最大限度地利用起来，以满足社会上人们日益增长的物质文化需求，这就是社会效益（social efficiency）。而社会效益分析是指在我国制定的各项社会相关政策的基础之上，全面系统地分析项目对国家及地方带来的积极影响和贡献、项目和社会是否能相互适应。

一般情况下，人们社会生活各个方面的目标都包含在社会发展目标中。如果对一个项目进行投资，想要其实现社会发展目标，就要涉及经济、政治、文化等各个领域、各个方面，在这些目标中最重要的是要实现和经济相关的目标。相关国家和地方政策的制定及发布一般都会对完成社会发展目标有一定的影响，比如一些就业、扶贫政策等。

社会效益还有以下含义：

（1）社会效益除了代表一般情况下对社会公益事业的肯定，还有一些在消费者心中的诚信企业，它们以真诚示人，赢得消费者的信任和支持。

（2）社会效益一般来说不仅对社会对国家有积极的影响作用，还对广大人民群众有帮助。

（3）企业履行其相应的社会义务最终能给社会带来额外的资源和收入，通常被认为是社会效益。

（4）社会效益一般是指给物质文明或者精神文明所带来的有益影响等。

（5）人们在平时的社会实践活动中所能促进社会进步的正向影响或者效果被认为是社会效益。

（6）社会效益是相对于个人、家庭、集体等效益而言，属于社会层次的效益（而经济效益是相对于文化、思想、政治效益等而言，属于经济方面的效益）。

（7）投入社会的资本所能带来的产出部分指的是社会效益。

（8）能够为促进科学发展、加快高端人才形成、提高科学管理及提高人们生活水平等方面起到一定推动作用的一般被认为是社会效益。一般需要经历一段时间的沉淀才能体现出其作用。

（9）社会效益一般指的是一些产品流入市场之后进入社会所能带来的正向的社会效果，其大多数情况下是体现在物质及精神两个方面。

社会效益的主要内容：

项目正式投入之后所能够给社会带来的贡献被称为社会效益。

（1）合理利用资源。

（2）缴纳利税。

（3）提供就业机会。

（4）环境友好。

（5）品牌形象与示范效应。

（6）参与社会公益，公益捐助等。

企业的社会效益往往取决于企业最高领导的思维和意识。

3.3.1 社会效益分析的方法

1. 确定评估基准线调查法

基准线是指对项目开始前和计算期内的社会经济状况和可能变化的情况加以预测、调查和确定，核实项目实施前预期的目的、投资、效益和风险等。具体步骤如下：

（1）筹备与计划；

（2）确定项目的目标和评估范围；

（3）选择评估指标；

（4）调查预测，确定评估基准；

(5) 制订备选方案;

(6) 社会分析评估;

(7) 论证比选最优方案;

(8) 进行专家论证。

2. 对比分析法

社会影响一般分为有项目情况的社会影响和无项目情况的社会影响，而对这两类社会影响进行对比并进行分析被称为对比分析法。在同一个时间点，将存在项目情况减去没有项目情况，得到的结果就是因为项目的实施所带来的社会影响。

3. 逻辑框架分析法

1970 年，美国国际开发署研发了一种对项目进行设计和计划以及评价的方法，被称为逻辑框架分析法。如今，国际上大约 2/3 的各类组织都将这种方法作为它们所支援项目的计划评价及管理方法。

逻辑框架分析法从重点分析需要解决的核心问题出发，往上级慢慢展开，找到问题受影响因素及可能造成的后果，逐渐往下级层层推进，发现问题所产生的原因，最后围绕核心问题形成所谓的“问题树”。在这个基础之上将问题树的因果关系转变成为与之对应的手段——目标关系，也就是目标树。在找到待解决问题的目标树之后，深入的工作需要依赖“规划矩阵”来实现。

4. 综合分析评估法

对社会项目进行可行性分析的时候，一般需要思考其涉及的各类相关因素和目标进展。正常情况下，针对需要对多目标进行决策时要采用科学的多目标决策法。

对社会评价进行综合分析之后，所得到的结论是不能独立使用，一定要加上项目的社会适应性分析才能使用。项目和其所在社区互相适应程度的分析，是对项目应该使用什么样的方法才能适应社会的发展进行研究。因此，在对项目进行社会评价之后，计算出综合得分，在进行方案选择的时候起到了一定的参考作用，但除此之外，各个方案实施起来的困难程度、所需要筹备的启动资金及可能面临风险的大小都应该考虑进去。当所需要承受的风险或者受到伤害的普通人的数量比较大，而又很难改变这个情况时，需要考虑是否更换其他方案。在对项目进行了相应的社会评价之后，通过考虑了多个目标而得出综合结果，一般情况下只能将其当作参考，而不能依据综合结果草率作出决策。

3.3.2 社会效益分析的特点

社会效益分析注重宏观性和长远性。大多数情况下对项目进行客观的社会评估需要从社会的宏观角度出发来认真衡量项目的出现会给社会发展带来多少贡献和有利影响。一般来说，项目最终所要达到的社会发展程度是需要依照我们国家的社会实际和经济情况来制定。所以，对项目进行科学合理的社会评估是对其所能产生的社会效益进行全面而完整的分析，一般包括和经济有关的活动、环境等，还包括一些只是单纯社会效果的非经济类效益。除了这些，还有一些社会发展目标所表现出来的效用比较长远，例如，项目对人类生活、生态环境等的影响。

若要对外部效益进行多角度和定量分析，工作难度是较大的。对项目进行社会评估的时候，所需要接触到的间接及外部效益一般来说是比较多的，比如说人们的生活、文化、教育及环境水平的改善等。

社会效益分析多目标性与行业特征明显。对项目进行客观的社会评估涉及社会的方方面面，也就是说它具备多个目标，需要进行多方分析的特点。因为需要对各类型的社会因素进行分析，所以大多数情况下会对多个目标进行综合评价的方法来衡量项目所带来的整体效果，然后再对项目进行可行性分析。不同行业内的业务类型存在一定的差异且各自都有其不一样的特点，进行社会效益评价的指标也大不相同。在这个基础之上，对各行业进行社会评估时，所使用的评价指标也具备一定的专业性，其行业特征比较明显。所以，在对各类型的行业项目进行社会评估时，要注意区分通用指标和专用指标，同时要将它们结合起来使用，所使用的评价指标要能直接反映出其所在行业的特征。

3.3.3　社会效益分析的作用

对项目进行科学合理的社会效益评估，能够促进企业或者公司在选择进行投资决策时更加客观地对项目财务进行准确衡量。与此同时，还能对项目所带来的社会经济效益进行预测，及时发现并想办法制止项目可能带来的不良后果，避免遭遇风险。这样才能尽可能地使项目和社会发展方向同步，对提高整个国民经济效益及社会发展起到一定的促进作用。

3.4　参考案例

3.4.1　案例一：基伍手机的竞争策略

在印度的手机市场，基伍的竞争对手各种各样，除去诺基亚、三星等著名品牌的手机外，还有很多印度本土生产的手机，40%左右的手机产品就连印度当地人都不知道。但印度人口众多，手机市场庞大。

匪夷所思的产品：基伍手机的电池容量超大且显示屏很小，其手机内部的电路经过了特殊处理，能够超长待机 30 天左右。不仅是双电池设计而且是干电池，能两块电池换着使用，在紧急情况甚至能更换 6 号或 7 号的干电池。与此同时，基伍手机甚至还研发出了可以同时装 4 张 SIM 卡的手机。满足宗教需求的手机：在基伍手机的展厅内，甚至还可以发现有这样一款手机，内部设置了《古兰经》、GPS 及计算器等功能，还能把《古兰经》翻译成近 29 种语言。符合地域审美习惯的手机：基伍的研发团队人员进行调研后发现，印度南北部形成了两类消费观念完全不一样的群体。南方人比较喜欢红色、内敛且较轻薄的手机；而北方人则更青睐于手机内置大喇叭且厚重的手机。

诺基亚的恐慌：基伍自其开始筹备产品研发到最终产品面世只需要 40 天左右的时间，我国大部分公司则需要差不多 50 天，像诺基亚和三星等产品的研发、生产时间长达一年半。在市场上存在的基伍产品总能有差不多 200 款，它每月还能专门针对印度市场研发差不多 10 款。如果不考虑品牌，你找不到不买其产品的理由。相同类型的产品，基伍产品性价比更高，更低的价格拥有更好的性能，是消费者的不二之选。

快速推出新产品的益处：

(1) 扩大市场份额。自行研发新产品要比直接从竞争者那儿争取市场更能促进公司发展。

(2) 溢价。获得边际利润较高的撇脂价格。

(3) 快速响应市场竞争。新产品储备。沉着应对竞争者研发新产品所带来的压力。

(4) 制定行业标准。订单赢得要素大于订单资格要素。

先进入者享有制定本行业标准的特权。

为竞争对手的进入设置了壁垒。

3.4.2 案例二：J 牌小麦啤酒生命周期延长策略

1. J 牌小麦啤酒的基本状况

J 牌小麦啤酒是一个刚刚研发出来的新兴产品，要想在市场中快速成长起来，需要对其自身进行客观的评估及找准自己的定位。J 牌集团综合各方面考虑，将这个新产品定位成零售价格为 6 元/瓶的消费中层次产品，分为两种包装，一种是销售给城市的 500ml 专利异型瓶，还有一种是销售给农村及乡镇等郊外地区的 630ml 普通装。价格和包装合适、口味迎合大众的需求以及高强度的广告宣传，J 牌小麦啤酒自从上市开始在市场中迅速成长，同时也促进了 J 牌集团的经济增长。因为上市初期，公司客观分析了公司产品所在市场，找准了自己的定位，J 牌小麦啤酒快速从诞生期进入成长期。

J 牌小麦啤酒的市场利润使得其竞争对手也想抢占市场份额，很多中小型公司和企业在还没有衡量自身实际能力之前也开始了小麦啤酒的生产。不久市场上就出现了好几个不同公司生产的小麦啤酒，且它们的包装直接复制了 J 牌小麦啤酒，但是它们的酒仍然是之前生产的普通啤酒，口味几乎没什么变化。这些竞争者为了抢夺市场，降低了零售价格，打乱了小麦啤酒的市场竞争，使得 J 牌小麦啤酒遭受重创，公司面临险境。J 牌小麦啤酒因为其生产成本无法降低，因此进入产品成熟期，产品销量也大不如之前。因为杂牌小麦啤酒的乱入，导致消费者对小麦啤酒的评价一落千丈，J 牌小麦啤酒也因此失去了前期拥有的市场份额，导致产品提前发展到了衰退期。

2. J 牌小麦啤酒的战略抉择

在市场发展前景并不乐观的情况下，是选择想办法把产品生命周期中的成熟期和衰退期加长，延长产品生命周期，还是选择舍弃掉小麦啤酒已有的市场，新增一部分投资进行其他相关产品开发，进攻其他产品市场？公司管理层经过对市场的分析和调研最终得出结论：J 牌小麦啤酒是一个由高技术支撑的新兴产品，市场上已有的竞争对手还没能掌握这项技术，其生产出来的产品和 J 牌小麦啤酒相比，竞争力较弱；与此同时，J 牌小麦啤酒受到大多数消费者的喜欢，其在市场上仍然具备很好的发展前景。如此一来，不论是选择继续延长产品生命周期还是放弃现有市场都不是明智的，最终失去的是公司经过前期长时间努力才获得的市场。这个时候选择去研究开发新的产品将会是一个很好的选择，但是风险和机遇并存，在研发新产品的过程当中，前期需要投入的成本较高，也会面临一定的市场风险。如果公司能够客观分析市场现状，积极地使用一些高效办法，改变自己以往的固定思维，想办法把 J 牌小麦啤酒的口碑积累下来，就能绝地逢生，在竞争激烈的市场中重现活力，开始下一轮的产品生命周期，进而提升在市场中的地位。

公司高层管理人员冷静分析了现实情况，对市场进行了准确的判断和预测，并且将有效资源进行了整合，然后将其充分利用起来，小麦啤酒重新赢得了属于自己的市场。

3.4.3　案例三：北斗卫星导航

2012 年，“北斗”系统开始对一些地区开展服务，是因为其受到了中国北斗卫星导航系统组网的一些影响。交通运输部门把运输过程中相关监测服务系统的开启作为重点，从 2011 年到现在，我国已经有百家左右的公司或者企业开展了有关导航系统产品的研究及开发。大部分生产导航系统的公司及企业都重点关注“北斗”系统的研发工作，上面所说的百家企业一般是将现存的“北斗”系统芯片利用起来，然后进一步研发能在汽车上使用的导航行驶记录仪。大约到 2012 年，市场上定位导航系统研发成功并投入生产的企业有差不多 10 家。“北斗”系统的相关产品之后将会演变成和 GPS 差不多，有专门的芯片产家提供相应的芯片及电板等。为了达到客户对产品的有关要求，专门提供芯片的厂家要根据客户所想要达到的效果来对产品进行研发和生产。从以上情况可知，一些具备软件研发能力的企业甚至个人，只要能够有渠道购买到相关芯片，都能够研究、开发和导航有关的产品。

最近几年，我国经济飞速发展。今后的 10 年，我国新兴技术将会得到更进一步的发展，与此同时，导航终端系统通过市场扩张，将成为新一代技术中发展最快的技术，这是国家需要特别重视的产业。随着我国私有汽车数量的持续增长，导航终端市场能够推进“北斗”导航系统的普及。

因此，该项目起到的作用是不可忽视的，此项目带来的社会效益主要有以下几点：

(1) 该项目的实施，必将大幅促进我省乃至我国北斗导航终端行业的发展进程。如今，美国 PS 系统几乎占据了整个导航终端市场，而这个产品的研发和投入使用，将对我国“北斗”导航终端系统走向产业化起到一定的促进作用，同时也让“北斗”系统的普及变得更加容易。

(2) 车载智能终端将大幅提高运输行业的工作效率，改善人们的生活质量；同时对减少燃油消耗、降低尾气污染、减轻道路拥堵以及降低犯罪案件的发生产生积极的效果。

(3) 这个项目能够让我国用户体验到知识储备丰富的卫星导航系统，从而使得卫星导航市场扩大，最终能高效建设好“北斗二代”系统。

(4) 我国导航系统的产业化、民族化及应用能力将会随着这个项目的发展而发展，与此同时，我国的经济、相关产业的前景也都会向前更进一步。

3.5 课后习题

(1) 简述产品与服务的定义及分类。

(2) 什么是产品生命周期?

(3) 产品与服务开发阶段有哪些?

(4) 需求调查与分析的具体步骤是什么?

(5) 简述社会效益分析的含义及内容。

第4章　市场分析

扫码获取
本章课件

4.1　市场分析概述

4.1.1　市场分析的定义

市场分析是通过一定的方法对市场运作的各种影响因素进行综合分析，通过市场分析，为企业增强生存能力，提高核心竞争力和发展技能服务。此定义包括以下含义：

（1）市场调查是市场分析的基础。从信息论的视角看，获取信息的过程是市场调查，而处理信息的过程是市场分析。缺乏市场调查的市场分析是空中楼阁，缺乏市场分析的市场调查也毫无意义。

（2）市场分析的重要组成部分是市场预测。

（3）市场分析的方法有心理学方法、数学方法、经济学方法、社会学方法、管理者经验法等。

（4）市场分析旨在为市场决策提供依据。市场分析形成市场分析报告，为管理者决策提供依据。

（5）市场分析的内容是市场要素，如交换行为要素、客体要素、主体要素等。

普遍的认知是，市场分析是隶属于市场调查的一个后续工作。换言之，市场调查肯定伴随市场分析。美国市场营销协会（AMA）对市场调查的定义是："信息可以将顾客、消费者、公众和市场营销者有机地联系在一起，市场营销者通过对这些信息发掘和发现营销问题和机会，制作、改善和评价此次营销活动，监控制作的营销计划完成情况，加深对营销过程的认知。市场调查可以收集营销过程中所需的信息，对收集到的信息进行管控和实施，分析结果、汇报结论。"由这个定义可知，市场调查包含市场分析，即市场分析是市场调查的一个重要组成部分。

随着研究的不断深入，人们认识到市场调查和市场分析有着密不可分的联系，但同时又有很大的不同。如荆冰彬认为，市场分析旨在通过市场调查，对当前的市场环境、竞争对象、市场需求、用户状态进行分析研究，为设计目标和决策提供相关依据。谷春梅认为：在对企业营销环境进行充分分析和论证的基础上，市场分析是确定企业环境中的机会点和问题点，然后及时利用，争取竞争主动、环境机会的方法。

市场分析是根据市场供需变化的各种因素及其动态、趋势变化进行分析。分析过程是：汇集所需的资料和数据，采取适当的方式，分析研究、探索市场变化规律，掌握消费者对价格、质量、性能、产品品种、规格等的意见和要求，掌握某种产品在市场上的需求量和销售趋势，掌握产品在市场上的占有率和其他竞争单位在市场的占有情况，掌握社会商品购买力的情况和社会商品可供量的变化，从而区分商品供需平衡的不同情况（需大于供、供需平衡或供大于需），为企业生产经营决策——合理安排生产、进行市场竞争，和客观管理决策——正确调节市场，平衡产销，发展经济提供重要依据。

准确掌握市场分析的定义，需要了解以下要点：

（1）客观性问题。调研活动必须采用适当的方式来确保市场分析活动中的各种偏差极小化，确保信息的真实性。

（2）系统性问题。市场分析应当根据预定计划和要求收集、研究和解释相关的数据和资料，这是一个计划严谨的系统过程。

（3）资料和信息。市场分析的结果是为决策者提供所需的信息，而不是单纯地收集的资料。资料是通过不同的活动和渠道收集到的未加处理的事实和依据，组成信息的原料。信息是对资料进行分析研究从而得出的认识和结论，是加工后的产物。

（4）决策导向。市场分析是为决策服务的管理工具。

4.1.2 市场结构及类型

市场结构是指产生战略性影响的市场内竞争程度和价格形成等的市场组织特征。市场结构的指标有很多，如市场集中度、买主和卖主的数目、行业进入和退出壁垒、产品差异化、企业规模经济等。市场集中度决定市场结构类型，原有企业数量和规模是构成市场结构的基本要素，产品差异直接关系到市场划分，而企业数量和规模分布的主要影响就是进入壁垒。

（1）市场集中度：市场集中度是市场结构的主要量度指标，揭示了市场买者或卖者的垄断程度。正常情况下，市场上的买者或卖者数量越少，市场集中度就越大，从而市场就越容易被垄断。度量集中度的指标可以分为相对集中度和绝对集中度指标，绝对集中度指标是最基本的集中度指标，主要用处在规模前几位的企业的销售、生产、资产或职工的累计数额与整个市场或行业的该类指标总量的比值来表示。

（2）产品差异：特定产业中的企业为了在同类竞争中取得优势，以某种方式与竞争者产品产生差异，促使消费者产生不同的偏好。企业能否主导市场在于他们使自身产品具有差异化的程度。企业对所拥有的差异化产品拥有绝对垄断权，构成对新进入企业的壁垒，形成竞争优势。因此，企业需在提供产品的过程中，努力促使产品足以区别于其他同类竞争企业，提高用户群体忠诚度和黏性，在争夺市场竞争中占据有利地位。

（3）规模经济：当生产要素同比例增加时，产量的增加比例将会超过生产要素的增加比例。简言之，随着产量的增加，单位产品的固定成本减小，但单位变动成本不变，从而单位产品的总成本减小。

（4）进入壁垒：阻碍新企业进入某一产业发展的障碍。如政策法律壁垒、必要费用壁垒、规模经济壁垒、产品差异化壁垒、必要资本壁垒等多方面。政策法律壁垒是指国家政策和法律规定对新企业试图进入某一个产业所形成的壁垒。垄断行业的存在往往主要是由于政策法律壁垒的存在。壁垒有利于阻碍潜在者进入，避免过多的资源浪费，提高市场集中度，充分利用资源配置，但也可能因增强该产业中企业的主导权，形成垄断性市场结构，减少社会福利。

市场结构类型有完全竞争型、垄断竞争型、寡头垄断型、完全垄断型。

（1）完全竞争型市场。完全竞争市场完全不受任何干扰和阻碍。这种类型的市场，有四个必备条件：

①买主与卖主很多。其中的任何一家的购买量或销售量在市场交易总量中都只占据很小的一部分，因而谁也无法左右市场价格。

②产品同质。产品同质化严重，对产品的生产者或产地等并没有额外的需求。

③卖主进出行业自由，不存在任何限制。

④市场信息畅通。信息畅通，买者或卖者无法通过信息的不完全性进行差异化的购买或销售。在完全竞争的情况下，买者和卖者需要遵守市场价格的准则。但是在现实生活中，这是一种理论情况的市场结构。

（2）垄断竞争型市场。垄断竞争市场有很多卖方，当垄断竞争者生产区别于竞争者的产品即差异化产品时，这个市场就容易进入。市场中的厂商可以使它的产品具有独特属性的能力，这就是所谓区别完全竞争市场的地方。某个企业试图通过让自己的产品具有差异性或与众不同，它就能成为唯一的卖方，并具有垄断者的市场能力。

在这种市场上，竞争与垄断因素并存。一方面，由众多中小企业组成的行业，企业可以进出自由，意味着卖者有很多；另一方面，产品之间存在着很大的差别，这也是区别于完全竞争市场的垄断竞争市场的根本特性。这种产品的差异化可以由很多特性的因素决定，如汽车性能的不同，App功能的不同等，也可以是由于某些心理或其他因素导致的，如包装、品牌、口碑，甚至是地理位置、服务态度，都能使买者对产品有不一样的感觉。

（3）寡头垄断型市场。寡头垄断市场中，一个市场只有几个卖方，会得到进入壁垒的保护，产品具有差异性或具有行业标准性，出售给其他企业的厂商通常是标准化商品。一般而言，寡头垄断的厂商出售给消费者的是具有差异化的产品。铺天盖地的广告让消费者觉得产品是有差异的。

寡头垄断是竞争与垄断的混合产物，区别于垄断竞争的是，在寡头垄断市场中，仅有几家大企业生产和销售整个行业的大部分产品，占据了市场的极大份额。同时竞争只存在于这几家企业中，企业之间相互依存、利益相关，一家企业经营的好坏不仅取决于自己的管理，也受制于其他几家企业。寡头垄断市场有两种形式：其一，无差别的寡头垄断或完全寡头垄断。当企业的产品是同质的时候，如盐、铁、糖等原料市场，这些行业具有相应的规定标准，买主更多关心的是规模、价格等，不用考虑由谁生产，如果一家卖主降价销售，其他几家不得不跟着降价销售，或增加额外的附属价值，否则就会导致产品滞销。这种市场价格较为稳定。其二，有差异的寡头垄断，也称为不完全寡头垄断，在不完全寡头垄断市场中，每家产品对于消费者来说是有差别的。买家不仅关心产品的价格，还关心产品的质量、产地等，所以每个卖家都有可能成为不完全寡头垄断企业，让顾客认为该产品与其他家的产品是有差异的，且难以替代，这样就可以将产品的价格抬高，以获取额外的收益。

（4）完全垄断型市场。完全垄断也叫纯粹垄断。在纯粹垄断市场上，一个行业有且只有一家企业，且该产品没有可以替代的其他产品。这主要是一种理论假设，一个行业仅由一家企业控制是很难存在的，如铁路运输属于垄断行业，但有公路运输、航空运输等与其竞争。即便是电力行业，也有煤气、石油和其他能源行业企业与之竞争。

完全竞争和完全垄断是市场结构上的两个极端。在现实生活中鲜少看见，而垄断竞争市场和寡头垄断市场处于两者之间，大量存在于市场中。

4.1.3 市场分析的目的与作用

市场分析是连接市场调查与市场决策的桥梁，它的目的是为市场决策提供直接依据。通过市场分析，清楚认识到市场的商品供应和需求的比例变化，相应地采取适当的经营战略，提高企业经营活动的运作绩效。在市场决策中，市场分析处于一个非常重要的地位。当企业出现问题时，可转化为市场分析问题，进行市场调查，汇集外部信息。然后根据内部报告，进行市场分析，为决策者提供决策依据。

在企业经营决策中，市场分析的重要作用主要有以下几个方面：

（1）市场分析可以为企业寻找市场机会且可以为企业发展创造所需的条件。当企业想进入一个行业发展时，首先需要了解当前的市场需求，然后了解该市场目前存在的竞争者，这些工作都需要分析手段来完成，只有对这个市场有充分的市场分析和调查，企业才可以决定是否在这个行业继续发展。企业的规模越大，市场分析在决策者中的重要性就越大，甚至决定着企业的生存。

（2）市场分析可以加强对企业销售的控制。如促销活动的举办可以大幅度销售产品，但是企业选择什么样的销售手段则需要依靠市场分析工作。例如广告宣传，广告宣传的路径有很多，但究竟在哪一块宣传也是需要通过市场分析来决定。因此，在决定何时、何地、在何种情况运用广告宣传自己的产品时，就需要细致地进行市场分析。

（3）市场分析可以帮助企业找到经营中的问题和解决问题的方法。经营中不可避免出现问题且出现问题的范围很广，如企业、企业责任、销售、广告等方面。导致这些问题发生的原因多种多样，尤其在许多因素相互交叉作用导致的时候，市场分析显得格外重要。当某企业在某个特定的时期，销售收入出现大幅度下降，但区分不出是由于价格还是广告宣传问题时，可以借助于市场分析方法。根据销售记录，如果降价后，销售量并没有明显的改变，说明需求的价格并不是决定市场销售量的主要原因，降价的决策就不是正确的。对广告的设计宣传分析，发现广告的媒介错误，才导致效果不好。那问题就出在广告方面，企业销售额大幅度下降的原因也有可能是产品本身的问题。

（4）市场分析可以平衡企业与顾客的联系。市场分析通过对信息的处理将顾客与企业联系在一起。对这些信息进行分析，市场分析人员才可以发现存在的问题，明晰市场营销活动的不足之处并找出解决方法。

（5）市场分析有助于政府等有关部门了解目前市场运行状况，对市场进行及时有效的宏观把控。如政府投资部门可以通过市场分析来决定扶持哪个行业，计划部门可以通过市场分析预测不同行业的发展情况，合理制定发展规划。

4.1.4 市场分析的内容

关于市场分析的内容，不同的分析角度会导致不同的观点。如沈浩云（2003）将市场分析分为外部行业环境分析、目标市场分析、竞争对手分析三个部分；冯所亮（2003）认为中小企业的市场分析分为市场、产品、竞争对手、行业这四个部分的信息。

还有很多学者把市场分析应用在某些特定行业中，因此其内容与该行业的特点有关。不同行业市场分析内容如表 4-1 所示。

表 4-1 不同行业市场分析

文献	行业	市场分析内容
王春喜（2010）	动漫行业	现状分析、市场前景、市场预测
王晶（2010）	航空业	旅客市场
李强（2011）	塑料门窗行业	需求者、供给者、市场结构、产品、市场环境
李茜（2011）	IT 行业	产品、区域、客户
李淑华（2004）	房地产行业	区域宏观经济分析、区域房地产 技术分析、区域房地产基本分析
崔岳玲（2003）	羊绒行业	外部环境、市场规模、产品状况、竞争状况
李志强（2010）	农产品行业	市场价格分析、供需平衡、政策分析与干预价格效果
王申强（2009）	黄金行业	外汇储备、资源禀赋、需求、供给
陈雪琼（2005）	酒店业	投资环境、市场潜力、竞争市场、 区位、市场定位、服务产业
Abhaya Sakhamuri（2008）	智能手机业	2006～2008 年的黑莓手机美国市场调查报告
Till Christian Mommsen（1994）	航空业	比较客机 A320/321QC 与 B737QC 技术评估、操守评估和经济评估

通过表 4-1 我们可以看出，学者们在进行行业市场分析研究中，有的是根据行业市

场要素的划分来确立市场分析的内容，有的是通过建立并应用市场分析模型完成对目标行业的市场分析，还有的是通过比较行业近几年发展概况的方式完成对行业市场的分析研究。综上所述，虽然行业属性与特点的不同导致行业市场分析内容上的差异，但市场分析的内容离不开对市场要素的分析。

关于市场分析的内容，目前的研究认为主要包括以下几方面：

（1）宏观环境：市场中的社会、经济、政治法律等内容。一般采用 PEST 法分析。

（2）中观环境：市场的行业环境、竞争环境、消费环境、大众环境等方面。中观环境可以用五级量表进行综合评价。

①行业环境分析主要包括以下内容：

行业环境分析。对企业影响最大、最直接的外部环境的分析。

行业结构分析。行业结构分析的内容主要有关行业的市场结构、资本结构等内容。一般而言，主要是对行业内竞争和进入壁垒的分析。行业进入壁垒时可能会存在资金需求、转换成本、销售渠道、规模经济等方面的问题，行业竞争主要与产品成熟度、企业数量有关。

行业市场分析。主要和行业市场需求的性质、要求、发展变化等有关，如行业的分销通路模式、销售模式、行业的市场容量等有关方面。

行业组织分析。主要研究行业对企业的生存状况的现实反应和要求，主要内容有行业内专业化、一体化程度、企业内的关联性、规模经济水平、组织变化状况等。

行业成长性分析。旨在研究行业目前的发展方向和成长阶段。一般从六个方面去把握其特征：生产过程及所需技术，盈利能力分析，行业所需资源的供应来源和要求，产品品种和产品本身功能结构，行业的核心竞争力，平均利润率和边际利润率，行业经营风险。

行业生命周期分析。

②竞争环境分析：波特竞争模型是竞争环境分析的常用工具。波特认为，将一个公司与环境建立联系就是形成竞争战略的实质。公司目前所处的环境十分复杂，有政治、社会、经济等方面的因素，但是对公司影响最大的环境是公司业务涉及的行业环境。故行业结构的存在不断影响着处于该行业的公司的战略制定和竞争规则的确定。行业外部力量充分影响着该行业内部的所有企业。因此，公司需要具备应对这些行业环境的足够的应变能力，提高公司的生存能力。

③消费环境分析的基本内容有：了解消费结构和规模，分析消费水平和质量，透视消费能力和倾向，把握消费流行和风俗。

④大众环境分析：主要包括内部公众、一般公众、社区、金融、媒体、政府、群众团体等。

（3）目标市场：包括分析市场机会、市场细分、确定目标市场三个步骤。

（4）消费者行为：消费者旨在满足自身需要所需的产品和服务而寻找、评定、处理希望和获得的一种连续活动。消费者行为分析主要包括：了解消费市场的基本状况、研究消费者购买的影响因素、分析消费者的购买进程、分析购买者的行为模式等内容。西方学者有关消费者的研究主要含有两个亚领域：后现代消费者、社会认知，两者之间既有共同之处又有差异，每个领域之间都有很大的合作空间。

（5）组织购买：了解组织市场目前的需求状况、分析产业组织的购买行为等内容。产业市场与消费品市场的不同之处在于产业市场的供需双方都是组织机构。一般来说，产业市场细分具有两个阶段：第一个是宏观市场细分，第二个是微观市场细分。对宏观市场进行细分时，需要考虑的因素包括组织购买特点、地理区域、人文统计等；对微观市场进行细分时，需要考虑的因素包括供应商与客户的关系方面的特征、购买决策和购买过程的参与者特点等。对产业市场的细分其实是归属于企业对现有资源进行合理利用和分配的战略问题，对企业经营状况有十分重要的影响。对产业市场细分的程序和方法主要可按照繁简程度不同分为三类，我国各类企业可根据目前所处的内外部环境选择其中一种。这三类方法分别为：

①单一阶段法（又称单一变量细分法），企业判定细分市场时可根据客户特点、分销类型和产品范围等作为细分依据。

②两阶段细分法，以宏观因素作为标准细分市场的基础，再以微观因素为依据进行二次市场细分，从而最终确定目标市场。

③多阶段细分法。这是一种将微观市场细分、宏观市场细分、企业营销战略等通盘考虑、有机结合，操作更方便且目的性更强的市场细分方法。

（6）市场预测：主要和企业产销量预测、需求测量、市场潜量等内容有关。现代经济预测技术目前可以分为三类：第一是惯性预测，预测的原理是根据时间序列分析技术（包括随机性时间序列、确定性时间序列），根据变量随时间关系变化的趋势来进行预测；第二是相关分析预测，主要利用经济理论和经济变量之间相关关系进行回归分析和方差分析，使用计量经济模型对所讨论的问题进行预测；第三是对比预测，选择与预测对象发展条件、变化趋势吻合的参照物，用参照物的当前值预测所选对象的未来。

4.2 市场分析方法

4.2.1 市场机会分析矩阵

1. 环境威胁矩阵分析

环境威胁矩阵分析如图4-1所示。

（Ⅰ）关键性的威胁：严重损坏公司的利益，应有相应的应变计划来应对这大概率出现的关键性威胁。

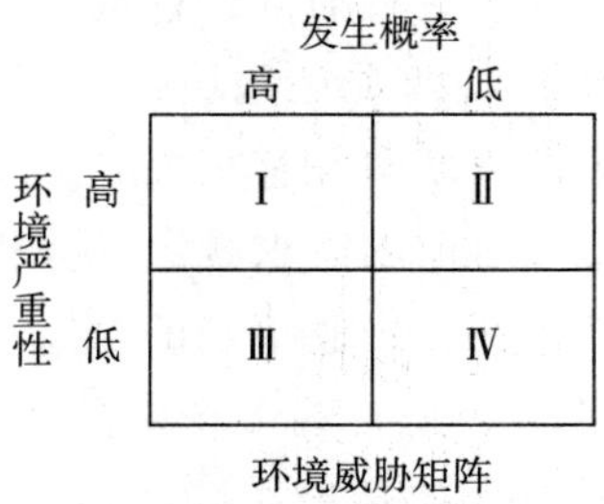

图 4-1　环境威胁矩阵分析

（Ⅱ）发生的概率很小，但一旦发生就会对公司的利益产生巨大的损坏，故需要提前做好准备。

（Ⅲ）时刻关注事件发生的动向，虽不需要准备应变计划，但可能后期会演变成严重威胁。

（Ⅳ）威胁较小，不加理会。

如电视照明设备公司的所处的环境威胁：

（Ⅰ）竞争者开发更好的照明系统。

（Ⅱ）金融危机。

（Ⅲ）人工成本的增加。

（Ⅳ）立法要求减少电视演播室的开办。

2. 市场机会矩阵分析

市场机会矩阵分析如图 4-2 所示。

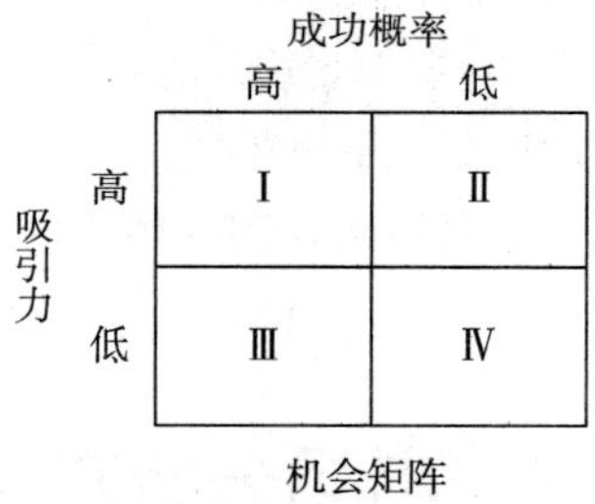

图 4-2　市场机会矩阵分析

（Ⅰ）最佳机会：对可能出现的机会提前准备若干个计划。

（Ⅱ）机会小，但对消费者有很大的诱惑力，可在销售不景气时采用。

（Ⅲ）密切注视这方面，可能会演变成最佳机会。

（Ⅳ）机会太小，不予考虑。

如电视照明设备公司所面临的环境机会：

（Ⅰ）公司开发更好的照明系统。

（Ⅱ）开发成本更低的照明系统。

（Ⅲ）开发一种能测定照明系统利用能源效率的设备。

（Ⅳ）开发向电视演播人员传授基本知识的软件。

3. 机会威胁矩阵分析

机会威胁矩阵分析如图 4-3 所示。

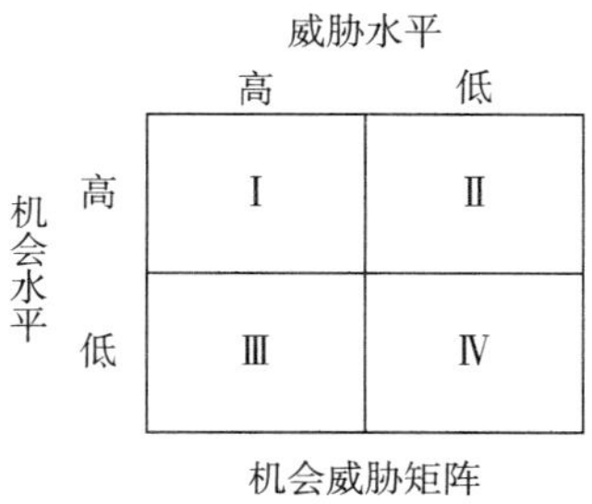

图 4-3 机会威胁矩阵分析

（Ⅰ）理想业务：市场机会很多，严重威胁很少；

（Ⅱ）冒险业务：市场机会很多，威胁也很严重；

（Ⅲ）成熟业务：市场机会很少，威胁也不严重；

（Ⅳ）困难业务：市场机会很少，威胁却很严重。

企业市场营销对策：

（Ⅰ）对理想业务必须抓住机遇，迅速行动。

（Ⅱ）对冒险业务需要掌握一个度，不宜贪功冒进，也不宜原地不动，要掌握好机会。

（Ⅲ）对成熟业务可作为企业正常运转的常规业务。

（Ⅳ）对困难业务要么打破僵局寻找出路；要么立即转移，摆脱困境。

4.2.2 PEST 模型

PEST 分析法是战略外部环境分析的基本工具。PEST 分析法主要从政治的（Politics）、经济的（Economic）、社会的（Society）和技术的（Technology）角度或四个方面的因素从总体上把握宏观环境，并分析对企业战略目标和战略制定的影响因素，如图 4-4 所示。

P 即 Politics，政治要素是指在组织经营活动中，具有实际或潜在影响的政治力量或者有关的法律。政府或政治制度等方面对公司或组织涉及的业务的态度改变时，也就是说政府发布了有关对该行业、对该公司经营有约束的法律法规时，包括税法、外贸法规等。实际上，法律、政治环境和经济环境是密不可分的。企业需要仔细研究政府和商业有关的策略和思路，包括反垄断法、国家税法和对某些管制的取消的趋势，同时也要了解和企业经营相关的知识产权法规、劳动保护和社会保障等。这些法律法规等都会影响到行业的运作和发展。

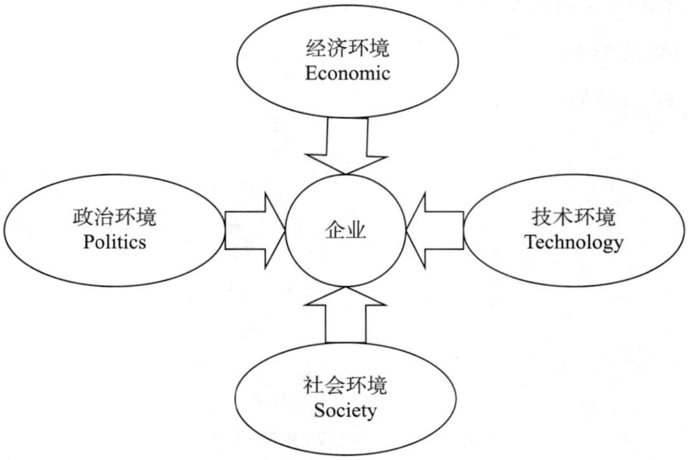

图 4-4　PEST 模型

E 即 Economic，经济要素，包含一个国家的经济结构、未来的经济走势、产业布局、资源状况、经济制度、经济发展水平等。组成经济环境的要素包括居民可支配收入水平、市场需求状况、GDP 的变化发展趋势、利率水平、市场机制的完善程度、通货膨胀程度及趋势、失业率、汇率水平、能源供给成本等。在宏观大环境中，企业作为微观个体，经济环境成为自身战略制定的主要因素，在经济全球化中，国家之间的经济往来更为密切，企业在决策时也需要关注其他国家的经济状况。

S 即 Society，社会要素，是指产业所在的社会群体的风俗习惯、教育水平、文化传统、民族特征、价值观念、宗教信仰等方面的因素。不同的国家不同的民族具有巨大的差异，我国国土面积辽阔，不同地区的自然环境也存在差异，即便是同一种产品，在我国的东南部地区也应该有不同于西藏等地区的营销策略，这些差异在进行产业分析时需要考虑。同时也要考虑收入差距、饮食习惯、生活方式、社会对政府的信任度等方面的因素。

T 即 Technology，技术要素，技术要素不仅包括革命性变化的发明，也含有与企业生产相关的新工艺、新材料的出现和新技术以及发展趋势、应用前景。这半个世纪最大的变化就出现在技术领域，如惠普、苹果等高技术公司的成立改变着这个世界的运作方式和人类的生活方式。

4.2.3　波特五力分析模型

波特五力分析模型（Michael Porter's Five Forces Model）又称波特竞争力模型，由迈克尔·波特（Michael Porter）于 20 世纪 80 年代初提出，在企业战略制定中存在着全球性的深远影响。通过对竞争战略的分析，可以获得分析客户的竞争环境。在外部环境分析中，波特五力分析是微观环境分析，可以用来分析行业与其他行业之间的关系和一个行业中的企业竞争格局。波特认为，一个行业中的竞争不仅存在着原有竞争对手，而且存在着五种基本竞争力量：供应商的讨价还价能力、替代品的竞争、行业内竞争者现在的竞争能力、潜在的行业新进入者以及买方讨价还价的能力。这五种力量模型将大量的差异化因素集合在一个简单的模型中，可以用来分析一个行业的基本竞争态势。从五力模型可以得出竞争的五个主要来源，当提出一种可行性战略时，首先确定并评价这五种力量，行业和公司的不同也会导致不同的力量和特性发生变化。

供应商的讨价还价能力主要体现在供应方降低单位价值质量和抬高要素价格，以此影响着行业中存在的企业的产品竞争力和盈利能力。如果供应方的要素价值占买方所付出的总成本比例很高，很大程度地影响买主产品质量，买主又对生产过程尤其看重，此时，供应商的潜在讨价能力就大。

购买者的议价能力旨在通过提高产品或服务质量或购买者压价来实现，对行业中现有的企业盈利能力产生相应的影响。它具有以下特征较少的购买者但购买量较大；卖方企业规模较小；产品为标准化产品，同质产品在市场上较多，则购买者可拥有较强的议价能力。

新进入者的威胁在于他们不但会抢夺市场，还会抢夺有限资源。最终导致现有企业盈利水平降低，甚至威胁现有企业生存。行业的进入障碍和预期、现有企业对于欲进入者的反应情况两方面的因素深刻影响着竞争性进入威胁的严重程度。波特认为，在产业内凡是采用市场扩张战略、产品扩张战略、向后整合、向前整合、拥有特殊能力或资产等类型的企业，都可被认为是潜在竞争对手。

波特五力分析模型如图 4-5 所示。

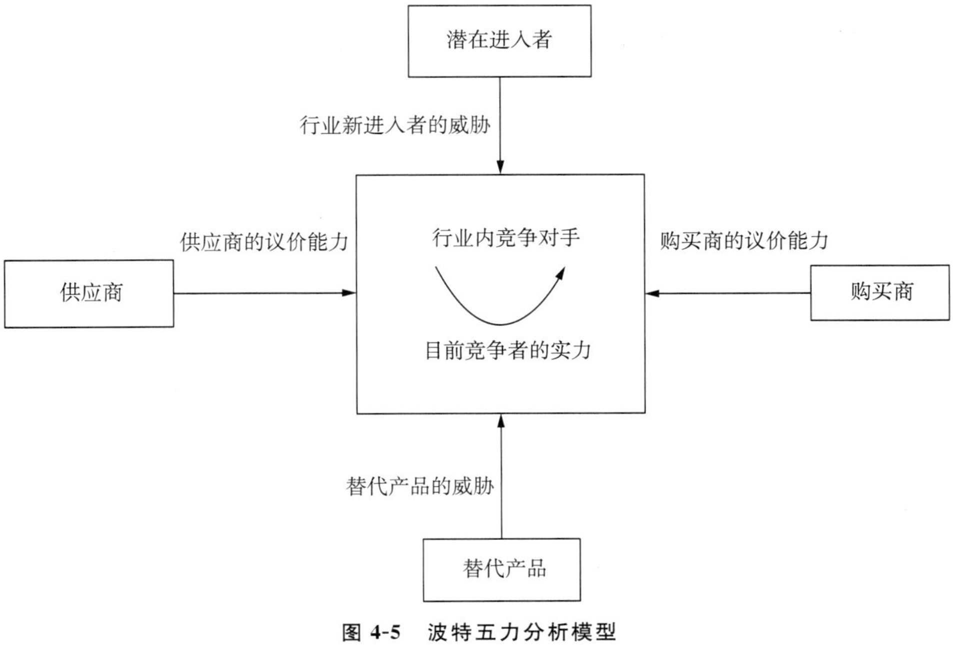

图 4-5　波特五力分析模型

波特指出，在不同行业的企业中，由于存在所生产的产品互为替代品，进而形成相互竞争的行为，这种替代品的竞争方方面面影响着现有企业的竞争战略。第一，现有企业想要抬高价格以获得更多的销售利润都会被替代品的存在所制约；第二，替代品的出现迫使现有企业不得不提升产品的服务质量、降低价格、使产品具有特色，不然产品的利润和销量都会受到替代品的影响；第三，产品买主转换成本的高低影响着替代品生产者的竞争强度。总而言之，如果替代品价格越低、质量越好、用户转换成本越低，产生的竞争压力就越大；可以通过考察替代品厂家生产能力与盈利扩张情况或替代品销售增长率描述替代品生产者的竞争压力的强度。

波特认为行业中大部分企业之间的利益都是紧密联系的，企业整体战略中的一部分战略旨在使自己的企业获得区别于其他企业的产品优势，在实施战略过程中，必然会产生对抗与冲突现象，构成了现有企业之间的竞争。现有厂商竞争强度可由产业中厂商数量的多寡和其垄断程度来决定。竞争者的同质性，产业产品的战略价值以及退出障碍的高低，都是影响企业竞争强度的因素。

这五种基本竞争力量的状况和综合强度决定着行业竞争的激烈程度，进而决定着资本对本行业的资金流入程度以及本行业的获利潜力。波特认为，“一个产业，无论是国内或是国际性的产业，无论生产的是产品还是提供服务，都可以用这五项力量来解释它的竞争规律”。

尽管波特竞争五力模型拥有普遍的适用性，但它也存在较大的争议。首先，它没有考虑到需求的变动和产业生命周期因素。对一个企业而言，其所处的行业之间在结构特征上有很大区别，同时，市场的需求量和需求增长也是主要的经济特征之一。一个行业的需求数量反映了市场规模，同时也可以说明这个行业处于什么生命周期中。一个产业的生命周期对企业的竞争力影响不容忽视，因为企业受到行业环境的影响比较大，经营好且富有竞争力的企业也难逃企业生命周期兴衰的定律，也不会在一个下降阶段的行业中存活太久。由于行业竞争是动态发展的，产业生命周期中的每一个阶段都对企业竞争力有重要意义。但是，在五力分析模型中，波特假设市场需求是足够大的，所有企业在市场中都有利可图。其次，五力分析模型中没有明确说明政府的影响作用。波特认为政府主要通过制定政策而形成进入壁垒，政府可以限制并禁止潜在进入者进入一行业，政府还通过法律法规限制供应商和客户行为；同时，政府还可以通过政策补贴来影响替代品产业。因此，波特竞争五力模型中将政府作为竞争力的一部分，而没有将它单独看作作用力。但实际上，政府不但可以单独作用于五种竞争力中的某一个竞争力，还可以与五种竞争力相互作用。这种相互作用不能通过与竞争力的互动体现出来，而是一种新的作用力。如政府可以通过政策来影响一个产业，政府扶持某一个行业或对某一个区域的经济有特殊优惠的政策，都会影响企业整体竞争力。甚至可以认为，政府的作用可以与其他五种力量并列成为第六种力量。

4.2.4 SWOT 综合分析法

SWOT 综合分析法是企业战略发展报告中最常见的一种分析方法，可以广泛地应用于企业战略发展的动态过程中，并且也可以为企业战略发展决策的制定提供技术支持。SWOT 综合分析是以企业内部为核心的一种分析方法，即该方法是在充分了解企业自身内部环境的基础上，对企业经营管理所涉及的优势、劣势及企业所具有的核心竞争力进行系统的分析，从而将企业发展战略与企业的内外部资源进行充分的结合，制定出四种组合战略。其中，S 为企业的优势，即 Strength，W 为企业的劣势（弱势），即 Weakness，O 为企业发展的机遇，即 Opportunity，T 为企业发展存在的威胁，即 Threat。根据四种因素制定的组合战略分别为：SO 战略（发挥优势、抓住机会）、ST 战略（发挥优势、规避风险）、WO 战略（利用机会、克服劣势）、WT 战略（克服劣势、规避风险）。因此，SWOT 综合分析法是对企业发展面临的内外部环境进行全局的把握，能够分析出企业发展的优势及劣势，为企业发展战略的制定把握机会和优势、规避劣势和风险，对企业发展战略的制定有重要的指导意义。SWOT 综合分析法如图 4-6 所示。

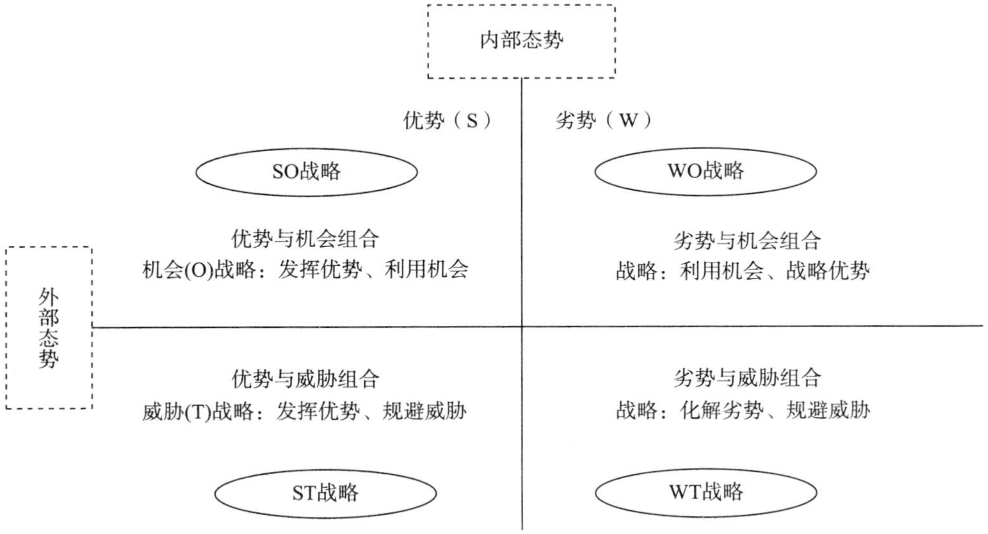

图 4-6　SWOT 综合分析法

在分析竞争对手情况和制定集团战略时，SWOT 综合分析法是战略分析的常用方法之一。SWOT 分析包括以下内容：

（1）分析环境因素：通过利用多种调查研究方法分析公司的外部环境因素和内部能力因素。外部环境因素有机会因素、威胁因素，对公司的发展直接有益或有害的因素，属于客观因素。而内部环境因素有优势因素、弱点因素，对公司的发展存在着积极或消极的因素，属于主观因素。分析这些主客观因素时，需要考虑历史、现状和未来的发展问题。

优势，归属于组织机构的内部因素，包括有利的竞争态势、充足的财政来源、良好的企业形象、技术力量雄厚、规模经济、产品质量好、市场份额大、成本优势、广告攻势等。

劣势，归属于组织机构的内部因素，包括设备老化、管理混乱、缺少关键技术、研究开发落后、资金短缺、经营不善、产品积压、竞争力差等。

机会，归属于组织机构的外部因素，包括新产品、新市场、新需求、外国市场壁垒解除、竞争对手失误等。

威胁，归属于组织机构的外部因素，包括新的竞争对手、替代产品增多、市场紧缩、行业政策变化、经济衰退、客户偏好改变、突发事件等。

（2）构造 SWOT 矩阵：将调查得出的各种因素根据轻重缓急或影响程度等排序方式，构造 SWOT 矩阵。在此过程中，将那些对公司发展有直接的、重要的、大量的、迫切的、久远的影响因素优先排列出来，而将那些间接的、次要的、少许的、不急的、短暂的影响因素排列在后面。

（3）制订行动计划：完成环境因素的结构分析和 SWOT 矩阵，它可以计算出相应的行动计划。计划的基本思想是：优势因素，克服弱点，利用机会，化解威胁；考虑过去，基于当前，着眼未来。运用系统分析的综合分析方法，综合各种环境因素考虑，得出一系列组合替代公司的未来发展策略。

与其他分析方法相比，有许多优点的 SWOT 综合分析法具有结构性和系统性，反映在 SWOT 综合分析法的结构矩阵，矩阵的每一个地方代表着不同的含义，其系统性体现在 SWOT 综合分析法中，显示特定的分析理论，内部和外部环境分析。SWOT 综合分析法现在可以满足企业发展的需要，提供科学数据和系统支持。SWOT 综合分析法可用于一个特定的方式，企业内部的优势和劣势，以及外部的机会和威胁等因素综合分析，可以使企业战略更加合理，能够促进企业的健康发展。但任何事情都有两面性，SWOT 综合分析方法自然也不例外，它的缺点是单纯地将四点相结合进行比较分析，它可以形成一个相对模糊的企业竞争地位，结果不是很准确，且容易带有主观色彩，不能客观地反映真实情况，所以在使用 SWOT 综合分析法时，应明确其局限性，并在某种程度上弥补 SWOT 综合分析法的不足。

4.3 参考案例

4.3.1 案例一：雕爷牛腩

雕爷牛腩餐厅中含有互联网基因，餐馆通过互联网网络营销改变了传统食品。每天都有很多的人，熙熙攘攘，需要排一个长长的队列，然而雕爷牛腩到底是怎么做的？

首先，它抓住了市场需求，看透了餐饮行业的本质。也就是说，一家好的餐厅有四个重要因素：味道、环境、服务、特色。味道和改善环境的空间是有限的，但服务经验和餐厅的功能是吸引消费者的关键。雕爷牛腩和海底捞是两个典型的餐厅实例，它们有一个共同点就是非常注重用户体验。价格和体验超越用户期望，自然得到用户的好评和青睐。

其次，它抓住了消费者的心理需求。每个人都喜欢听故事，品牌必需有一个故事，甚至是一个传奇，品牌内涵和文化，用户很容易扩散，是特殊的广告。所以不要忽视了“口碑效应”。雕爷牛腩邀请美食达人、公众、明星等去试吃评价。有故事，有对话，从而达到吸引顾客的目的。

最后，这家餐厅懂得如何在网络上进行营销以及重视消费者的意见。雕爷每天花大量的时间盯着微博、微信。用户一有不满的菜肴和服务，会立即得到反馈，微信也会显示每天的新菜。所有餐厅管理活动可以数据化。雕爷牛腩特别注意数据操作，餐厅每道菜一天订购了几次，是由一个新客户还是老客户，都做记录和分析，因为它决定了下周是否需要改变。有良好的微信预约系统，如推荐的三餐美食，不仅可以显示菜品和营销，也可以支持订单和数据管理。因此，雕爷牛腩是一个对于当前市场做出精确分析，迎合当前市场需求，并能够与互联网融合的完美案例。

4.3.2 案例二：腾讯公司的PEST分析

1. 政治法律环境分析

(1) 维护网络秩序的法律法规，如全国人民代表大会常务委员会在互联网安全方面制定了《互联网新闻信息服务管理规定》等。

(2) 在制定商业策略时，考虑经营业绩的同时还必须考虑产品和服务对社会服务和社会福利的影响。

(3) 腾讯公司必须具有严格的要求和规范的服务，提高安全意识，加强与政府机构的合作与交流，在提供优质服务的同时，必须保护国家安全、促进社会和谐、健康发展。

2. 经济环境分析

(1) 为了全面实现无纸办公的环境，需要以低污染、低排放、低能耗为基础的通信模式，腾讯公司的网络即时通信工具QQ和TM可以帮助用户更快捷方便地通过短信平台传达通知信息、公告等，让无纸化办公更有成效。

(2) 为了进一步提高电子商务经营率，需要提高电子商务行业组织深化发展阶段，网上购物市场规模的快速增长，促进消费，是拉动经济增长的驱动力。移动互联网用户的增长，带动了信息、商业、金融、文化和娱乐多方面应用和创新，互联网和传统产业可持续发展的新兴商业模式的融合网络带来了无限的市场机遇，为市场经济增长力的变换类型提供了强有力的支持。

（3）腾讯公司的资源和广大用户依赖于即时通信平台影响着互联网企业的业务发展，但与此同时，大型互联网公司如阿里巴巴，百度还将有巨大的用户群和各种特色应用更好。为了长期发展，仅依靠现有的经验和技术优势是不足的，想要不被超越，需要持续不断地创新再创新，加强用户 QQ 丰富的应用程序的黏度，增强用户体验，真正地留住客户，巩固互联网行业竞争龙头地位。

（4）为用户提供一站式生活服务是腾讯的战略目标，并对此完成了相应的布局，构建了以腾讯网、QQ、QQ 游戏和拍拍网这四大网络组成的中国最大的网络社区。

3. 社会文化环境分析

（1）大量的信息和实时网络数据，扩大了选择主题的自由度，网民获得了前所未有的机会和内容丰富的文化消费，有利于文化的传播。在中国，低收入用户成为网络用户的主体，有利于新知识、新想法的传播。同时因为网络的神秘和虚拟性易于使用，且可以很快被人们所接受，人们的需求高度刺激创新，用户可以发表自己的内容，互联网不仅是信息资源的消费者，也是信息资源的生产者和提供者。

（2）网络是舆论和思想控制的工具。腾讯公司作为中国网络文化传播的主流媒体之一，为了符合主流社会价值观，引领文化发展的新过程，应当积极地调整自己的产品策略和业务方向。不然有可能面临巨大的社会舆论压力和政府执行风险，不利于公司的长期健康稳定发展。

（3）随着网络技术的发展，不同国家的文化的交流与融合变得更快，但同时文化冲突也越来越明显。尤其是强大文化发展对弱小民族文化形成了一个巨大的压力。

（4）在互联网，互联网的应用价值和互联网应用体现了信息化的应用水平。根据调查，使用即时通信的用户高达 1.7 亿人，是将近 40%的互联网用户的选择。

4. 技术环境分析结果

（1）电子信息技术革命性的进步。

（2）第三方技术平台的发展已成为一种趋势。在 2005 年 9 月，腾讯正式推出支付平台——财付通，依靠超过 4 亿活跃在线用户数和腾讯旗下的拍拍网等网站的支持正式进军电子支付行业。

（3）腾讯拥有很多研发人员且拥有即时通信、在线支付、信息安全等方面的专利。在 2007 年腾讯斥巨资先后在北京、上海、深圳建立中国互联网首家研究院——腾讯研究院，专门进行互联网核心基础技术的自主研发，并将这些成果充分应用到企业销售、开发、运营等环节中。

（4）手机用户快速增长，移动互联网更方便。

4.3.3　案例三：腾讯公司的SWOT分析

1. S（优势）

（1）有大量的注册用户和大量的用户数据；

（2）QQ 用户强大的品牌影响力和 QQ 用户强烈的依赖性；

（3）有全面且比较成功的产品线；

（4）具有成熟的互联网服务经验；

（5）腾讯具有优秀的研发能力；

（6）腾讯具有管理海量数据的经验；

（7）多年的优秀、足够稳定的现金流和收益使投资者具有强大的信心。

2. W（劣势）

（1）网站的导航处相比新浪和搜狐，内容不够多，不够紧凑；

（2）开通黄钻、红钻的花费比较多；

（3）拍拍网上的购物信息不够充分；

（4）QQ 密码容易被盗，导致用户信息被泄露，安全隐患大。

3. O（机会）

（1）中国经济的快速发展，中国互联网行业领域持续发展；

（2）企业拥有自己的有效传播方式；

（3）互联网价值得到认可，企业进一步对互联网加大投资；

（4）网络服务具备启蒙和深入人心，有效地刺激用户需求；

（5）技术的进步不断促进用户的满足。

4. T（威胁）

（1）新产品层出不穷，网络发展越来越快，加大投入才能跟上发展。

（2）小公司不断涌现，这些公司会试图挖掘用户的需求寻求发展，这也会对腾讯造成影响。

（3）淘宝持续将免费牌打到底，百度持续加大进入壁垒等，这些都使腾讯不得不制定长期战略。

4.4 课后习题

(1) 对你身边熟悉的企业进行 SWOT 分析时，你会从哪几个方面考虑？

(2) 什么是市场结构？市场结构的类型有哪些？

(3) 什么是寡头垄断？你知道哪些属于寡头垄断的案例？

(4) 对你熟悉的企业进行市场分析，你认为市场分析对企业经营决策有什么影响？

第 5 章　商业模式及其设计

扫码获取
本章课件

5.1　商业模式概述

5.1.1　商业模式的概念

商业模式是一种阐述企业商业逻辑的概念性工具，描述公司内部的结构、合作伙伴网络架构、为客户提供的价值及关系资本等要素，这些要素能够帮助企业实现创造、推销和交付，并产生可持续盈利收入。

商业模式的定义：为实现客户价值最大化，将企业运行内外所需的各种要素相整合，形成完整、高效、具有独特核心竞争力的运行系统，并以最优化的实现方式满足客户需求、实现客户价值，并且能够持续盈利的整体解决方案。

很多著作中对商业模式的界定往往融合了两种不同的含义：方法和概念。一些作者将它定义为从事商业的具体方法和途径，另一些作者认为模型的意义更为重要。这两者实质上是有所不同的：前者泛指公司商业运行的方式，而后者对这种方式进一步概念化。侧重于后一种观点的作者们提出了一些由要素及其之间关系构成的参考模型，以描述公司的商业模式。

企业经营者比较倾向于将商业模式的讨论定位于方法，而研究者比较倾向于将商业模式描述为一种模型。总体上看，商业模式是一个较为宽泛的概念，跟商业模式有关的说法很多，包括运营模式、盈利模式、B2B 模式、B2C 模式、“鼠标加水泥”模式、广告收益模式等，不一而足。

5.1.2　商业模式的特点

商业模式具有以下两个特征：

(1) 商业模式是一个整体而系统的概念，而不是一个单一的组成因素。如收入模式、向客户提供的价值、组织架构等，这些都是商业模式的重要组成部分，但并非全部。

（2）商业模式的组成部分之间存在内在联系，将各组成部分有机地相互关联，使它们互相支持，共同作用，形成一个良性的循环。

5.1.3 商业模式分类

商业模式可以分为两大类：

（1）运营性商业模式。运营性商业模式重点解决企业与环境之间的互动关系，包括与产业价值链环节的互动关系。运营性商业模式使企业形成了核心优势、能力、关系和知识，主要包含以下几个方面：

①产业价值链定位：企业处于什么样的产业链条中、处于何种地位，企业结合自身的资源条件和发展战略应如何定位。

②盈利模式设计（收入来源、收入分配）：企业获得收入的渠道、形式，以及收入在产业链中以何种形式和比例进行分配，企业是否拥有对这种分配的话语权。

（2）策略性商业模式。策略性商业模式是对运营性商业模式的扩展和利用，涉及企业生产经营的各个方面。

①业务模式：企业向客户提供何种价值和利益，包括品牌、产品等。

②渠道模式：如何向客户传递企业的业务和价值，包括渠道倍增、渠道集中/压缩等。

③组织模式：企业如何建立先进的管理控制模型，比如建立面向客户的组织结构，通过企业信息系统构建数字化组织等。

每一种新的商业模式都意味着创新和新的商业机会的出现，率先把握住这种商业机会，就能在商业竞争中取得优势。

商业模式具有生命性，百年前，金·吉列创造了一种新的商业模式——通过赠送产品来赢得财富，而今天当各商家通过打折或有买有赠的方式促销时，就不再是一种商业模式；商业模式具有可移植性，如果今天传统的生产剃须刀片的企业仍然运用买刀片免费赠送剃须刀的方式，它就不能被称为商业模式，而新型的网络企业通过各种免费方式吸引客户，这种免费形式就能作为网络企业的新商业模式。在企业创办过程中，每个环节都涉及多种创新形式，也许偶尔一种创新就能使企业的整个经营模式有所改变，说明企业的商业模式具有偶然性和广阔的衍生性。

5.1.4 商业模式的实现方式

方式1：客户洞察（customer insights）——基于客户洞察建立商业模式

企业往往在市场研究上投入了大量的精力和成本，却在设计产品、服务和商业模式的环节上忽略了客户的需求和想法。良好的商业模式设计应避免这个错误，需要依靠环境、日常事务、客户关心的焦点及愿望等深入理解客户。

正如汽车制造业先驱亨利·福特曾经说过的那样："如果我问我的客户他们想要什么，他们会告诉我'一匹更快的马'。"

那么对于客户的建议哪些应该听取或忽略？商业模式创新者应该避免过于聚焦现有客户细分群体，而应该着眼于新的和未满足的客户细分群体。

方式 2：创意构思（ideation）——生成全新商业模式创意

绘制一个已经存在的商业模式和设计一个创新的商业模式是不同的。设计新的商业模式是一个富有创造性的过程，需要产生大量商业模式创意，并筛选出最好的创意。这个过程被称作创意构思。

当设计新的商业模式时，我们所面对的一个挑战是忽略现状和暂停关注运营问题，这样我们才能得到真正的全新创意。

商业模式创新不会往回看，因为过去的经验对未来商业模式参考价值极为有限。商业模式创新也不能仅参照竞争对手，因为商业模式创新不是简单的复制或标杆对比，而是一种需要对机制进行全新设计来创造价值并获取收入的过程。更确切地说，商业模式创新是为了满足那些未被满足的、新的或潜在的客户需求，对正统观点进行挑战和设计全新的模式。

因此，创意构思就有了两个主要阶段：创意生成，这个阶段重视数量；创意合成，讨论所有可能的创意组合，并根据实际情况对可选方案进行缩减。这些可选方案不一定是颠覆性的商业模式，也可以是对现有的商业模式略作扩展，以增强竞争力的创新。

可以从不同的方面作为出发点，生成针对商业模式的创意：一个是使用商业模式画布来分析商业模式创新的核心问题，另一个是使用"假如"的提问方式。

（1）商业模式创新的多个集中点。商业模式创新的创造力可以来自任何地方，商业模式的九个组成部分可以作为创新的起点。具有转型效应的商业模式创新能够影响多种商业模式构造块。

我们可以将创新区别进行划分，分成 4 类：商业模式创新的集中点有资源驱动、产品（服务）驱动、客户驱动和财务驱动。

这些集中点的每一个部分，既可以成为主要商业模式变化的起点，也可以对其他构造块产生极大影响。有时候，商业模式创新可以由多个集中点触发形成。这些变化通常来自通过 SWOT 分析确定的领域。

（2）"假如"（what if）提问的力量。我们总是难以思考新的商业模式，因为我们都受到现状的限制，这限制了我们的想象力。解决这个问题的方法之一就是用"假如"问题来挑战传统的假设。如果对商业模式有正确的理解，我们认为不可能的事情也许就有转机了。

"假设"问题只是个开始，它们将帮助我们找到能够使假设生效的商业模式。有些"假设"问题可能无法回答，因为它们太具有挑战性。而有些问题可能只需要找到正确的商业模式，就可以将它变为现实。

方式3：可视思考（visual thinking）的价值

所谓可视思考，指的是使用视觉辅助工具如图片、草图、图表和便笺来构建和讨论事物。由于商业模式是一个复杂的概念，由各种构造块和它们之间的关系组成，所以如果不对商业模式进行描述，就很难真正理解它的运作过程。

因为商业模式是由各种构造块及其相互关系所组成的复杂概念，不把它描绘出来将很难真正理解一个模式。事实上，通过可视化地描绘商业模式，人们可以把其中的隐形假设转变为明确的信息，这使得商业模式明确而有形，并且讨论和改变起来也更清晰。

我们会提到两种视觉化思考的技术：便利贴的用法和结合商业模式画布略图描绘的用法。我们还将讨论四个由视觉化思维改善的过程：理解、对话、探索和交流。

针对不同需求的不同类型的视觉化——根据目标的不同，商业模式视觉化可以呈现出不同层次的细节。

方式4：原型制作（prototyping）

对于新商业模式的开发和创新，原型设计和视觉思维一样，可以使概念更加具体，促进新思想的探索。我们将原型视为未来潜在商业模式的范例。原型是概念体现的工具，以达到讨论、调查或验证概念的目的。商业模式原型可以用商业模式画布进行描述，也可以用电子表格的形式表述。但更为重要的是，我们不必将商业模式原型当作真正的商业模式草图。原型只是一个帮助我们探索未来方向选择的思维工具。如果我们消除高成本资源将是怎样的结果？如果我们选择有买有赠的方式，并对产品或服务进行创新性设计，又将会意味着什么？

商业模式的原型形态可以自由选择。既可以是涂画在背景墙上的草图，也可以是细致的商业模式画布，还可以是成型商业模式。原型制作不仅与勾绘商业模式想法有关，也与如何真正实现这个构想有关。原型制作通过添加和移除各种相关元素来探索崭新的、荒谬的甚至是不可能的构想。你还可以用不同层次的原型做试验。

方式5：故事讲述（storytelling）

（1）为什么要讲故事？

①介绍新事物，让创意不再抽象。形容一个全新的、未经考验的商业模式可能非常抽象，但是，如果用讲故事的方式来解释这个商业模式如何创造价值，新的概念将更加形象、易懂。

②推销给投资者，要讲得清晰、易懂。用故事来描述商业模式的设计理念、运作过程以及如何满足客户需求，可以让客户更加清晰地理解你的想法，进一步为详细介绍提供认同和支持。

③调动员工的积极性。相比逻辑，故事更加通俗易懂。通过将模式的逻辑融入有趣的故事讲述，可以更容易地向观众介绍新的未知领域。

（2）设计故事。讲故事是为了以一种具体的方式呈现一种新的商业模式。故事的内容简洁、清晰，可以根据观众的反应情况，在不同视角下塑造一位与众不同的主人公。

方式 6：情景推测（scenarios）

在新的商业模式的设计和原有模式的创新中，情景推测将抽象的概念转化为具体的模型。它的主要功能是通过改进设计环境来帮助我们熟悉业务模型设计过程。在这里，我们讨论两种类型的情景推测。

第一种情景推测描述了不同的客户背景：客户如何使用产品和服务，什么类型的客户在使用它们，他们的关注点、愿望和目标是什么。

第二种情景推测描述了新的商业模式可能竞争的未来情景。

一定要记住：为了在研讨会上取得最佳效果，你最好设计出两种或者四种不同的情景推测，并给每一个情景加上简短而形象的标题，以突出它们的特点。

5.2　商业模式的核心要素

5.2.1　客户细分

客户细分（customer segmentation）：公司经过市场划分后所瞄准的消费者群体。表现为：本地区/全国/国际、政府/企业/个体消费者、一般大众/多部门/细分市场。

1. 谁应该是我的客户

首先，了解目标客户群体的偏好以及偏好如何变化。其次，需要思考主要的目标客户是哪些？它们是消费产品或服务频次高，且基数大的群体。如何扩大你的客户群？有没有其他群体也需要你的产品或服务？在产业链或价值链上如何向客户提供服务？总之，创造性的客户细分是创新者成功的关键。

2. 客户选择上的创新

客户选择创新过程如表 5-1 所示。

表 5-1　客户选择创新过程

企业	不仅是	还包括
可口可乐	消费者	装瓶商
迪士尼	儿童	家庭
通用电气	采购代理	解决方案的需求
英特尔	电脑设备制造商	最终用户
微软	消费者	应用软件开发商、计算机设备制造商

3. 客户群分类

可口可乐客户群分类如表 5-2 所示。

表 5-2　可口可乐客户群分类

类型	装瓶商	食品店	饭店	自动售货机	消费者
类型 1	特许地的	便民店	便民饭馆	连锁酒店	口味
类型 2	区域性的	当地食品店	酒店	写字楼	价格
类型 3	大型的	大型区域连锁	连锁酒店	当地机构	容易买到

举 例

1. 苏宁易购

(1) 苏宁易购发展初期：主打 3C 电器，其目标客户主要是需要购买价格相对较低的电器和电子产品的消费者。

(2) 随着图书渠道的增多，苏宁的目标客户也增加了热爱阅读的消费者，并成功抢走了当当网以及亚马逊网站的部分客户。

(3) 通过收购“红孩子”，苏宁易购还吸引了一些需要母婴产品的消费者的关注，再次扩大了客户群的覆盖范围。

(4) 收购“缤购网”，缤购网是一个为女性网民创建的购物网站，专注于化妆品、食品、家用用品、厨房用具和其他类别，大幅提高了苏宁易购在女性消费者中的关注度。

(5) 苏宁易购开放平台升级改造后，将主要吸引百货、日用品两大类投资，涉及服装、鞋帽、皮具、箱包、钟表、手表、珠宝、汽车用品、户外用品、体育用品、玩具和乐器、化妆品、盥洗用品、母婴产品等，还有许多子类别，如家庭用品、日用品、食品和饮料。

(6) 苏宁易购已开始大规模品类扩张，凡客、乐蜂、优购先后与苏宁易购接触，很有可能战略级入驻苏宁易购。经过这一轮的收购与合作之后，苏宁电器在母婴、服装、美容、鞋子和手袋等类别中大大扩展了其 SKU，接下来苏宁易购可能会开始新一轮的收购，或者在食品、药品、汽车用品和在线旅行等其他领域寻找战略合作伙伴。目前，苏宁对所有类型的垂直电子商务都非常有吸引力。因此，在未来，苏宁将创建一个类似于淘宝商城的在线和离线结合的 B2C 开放平台。届时，其目标客户还将涵盖所有年龄段、所有职业和所有消费者，从而创建一个完整的集成在线商城。

2. 聚美优品

从产品、交易平台、杂志、销售四方面可分析得出消费群体为追求时尚、习惯网购、具有一定消费能力，但是消费能力现阶段不足，后期会有很大提升空间的广大爱美的“80 后”“90 后”女性。

3. 阿里巴巴

消费者目标群体：
中小型出口制造商和贸易商；
中国的中小型制造商；
全球的中小企业买家和卖家；
只要是商人就要用阿里巴巴；
为全世界10亿人提供消费平台；
分享数据的第一平台；
面向小微企业、个人创业者提供小额信贷等业务。

5.2.2 价值主张

价值主张（value proposition）：公司通过其产品和服务所能向消费者提供的价值。表现为：标准化（个性化）的产品（服务）解决方案、宽（窄）的产品范围。

1. 怎样才能为客户增加价值

知道了当前客户、潜在客户以及客户的偏好（包括明确的和隐藏的偏好），你还必须知道怎样为这些客户创造价值。

如果客户只愿意为产品支付成本价，商家就赚不到任何利润。每一家公司都必须问自己：

客户的偏好是什么？目前的竞争者满足了什么客户偏好？我的公司如何比竞争对手做得更好？如何降低成本？应该付出多大的代价？还能满足客户的其他偏好吗？

通过回答以上问题，描绘出一幅产品蓝图，力求为客户增加价值。

2. 如何让客户首先选择我

客户的每一个偏好在产品设计过程中都有相对比重。客户将根据产品对自身偏好的满意度为产品进行打分。如果产品有针对性地满足了客户最重要的偏好，那么这个产品将取得成功。一个成功的公司大概是这样的，成功公司与竞争对手偏好得分如表5-3所示。

表5-3 成功公司与竞争对手偏好得分

客户偏好	××公司得分	最强的竞争对手得分
第1偏好	5	2
第2偏好	4	3
第3偏好	3	2

我们已经注意到，与竞争对手相比，公司在最重要的客户偏好方面得分最高。此外，在每个偏好级别上，该公司的得分都高于竞争对手的得分。

3. 我的价值主张是什么

价值主张是买方的效用，你的产品或服务可以为客户提供什么价值，就确定了公司对客户的实际意义。企业的价值主张是企业存在的意义，也是企业对客户偏好的满意表达。

找到重要的客户及其价值需求，你将发现自己的价值主张。企业的价值主张不仅满足顾客的表面偏好，而且满足顾客的内在偏好。它必须为客户提供比所有竞争对手更大的价值或前所未有的价值，甚至超过客户的价值需求。

如何确立价值主张？

（1）确立的价值主张必须是真实、可信的。

（2）确立的价值主张必须是其他产品或服务所没有的。

（3）确立的价值主张必须是可实现的。

因此，可以基于USP提出的原则来确立价值主张，并且可以基于客户的偏好以及产品或服务的核心利益来确立价值主张。

举例

1. 苏宁易购

在价值主张方面，苏宁易购一直秉承“服务是苏宁唯一的产品，客户满意度是苏宁服务的最终目标”的理念。这种理念服务于品牌定位，并为客户提供集成的售前、售中和售后服务。为了满足新的市场环境下的客户需求，自2009年起，苏宁持续推进在创新产品、店面、服务、供应链等各个层面的营销创新变革规划。

价值观：诚信，客户至上，团队精神。

极限低价＋专业服务＋品牌信誉＋充足货源＝顾客满意

2. 聚美优品

“聚美”即聚集美丽，成人之美。聚美优品在化妆品购物体验方面，专注于简单、有趣和信赖。总之，以一个“美”字为核心。首创“化妆品团购”模式，是中国最大的化妆品限时特卖商城，以大品牌居多。

承诺“百分百正品”，成为聚美用户在选择购买化妆品时的可靠依据，并力求做到让人们在购物的同时享受与众不同的乐趣。

3. 阿里巴巴

（1）价值主张：让天下没有难做的生意；只要是商人，就一定要用阿里巴巴；诚信通——让诚信的商人先富起来。

（2）经济学本质：克服信息不对称，降低交易成本。

5.2.3　分销渠道

分销渠道（distribution channels）：公司用来接触消费者的各种途径。这里阐述了公司如何开拓市场，它涉及公司的市场和分销策略，表现为直接/间接、单一/多渠道。

随着新兴技术的发展，传统营销渠道受到极大的影响。某些行业领域出现了许多直接面向消费者的网上商店。与此同时，还出现了一些以商务信息服务为中心、依托网络优势、整合各种资源的新兴的网络公司，它们搭建了许多虚拟分销平台，为传统企业提供线上分销“战场”。

互联网渠道营销与传统营销相比，最能体现互联网营销特性的是渠道策略。互联网营销制造商和消费者可以在网上直接供需，大幅降低了营销成本，提高了配送效率。常见的互联网营销渠道主要有以下几种模式：

（1）搜索引擎营销：通过购买搜索引擎上的某个关键词，进行品牌呈现和流量引导，比如百度的竞价排名、GoogleAdwards 等。搜索引擎优化是获得搜索引擎的较高的自然排名为主的手段，比如，关键词研究、站内优化、链接建设等。

（2）社会化媒体营销：利用各种社会化媒体平台进行品牌形象展示以及流量引导，比如微博营销等。

（3）展示广告：在门户网站展示品牌形象，以吸引流量，比如，Banner 广告、视频广告、交换广告、弹窗广告等。

（4）联盟广告：在各大广告联盟上发布产品，让众多网站帮忙呈现产品广告，同时要给他们一些收益，比如，Google 联盟、百度联盟、网易联盟、金山联盟等。

（5）网络公关：利用互联网的高科技表达手段营造企业形象，为现代公共关系提供了新的思维方式、策划思路和传播媒介。

营销渠道是营销组合的重要组成部分。它是克服生产者与消费者之间的差异和矛盾，满足市场需求，实现企业目标的重要途径。产品或服务由生产者制造或提供，消费者消费产品或享受服务。两者之间存在时间、地点和所有权的差异。换言之，生产者提供的产品或服务的所有权不同于消费者在不同地点、不同时间的所有权。营销渠道的作用是弥补产品（服务）供应商和用户之间的这些差异。

所以，通过互联网渠道的营销势不可当。

举例

1. 苏宁易购

苏宁易购除了同城销售外，还可以实现远程购物和配送。此外，苏宁易购在送货城市和收货城市相同且位于主城区时，提供免费送货。支付方式有网银支付、苏宁易付宝支付以及货到付款和电话支付。提货方式：除了配送，一些产品还支持顾客从苏宁任何一家门店提货。配送方式：在全国范围内均可进行配送，将商品直接配送到顾客家中。

苏宁设计的自营模式有两个维度。其一，产品维度。在加强消费者调研的基础上，丰富自身零售专业知识，形成自己对产品采购和选择的意见，不断拓展产品类别。通过对销售数据库的分析，预测市场需求，并将相关数据和信息反馈给制造企业。双方合作，以收购和独家销售的方式生产和销售更多适销对路的产品。同时，根据市场的个性化、定制化需求，制订商品采购计划，以定制化、OEM 的形式形成差异化的经营路线。其二，销售维度。通过精品店、社区店、乡镇店进行品类管理，建立专业的营销队伍，积累经验，提高零售终端的运营效率。物流方面，立足现有渠道和服务优势，从商品调研到客户调研再到购销互动，苏宁营销改革的战略路线图清晰明了。

2. 聚美优品

（1）微博推广；

（2）媒体推广；

（3）增加分享；

（4）搜索引擎营销；

（5）团购网合作；

（6）口碑传播；

（7）会员推广；

（8）明星代言；

（9）娱乐营销。

3. 阿里巴巴

分销渠道：购物——淘宝、小企业——阿里巴巴、支付——支付宝、计算——阿里云、集合大数据——阿里金融小额贷。

5.2.4 客户关系

客户关系（customer relationships）：公司同其消费者群体之间所建立的联系，主要是信息沟通反馈，表现为交易型（关系型）、直接关系（间接关系）。通常所说的客户关系管理（Customer Relationship Management）即与此相关。

曾几何时，由于时间、空间等多种因素限制，企业与客户之间的对接及沟通一直是两者之间一道不可逾越的鸿沟。随着移动互联网在中国市场的蓬勃发展，政府对移动互联网越发重视，越来越多的企业随着“互联网＋”的浪潮进入了一个全新的市场。

全民互联网时代，企业的商业模式正面临重大转型。所有的企业都用尽各种方法，线上线下做好客户关系管理，以留住老客户、争取新客户。互联网确实改变了我们的生活，也改变了企业固有的经营和营销模式。最关键的在于互联网让信息更趋于扁平化，让沟通更加便利。原本需要渠道商才能传播的信息，有了互联网后可以实现企业与消费者的直接对话，企业可以大幅度地降低营销成本。比如，找媒体打广告、找渠道开辟市场等，减去这些成本，企业可以供应给消费者最实惠的产品，将精力转向为消费者提供更多的服务。而服务能提升价值并带来良好的体验，让消费者快速地自发为企业进行口碑传播。但是，每个企业都有自身的运营特点，如何让线上线下的客户都能享受到企业带给他们的会员式服务，这是一个难题。因此，企业非常需要一套适合企业自身特点的客户关系管理系统。

在未来，我们生活的方方面面都要依赖网络，网络将人们的行为数据全部采集，企业分析客户的需求只需要看这些数据，而不用去猜客户是怎么想的。所以说，互联网为客户关系管理系统的应用及实施提供了极大的方便。

企业应用客户关系管理系统首先关注的就是这些采集来的数据，通过对数据进行分析找准价值客户，针对不同的客户采用不同的管理方法和营销策略，不仅能为企业节省更多的成本，最重要的是能够提升客户使用产品和服务后的满意度，为企业带来交叉销售和增量销售，发展企业的“粉丝”客户。互联网带来的信息扁平化和沟通便利是划时代的突破，企业与客户可以进行一对一的营销互动，互联网时代将是 CRM 的时代，一切商业都是基于客户，谁能将客户变为“粉丝”，谁就能站在产业供应链的顶端。

举例

1. 苏宁易购

苏宁 100 多家城市客户服务中心利用内部 VoIP 网络和呼叫中心系统，建成了集中分布式的客户关系管理系统，建立了 5000 万个顾客消费数据库，建立视频、OA、VoIP、多媒体监控，形成企业辅助管理系统。这个系统包括图像监控、通信视频、信息采集、指挥调度、智能显示、报警等功能，对全国连锁店、物流中心进行实时图像监控。总部和区域远程多媒体监控中心负责对连锁店、物流仓库、售后网点和重要场所的运输进行实时监控，全国连锁网络“足不出户”全方位远程管理。

实现了全会员制销售和跨区域、跨平台的信息管理，统一库存，统一客户信息，实现一卡通销售。苏宁实现了 2 万多台终端的同步运行，大大提高了管理效率。苏宁各地的客户服务中心都是基于 CRM 系统的。CRM 系统集成了自动语言应答、智能排队、在线通话、语音信箱、传真和语言记录、电子邮件处理、屏幕自动弹出、报告功能、集成中文 TTS 转换功能、集成短信服务等功能，并建立了全国对外系统服务、内部综合智能化管理平台。

依托数字平台，苏宁的会员服务全面升级，门店升级为 CRM 销售模式，简化了消费者的购物环节。现在，积累的积分可以抵销现金，成为苏宁吸引消费者的重要因素。目前，苏宁已推出会员价格商品、会员联盟商户、会员特色服务等特色服务内容。比如，某一款产品限量特价之后，顾客荣誉卡里记录着该顾客的信息，苏宁可以提前通知这些有意向购买这个商品的顾客，把优惠让给他们，而不需要他们排队。

此外，苏宁为客户提供的个性化折扣也变得可行。比如，苏宁可以对部分购买记录良好的客户直接给予现金折扣，或者根据对方的购买习惯捆绑销售，给客户带来实际利益。而且利润可视化、实时性强，比大规模、无针对性的推广更有优势。

2. 聚美优品

（1）客户特征分析：聚美优品聚集了各种让女性美丽的优良产品，可看出聚美的消费群体为时尚人士。

（2）客户群体性别分析：访问网站的人群，女性用户约占 70%，男性用户约占 30%。

（3）客户群体年龄分析：客户主要为 18～39 岁的群体，其中 19～30 岁为核心用户。

（4）客户群体地域分析：用户在全国都有分布，主要集中在北京、上海、天津、广州等一线城市。

（5）客户群体学历、职业分析：聚美优品的主要用户学历大多为大学生和研究生，职业多为 IT 业、金融业等。

根据以上数据，客户特征分析小结：聚美优品网站访问用户以年轻网民为主，女性用户比重略高；网站用户更集中于白领和学生，而这些人的个人月收入出现“两极化”现象。

3. 阿里巴巴

（1）以 B2B、B2C 方式为中小企业提供竞争性发展平台；淘宝围绕购物做文章，阿里巴巴围绕小企业做文章。

（2）本质：匹配交易，以诚信激励及监控支付为手段。

5.2.5 收入来源

收入来源（Revenue Source）：描述公司通过各种收入流（Revenue Flow）来创造财务的途径，也叫收益方式或收入模型。表现为固定/灵活的价格、高/中/低利润率、高/中/低销售量、单一/多个/灵活渠道。

1. 我的利润区在哪儿

利润区是指能够带来高额利润的经济活动。它既不是平均利润，也不是周期变化或短期的利润。在利润方面，持续的高利润将给公司带来巨大的收益。

根据客户的偏好和我们的价值主张，我们可以根据产业价值链的利润区域分布和竞争对手的利润区域来确定我们的利润区域。

找到了利润区和盈利点，就可以着手设计相应的产品和服务以实现公司的利润。

产业价值链利润区分布图如图5-1所示。

2. 如何获得利润

如果一个企业没有利润，即使能为客户增值，也不是十全十美的。在很多情况下，这种企业的商业模式往往存在致命的缺陷，最终会导致失败。

如何获得利润，其实就是盈利模式设计。利润可以通过不同的途径实现，只有实现高额利润的途径才能成为盈利模式。

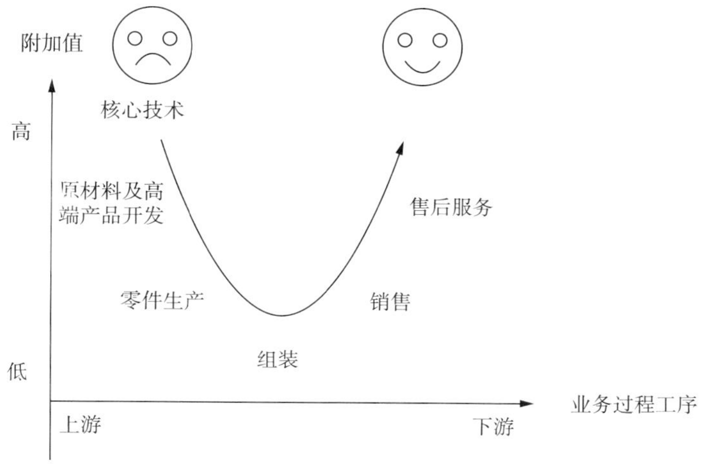

图5-1 产业价值链利润区分布图

在许多情况下，一个企业可以采用两种或三种盈利模式。比如，迪士尼就采用了“大片”模式和利润倍增模式。可口可乐采用了多成分系统模式、品牌模式和相对市场份额模式。

你的公司的获利能力很可能来源于两种或更多的盈利模式，既可以参照示例模式，也可以自行开发。

举例

1. 苏宁易购

（1）购买价和销售价之间的差额是由直接销售收入获得的。网上销售3万多种产品，产品价格比线下零售店便宜10％～20％。库存周转率为12天，成本率比国美、苏宁低7％。毛利率维持在5％左右，为产业链上的供应商和终端客户提供了更多的价值，实现京东“低压力大规模”的商业模式。

（2）虚拟店铺租赁费，店铺租金，产品登录费，交易费。

（3）资金沉淀收益是根据收到客户付款与向供应商付款的时间差进行再投资，从而获得利润。京东商城在第三方支付平台上有财付通、快钱和支付宝。

2. 聚美优品

化妆品市场是国内少数几个高利润行业，平均利润在25%～30%，高端品牌的利润更高。做化妆品B2C，无疑可以利用网络渠道的低成本来降低成本，从而打造一个物美价廉的化妆品网购平台。

聚美总的收入模式可以分为：

（1）销售化妆品获得商品利润；

（2）网站运营吸引广告收入；

（3）与品牌商合作获得销售商品的返利；

（4）风险投资人的投资。

3. 阿里巴巴

会员费（中国诚信通会员和黄金供应商会员）和增值服务（主要包括会员关键词竞价排名和黄金展位）：阿里软件销售收入；支付宝与商户贷款；贸易培训、阿里商学院教育产业收入；物流……

5.2.6 核心资源及能力

核心资源及能力（Core Resources and Capabilities）：阐述公司实施其商业模式所需要的资源和能力，表现为技术/专利、品牌/成本/质量优势。

互联网技术突飞猛进的发展标志着人类已经进入互联网时代。而伴随着人们的生活越来越密切地和互联网联系在一起，企业竞争优势和互联网之间的关系也就越来越紧密。谁能够掌握最先进的互联网核心技术，谁就能够在这个时代获得企业的核心竞争优势。

核心技术是产品的灵魂，企业只有拥有核心技术，才能生产出核心产品，为企业赢得超额利润。随着科学技术的发展，技术的寿命缩短了。企业要获得可持续的核心技术能力，必须重视研发能力，加大投入，进行技术创新，生产出企业所需的核心技术。

未来世界，个性化产品，大规模定制。从某种意义上说，以前大规模生产的规模是不确定的。500台冰箱和5000台冰箱的时代已经过去。灵活的生产和模块化生产将使许多行业能够接受任何规模的订单，而且溢价更高。个性化产品的价格相对小批量生产而言，柔性生产改革后将变得无关紧要，全球供应链、生产链最终与个人对接。

当企业边界消失时，创新生态系统的规模决定了资源的控制和效率，生态系统中的协同速度决定了企业的响应速度。创新生态系统拓展了企业的边界，将不同的资源整合成一个互惠互利的新社区，并将其整合到有特定目标的价值创造体系中，帮助企业建立未来的核心竞争力。

未来，传统企业将融入新的“价值网络”即新的生态系统，成为一个非常集中的核心竞争力。此时，传统企业的竞争优势不再取决于产品能力、生产能力和市场能力，而是取决于与整个生态环境中其他节点的协同能力。

竞争优势是保护企业商业模式设计所创造的利润流，没有竞争优势的商业模式设计就如同一条底下带有漏洞的航船。

竞争优势有很多种类，主要分为产品、技术、业务、能力四大类，具体表现在品牌、专利、版权、产品开发、成本、价值链控制等方面。每一种竞争优势都是为了将公司保持在利润区中，防止别的公司侵蚀自己的利润。

最核心的竞争优势，我们称为核心竞争力。

比尔·盖茨在个人电脑领域建立了行业标准，创造和保护了微软公司的盈利能力。英特尔拥有一组竞争优势，包括领先两年的产品开发、一个客户认可的品牌以及控制价值链。核心竞争力如图 5-2 所示。

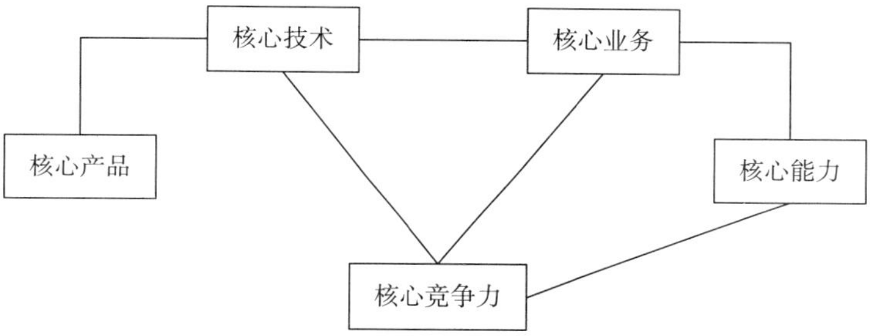

核心竞争力有三个特征：明显的竞争优势、扩展应用的潜力、竞争对手难以模仿。

图 5-2 核心竞争力

通过对竞争对手的分析，找出我们的竞争优势，通过提炼和创新形成核心竞争力。

举例

1. 苏宁易购

在核心竞争力方面，苏宁拥有全国范围内门店数量最多、覆盖面最广、单店效益最好的地级连锁网络。目前，全国连锁超市销售额和规模均居全国省会城市第一位的有 35 个。苏宁 B2C 电子商务网络发展迅速，已成为行业龙头企业之一，初步建立了定制化服务渠道，形成了线上线下全覆盖、协同开发的网络优势。2011 年苏宁强大的资本实力达到 728.16 亿元，连续四年位居行业第一。其品牌价值优势和完善的背景建设也全面领跑行业，为企业的快速发展提供了不竭的内生动力。

2. 聚美优品

聚美优品品类小而精，主要销售畅销 20%的美容产品。这样，降低了网站后台供应链的管理复杂性，聚美优品可以腾出更多的精力做服务。

“重”模式经营：有完整的采购、物流和服务团队，自己掌控从进货到发货的全过程。

服务体验：聚美优品向消费者承诺产品100%是正品、假一赔三、30天无条件退货等服务条款。

3. 阿里巴巴

（1）网络交易平台：中小企业销售与采购平台——阿里巴巴；消费者采购与支付平台——淘宝与支付宝。

（2）商户信用管理与培育：剔除低效益与恶意用户；年度网商大会；阿里商学院。

（3）信息采集与利用：大数据与阿里金融。

5.2.7 关键业务

关键业务（Mission Critical），描述业务流程的安排和资源的配置。表现为标准化/柔性生产系统、强/弱研发部门、高/低效供应链管理。关键业务也叫企业内部价值链，有时也称为价值配置。

经济新常态、农业新常态、社会新常态……自习近平主席提出新常态一词后，新常态被广泛应用于各个行业和领域，IT行业和企业的IT应用领域也不例外。从IT产业技术创新和企业用户信息化的角度出发，我们首先要搞清楚旧常态下的重点业务是什么，然后再谈新常态。不同的人对这个概念有不同的看法，但有一点我相信是可以达成共识的，那就是如果关键业务出现故障，企业将无法运营，或者从另一个维度来看，关键业务的停机会给企业造成巨大的损失。

按照这一标准，电子邮件系统、办公系统等显然不是重点业务，因为如果出现故障，虽然会造成不便，但也可以通过电话、社交工具等其他方式补偿。如果企业的核心数据库出现故障，对生产和销售的影响是不可估量的。自然，那些与生产、销售密切相关，或者与企业生命线密切相关的业务系统就成了关键业务。比如核心数据库、客户关系管理系统（Customer Relationship Management，CRM）、企业资源规划系统（Enterprise Resource Planning，ERP）、在线交易处理系统（On-Line Transaction Processing，OLTP）等。换言之，人们对传统重点业务的认知基本相同。

1. "互联网+"的蝴蝶效应

在了解了传统的关键业务之后，我们来谈谈关键业务的新常态。何为关键业务新常态？为了回答这个问题，需要溯源到用户需求的变化——"互联网+"。说它是一个新概念，其实并不准确。利用互联网技术改变或改造传统产业的思维方式，不仅是在今天。只不过在现在这个特殊的阶段（它已不是某个或某些企业所宣讲的概念，而已被人们广泛接受，甚至还写入了2015年中国政府工作报告）有了更好的条件，也就是常说的具备了"天时、地利、人和"。因此，"互联网+"所产生的影响将不再像以前那样一点点地涌现，而是成一条线或者一个平面涌现，并且更加普遍。

回到关键业务与“互联网＋”的关系，简单说来，“互联网＋”正改变传统产业的运作模式，并给企业的 IT 结构和业务系统带来一系列的影响。以制造业为例，在过去，客户选择制造商—选择产品—下订单，制造商选择供应商—购买配件—按订单生产。客户、零件供应商和制造商之间的关系非常密切。制造业的“互联网＋”愿景是什么？所有参与成员都在一个平台上，上下游产业链一个接一个，公开透明。相比之下，后者经验丰富，效率更高，更符合社会和科技的发展趋势。如果这样的愿景得以实现，互联网就是其中的一种手段、思维和方法。

因此，“互联网＋”中的“＋”指的是互联网思维和方法扩展到各个行业。电商改变了零售业，互联网金融正在颠覆金融业，工业 4.0 正在改变制造业……互联网正在变革各行各业。如果仅仅是一句“互联网正在改变各行各业”，那显然是一句空话。因为大家都知道互联网的影响越来越大，关键是如何落地。

其实，上面提到的利用互联网的技术、手段和方法都是在 IT 架构中实现的。首先，企业外部服务有典型的三层 IT 体系结构，即用户交互接口层、业务逻辑层和数据访问层（不同的人可能会称呼它们不同的名称，如表示层、应用服务层和数据库层，但表达的意义是一致的，上面提到的 ERP、CRM 和数据库都在后两层）。

从重点业务的定位可以看出，过去人们更愿意在后两个层次，特别是第三个层次投入更多的精力和资源，为它们提供最好的制度，投入更多的人力。即使是在企业中维护这些系统的人员也比其他运维人员素质高。当然，这是企业 IT 应用在特定发展阶段的具体情况。到目前为止，可以说它们仍然是企业内部的宠儿。

是何原因？以电子商务为例，如果消费者在网站购物时页面响应慢，购物体验不畅，在业务逻辑层和数据访问层可能不是问题，但结果很可能是消费者因为这种不愉快的购物体验而转移到另一家。相信每个企业都不愿意看到这样的情况发生，所以现在可能不太重视，但关注的程度在不断加强，比如对用户界面层的关注正在不断加强。

2. 关键业务的外延和内伸

关键业务的范围在外延。现在数据库已经不是问题，那你的业务就没有问题了。因为网页层问题导致用户体验不佳也会导致用户流失。因此，可以说，核心业务已经从过去 ERP、CRM、数据库的局限性，扩展到提供外部服务的企业的整个业务链，这对企业 IT 平台也提出了更高的要求。过去的 ERP、CRM 和其他实践已经不再可取。企业需要针对不同的应用特点和需求提供相应的平台和解决方案。

举个例子，英特尔不仅有针对传统关键业务的 E7 系列处理器（最新一代已更新到 E7 V3），而且针对业务逻辑层的 E5 系列处理器（最新一代也更新为 E5），还有 E3 系列、inchoate 系列和 Xeon D 系列用于用户交互界面层，为企业提供从前端到后端的完整业务平台。这并不夸张。与其他同类平台厂商相比，IBM to power 8 最多只能满足后两个层次的需求。

如果你能描述一下互联网的特点，其中之一就是“快”。从小到什么样的应用开发，到企业决策和战略制定，无疑是“快”。但是，这里的“快”是从一个随机的决定中冒出来的吗？显然，这不是也不可能。它是基于大量的数据统计和分析得出来的。

关键业务的扩展意味着企业需要具备快速挖掘数据价值的能力。在很多情况下，2月的生产计划应该按照1月的报告来做，有时候1月的报告在2月之后还没有拿出来，这怎么做生产规划？当然，这个例子可能是极端的，因为每月安排生产的企业并不多。现在，它们都是按周和日来安排的。当日出报道不是什么新鲜事的时候，实时报道是很常见的。显然，这对信息平台的数据分析能力提出了更高的要求。

因此，从这个角度来看，ERP、CRM、数据库等传统的关键业务的需求也在发生变化。它不仅追求平台的稳定性和效率，更注重促进交易，而不是"互联网＋"平台数据分析的需求。特别是在"互联网＋"的背景下，实时数据分析变得越来越重要。

总之，"互联网＋"已经成为中国乃至世界的发展趋势。随着"互联网＋"用户需求的变化，关键业务本身的定位也在发生变化。在新常态下，核心业务不再局限于数据库、ERP、CRM等。一方面，从前端（Web端）扩展到后端（数据中心端）的全业务平台；另一方面，在数据分析时代，即使是传统的数据库、ERP和CRM，其要求也在不断变化，实时数据分析变得越来越重要。

举例

1. 苏宁易购

（1）人力资源：苏宁拥有高素质的管理人才和技术资源，这是决定企业经营业绩的重要因素，其有效性取决于一定程度的财力。苏宁拥有雄厚的财力和优秀的人力资源，自然拥有丰富的技术资源。

（2）财力资源：为苏宁的高速发展提供了资金保障。苏宁与日本先锋正式结成战略伙伴关系。双方就液晶电视、卫星影院、家庭影院、迷你音响、DVD、蓝光DVD等领域的深度合作达成战略合作协议，共同拓展中国影音市场。此外，先锋还承诺，今后将有更多的新品在苏宁单独推出和销售，以确保苏宁拥有更具竞争力的产品。为促进销售增长，双方共同培养销售人员。

（3）管理资源：是企业众多资源有效性的组成部分，也是企业非常重要的资源要素。

（4）信息资源：自动化节省了人力、物力，方便了档案的存取和检索。

（5）可控市场资源：苏宁最大的潜在市场资源是毕业生和大学生。这些人对互联网很熟悉，虽然他们的购买力有限，但随着时间的推移，这些人未来一定会是苏宁的重要消费者群体。

2. 聚美优品

陈欧坚持聚美优品拥有自己独特魅力，那就是供应链。相比较其他商品，化妆品行业供应链较为复杂，聚美优品尤其偏重采购、物流、仓库等提升用户体验的元素。这无形中为企业增加了回头率和良好口碑。

营销方面：

（1）采用“双代言”的创意策划：韩庚不遗余力地“为美丽代言”，陈欧铿锵有力地“为自己代言”，两位“水瓶王子”的强强联手，联袂代言，引发一部分年轻群体的关注热潮。

（2）陈欧仅用地铁广告和代言人打响了自己的知名度。地铁广告里的一句“女人你千万别来”让很多人记忆深刻。

3. 阿里巴巴

（1）网络交易平台：中小企业销售与采购平台——阿里巴巴；消费者采购与支付平台——淘宝与支付宝。

（2）商户信用管理与培育：剔除低效益与恶意用户；年度网商大会；阿里商学院。

（3）信息采集与利用：大数据与阿里金融。

5.2.8 合作伙伴网络

合作伙伴网络（Partner Network）：即公司同其他公司之间为有效地提供价值并实现其商业化而形成合作关系网络。表现为：上下游伙伴、竞争/互补关系、联盟/非联盟。这也描述了公司的商业联盟（Business Alliances）范围。也称重要合作或重要伙伴。

1. 形成动因

企业组织形式的演变不是偶然的，而是有其内在的必然性。企业网络的出现是由于其内在的动机而出现的，它对提高经济效益有着积极的作用。

（1）实现规模经济扩张。在规模扩张的过程中，协调外部市场的成本越来越高，内部运行机制的协调越来越困难。此外，管理指挥系统的复杂性和信息传递的缓慢会偏离规模扩张的初衷，造成规模不经济，导致“大企业病”的出现。企业网络突破了这一限制，通过企业间的合作，最大限度地利用他人拥有的业务资源，实现了企业产品开发、生产、销售等功能的扩展，而不需要扩建设施、组织和机构就能实现企业产品开发、生产、销售等功能的扩展，有效避免“大企业病”，实现规模经济扩张。

（2）共享网络增值利益。随着知识经济时代的到来，科学技术的发展和更新速度大大加快，其复杂性也大幅提高。这客观上要求企业将有限的资源集中在特定领域，以获得专业化带来的效益。作为一个以共同目标紧密相连的企业集团，成员企业不仅可以共享网络资源，还可以利用其独特的价值整合功能，使网络为最终用户提供的产品和服务的价值大于各企业独立创造的价值之和。这是网络组织成员共享的网络增值收益。

（3）降低交易成本。随着世界经济全球化的发展，企业贸易活动的地域范围不断扩大，交易的数量和频率大大增加，交易内容更加丰富和复杂。这些因素增加了合同谈判的难度，增加了企业面临的机会主义风险，降低了相关特殊资产的投资水平，增加了整体交易成本。企业网络组织正常的交易对象之间建立长期的信任与合作关系，并在此基础上管理网络成员之间的交换关系，有助于降低合同谈判成本，简化协调过程，增加关系专用资产投资，最终达到降低整体交易成本的目的。

（4）分散经营风险。快速的研发能力，高质量、高弹性的生产能力和完善发达的市场营销能力都需要雄厚的资金作为支持，也需要相关高新技术的配合，单个企业无法依靠自身有限的资金进行经营，风险巨大。

企业网络解决了这些问题，为企业跨越式发展提供了可能。通过合作，形成综合扩张能力和规模经济效应，既降低了内部成本、提高了业务灵活性，又分散了经营风险。

总之，企业网络摆脱了传统企业组织仅靠扩大自身规模来实现规模扩张的固有思维模式，提高了经济利益，降低了交易成本和经营风险。通过它们之间的有效合作，企业网络可以获得规模经济和范围经济，提高企业的经济效率。

2. 运行机制

企业网络是企业间合作的产物，相互依存是其基本特征。这一特征体现在契约和信任两个方面，可以说构成了企业网络运行机制的核心。

与传统的等级制企业组织不同，企业网络组织依靠合同（包括规则、协议、法律合同等），而不是用传统的行政权力来指导企业的运作。网络组织的成员企业相互依赖、独立运作。由于他们都有各自独立经营的利益，网络成员为了追求对自己最有利的交易，必然存在不确定性和机会主义的可能性。因此，有必要通过法律契约来防范机会主义行为，使每个网络成员都了解彼此的行为预期，根除可能导致网络危机的投机心理。

合同的作用不仅是表达，更是督促网络成员履行自己的义务。由于企业网络组织中各成员的自利行为，各成员可能会将违约或敲诈的潜在利益与违约金损失进行比较。如果合同设计使潜在违约收益小于因处罚而产生的损失，那么相互交易的网络成员就不会试图违约，所有成员都将按照组织的规则或合同设定的目标行事。

“敲竹杠”是企业网络的一大威胁，显然是与契约的不完备性有关。然而，消除“敲竹杠”现象并不能通过消除契约的不完备性来实现。因为要在契约中写明所有事件的真实性是困难的，即使可能其成本也是高昂的。这主要是因为环境的不确定性以及为更详细地明确契约的条款，所需信息搜寻成本、计量成本以及再谈判成本增高所致。事实上，即便是存在最完备的契约设计也不能解决网络组织联结与运作机制的所有问题。网络组织联结与运作机制除以契约确立外，还要靠声誉与信用来保证执行。只有在相互信任的基础上，依靠契约及共同遵守的行为规范才能使网络组织正常运作。

信任是企业网络生存和发展的保证，但建立信任并不容易。管理模式、技术背景差异很大，相互融合和建立信任需要时间，而且往往经过多次博弈后成为互信的合作伙伴。战略联盟是伴随着市场机遇而产生的，一旦市场机会消失，网络链接就会被移除，相互合作也不会长久。因此，在这样的企业网络中建立信任关系更为困难。因此，有必要寻求一种防止和产生企业网络信任危机的机制。

（1）评估甄选网络合作伙伴。对于初次进入网络，建立一个高风险的动态网络，扩大网络规模是非常重要的。对能力和公信力进行综合评价，找出合作的依据和切入点，在此基础上，最终选择合适的网络合作伙伴。合适的网络合作伙伴应该具备必要的合作资源、可靠的合作能力和良好的企业信誉。

（2）建立对机会主义行为的防范机制。要认真制订合同或协议，提前规范网络成员的行为，严惩机会主义行为，同时，要规范监督激励机制，消除会员企业投机心理。

（3）合理公平分配网络利益。网络利益是网络成员企业创造的利益。公平合理的网络利益分配对于加强成员企业之间的合作关系非常重要，既能促进成员企业之间的信任，又能调动成员企业之间合作的积极性，为网络利益创造更大的空间。

（4）加强成员企业间的信息沟通与交流。网络成员企业的一个重要特征是组织边界的模糊性，这意味着网络成员企业之间的联系更加紧密。这还可以促进企业之间的相互学习，促进企业文化的双向传播，从而减少成员企业之间的差异，产生网络共同语言，进一步增进互信。

（5）倡导基于信任与竞合关系的网络文化等。组织的产生和发展源于时代的要求，并随着时代的发展而演变。在我国，企业网络组织发展迅速，但它曾经植根于计划经济体制下。因此，有必要建立市场经济体制。当国有资本进行战略转移和外资大规模进入时，我国企业网络组织将不可避免地面临调整、更新甚至重建。网络运行机制中最重要的是信任机制的重建，可能需要很长时间才能产生明显的效果，这需要我们长期的关注。

举例

1. 苏宁易购

2012年6月13日，苏宁电器与联想集团2012年战略合作推进会在南京苏宁总部举行。

苏宁电器股份有限公司总裁金明、联想集团高级副总裁、中国区总裁陈旭东，以及双方营销主管出席了会议。会议双方明确表示，2012年双方要进一步加强战略合作伙伴关系，加强供应链协调，提升双方销售规模。

苏宁是联想重要的战略合作伙伴。在这次会议上，双方对2012年80亿元的销售目标进行了详细的落实和分解，制订了多个产品和渠道合作的具体推进方案，达成了多项合作协议。

2. 聚美优品

与兰蔻、雅诗兰黛等国际品牌合作，官方认证确保进货渠道正规；通过申请试用体验装，切身了解新产品的功效。

聚美优品惊人的发展速度受到投资界的广泛关注。很快就获得了新东方创始人之一徐小平、阿里巴巴天使投资人吴炯、先锋华星天使基金以及最大的国际风险投资基金红杉资本的千万美元高价值投资。

3. 阿里巴巴

（1）重要发展合作伙伴。

雅虎：帮助阿里巴巴集团占据中国 B2B、B2C、C2C、在线支付、网络软件解决方案、即时通信、搜索等电子商务相关产业的领先地位。

印度 Infomedia：为印度中小企业提供全球和国内贸易的一站式解决方案。

Softbank（软银）：开发日本 B2B 市场。

（2）品牌合作伙伴：美国的 VITA、NEXCO，国际贸易联合会（FITA），土耳其的 KOBILINE，意大利对外贸易协会（AICE），世界华商网络。

（3）认证合作网络：北京中贸远大商务咨询有限公司、上海杰胜商务咨询有限公司、亚洲澳美咨询有限公司、杭州中德信息技术服务有限公司、北京中诚信征信有限公司。

（4）贸易展览合作伙伴：建发国际（控股）有限公司、马德里展览中心。

5.2.9 成本结构

成本结构，又称成本构成，是指各种费用（如人工、原材料、土地、机械设备、信息、通路、技术、能源、资金、政商关系、管理质量等）占产品成本的比例或各成本项目占总成本的比例。当某一生产要素的成本占企业总成本比例过高时，该生产要素就成为企业的主要风险。

1. 成本结构组成

（1）固定成本：在一定时期内，在一定业务量范围内，总成本保持不变，不受业务量增减影响的成本。例如，主要管理人员工资、设备、租金等。固定成本在成本核算时，可以直接量化或分摊到每个月。

（2）可变成本：总成本中随产量变化而变化的成本项目。主要是指原材料、燃料、动力等生产要素的价值。当产量在一定时期内增加时，原材料、燃料和动力的消耗将成比例增加，所发生的成本也将按比例增加，因此称为可变成本。可变成本等于总成本减固定成本。例如工人工资、产品原材料、业务耗材等。这些可变成本会随着业务增加而增加。成本核算时，需要先预估产销量，准确度与预估产品挂钩。

（3）核心成本：计算总成本时，一般是固定成本＋可变成本，但是当企业需要某一事物成为核心竞争力，需要付出额外成本，即核心成本。例如规模效益所需的人力投入或广告投入。这些费用可以计入可变成本或固定成本，但是由于涉及核心竞争力，单独核算有利于项目监控和成功。

2. 成本结构的意义

成本结构能够反映产品的生产特点。从各项费用占比来看，有的消耗大量劳动力，有的消耗材料，有的消耗电力，有的占用设备，导致折旧成本增加。成本结构在很大程度上还受技术发展、生产类型和生产规模的影响。

3. 成本结构分析

通过对产品成本结构的分析，找出进一步降低成本的途径。研究产品成本结构，首先，要观察各成本项目去年实际数、本年计划数、本年实际数的增减变动情况，了解其增减变化率；其次，对比本期实际成本的结构、上年实际成本的结构和计划成本的结构，结合各个项目成本的增减情况，了解成本结构的变动情况；最后，结合产品类型、工艺技术、消耗定额、劳动生产率、设备利用率等数据变化情况，进一步分析项目成本增减变动的原因。最后，结合产品类型、工艺技术、消耗定额、劳动生产率等相关数据，进一步分析项目成本增减变动的原因和成本结构的变化、设备利用率等。

举 例

1. 苏宁易购

网络直销模式：网络和目录销售，所有商品信息在网站上一目了然，方便顾客选择。节省了实体店和经销商的相关费用，降低了成本，保证了价格优势。更有利于与同行业竞争。

2. 聚美优品

（1）价格便宜。省略代理商中间环节，产品存在自己的仓库，售价是专卖店的 5～6 折。

（2）与大品牌合作。降低成本，让利给消费者。

（3）物流配送管理。企业有自己的仓库和物流系统，并与韵达、申通、圆通等快递公司合作。

5.3　商业模式设计

5.3.1　传统商业模式设计

1. 店铺模式（Shopkeeper Model）——最古老的商业模式

店铺模式是在具有潜在消费者群的地方开设店铺并展示其产品或服务。

2. “饵与钩”（Bait and Hook）模式

“饵与钩”模式也称为“剃刀与刀片”（Razor and Blades）模式或“搭售”（Tied Products）模式，最早出现在20世纪早期，基本产品的出售价格极低，通常处于亏损状态，而与之相关的耗材或服务的价格则十分昂贵。

例如HP打印机与其耗材的商业模式。

3. 其他模式

（1）20世纪50年代，麦当劳（快餐连锁经营，代表美国式生活方式）和丰田汽车（看板生产）商业模式；

（2）20世纪60年代，沃尔玛（超级市场连锁经营）和超大型超市（hypermarkets，指超级市场和仓库销售合二为一的超市）；

（3）20世纪70年代，FedEx快递和Toys RUS玩具商店；

（4）20世纪80年代，Intel和Dell；

（5）20世纪90年代，西南航空、Netflix、eBay、Amazon和星巴克咖啡。

传统的商业模式是：厂家—代理商—零售商—客户。

它的特征是各级从上级进货，买断上级的商品所有权，赚取差价，代理销售的品牌数量有限，供货渠道较稳定。

传统的商业销售模式重渠道建设、人员促销、商品展示。利用广告营销活动扩大品牌及商家知名度；重权威机构对产品的认证，对产品在实际消费中质量及厂家、商家的售前、售中、售后服务水平重视不够，更主要的是没有一个对比，全面客观地对比质量及服务水平。

传统商业销售模式的弱点：

（1）厂家各自建设销售渠道，加上终端变化频繁，致使厂家销售成本加大。

（2）各厂家广告投入很大，影响产品核心竞争力（技术创新和产品价格）。

（3）各厂家都重视权威机构的认证，各种证书和荣誉满天飞。因此，对产品促销和销售的影响逐渐减小。

（4）各式促销活动相互竞争，使厂家销售成本增加。

（5）零售商或连锁家电商利用渠道终端控制，抬高产品售价，销量少，价格变化对于较小的市场（商家的销售范围有限）弹性较小。商家当然愿接受较小的销量变化，追求较高的利润。

（6）因商家买断产品所有权，肯定要“王婆卖瓜”，影响商家的诚信。

（7）商家大搞促销活动，营销成本增加。

（8）所有制造商和企业都专注于产品展示和人员提升。因此，展位布置、人员提成、营销环境和用电量也增加了营销成本。

（9）商品的权威认证，并不能完全代表产品的功能质量，消费者也不能直观认识理解，更重要的，它多数是使用前的抽样检验报告。

（10）大多数品牌并不在产品的核心品质上下功夫，但它们迎合了企业的胃口。增加了外观、款式、色彩等所谓卖点和亮点，或多或少地进行功能组合，以配合商家按类型垄断市场，增加顾客选择的难度，避免质量和价格的竞争。

（11）因为售后信息各厂家只知道自己的情况，商家也只知道占有的品牌的情况，没有详细统计（制度、技术手段、人员配备不具备），厂家不易找出自身的差距完善产品质量，改进售后服务水平，因而没有竞争压力。

（12）老百姓不易知道某一品牌全面的质量及售后服务水平，更难知晓众多品牌的对比信息，只能以广告、熟人介绍以及现场氛围和导购引导来选择购物，但是耐用消费品（特别是家电）最核心的评价应该是产品的功能质量，或者说产品的性价比，即产品的正常使用功能发挥的年限值。毕竟把耐用消费品当成艺术品、时尚用品的是少数人。

（13）由于种种原因，假冒伪劣、产品充斥市场，好产品价高销路不好，好产品与伪劣品在功能、外观效果方面有时看似接近，但伪劣品的品质极不稳定，让顾客烦恼不已，但商家是不会承认这是普遍现象，也不会告知顾客。顾客之间信息不畅，更增加了这种可能。

5.3.2 商业模式设计的新特点

商业模式创新特点主要表现在以下三个方面。

（1）商业模式创新更注重从顾客的角度考虑设计企业的行为，视角更加向外开放，更加关注和涉及企业的经济因素。商业模式创新的出发点是如何从根本上为客户创造附加值。因此，其逻辑思维的出发点是顾客的需求。根据客户的需求，如何有效地满足客户的需求，显然不同于许多技术创新。一项技术可能有多种用途。从技术创新的角度来看，我们通常从技术的特点和功能出发，看它能做什么，找到它潜在的市场用途。商业模式创新即使涉及技术，也大多与技术所包含的技术经济因素、经济价值和经济可行性有关，而不是单纯的技术特征。

（2）商业模式创新更具系统性和基础性。它不是单因素的变化，而是一种集成创新，往往同时涉及商业模式的诸多要素的巨大变化，需要企业组织进行更大的战略调整。商业模式创新往往伴随着产品、流程或组织创新，否则，可能不足以构成商业模式创新。如果开发出新产品或新生产工艺，通常被视为技术创新。技术创新，通常是为了生产有形的实物产品。然而，今天是一个面向服务的时代。例如，2006年，美国服务业比重高达72%，对传统制造业企业来说，服务业的重要性远超以往。因此，商业模式创新往往体现在服务创新上，包括服务内容和模式、组织形式等。

（3）从绩效角度看，如果商业模式创新提供了全新的产品或服务，就可能创造出一个新的盈利行业。即使提供现有的产品或服务，也能为企业带来更持久的盈利能力和更大的竞争优势。传统的创新形式可以提高企业内部效率，降低成本，而且很容易在短时间内被其他企业模仿。商业模式创新虽然也表现为企业效率的提高和成本的降低，但更具系统性和基础性，涉及多个要素的同时变化。因此，更难被竞争对手模仿。它往往给企业带来战略竞争优势，而且这种优势往往可以持续数年。

互联网时代产品与商业模式具有速度变“快”、距离变“短”、成本变“低”的特点。依据蓝海理论，互联网时代现有的限制性因素，开创新的市场；容易获得买方价值元素，筛选并重新排序，创新产品，从而改变产品市场结构；容易取得买方需求，进行商业模式创新，超越竞争对手，跨越现有竞争边界。而依据长尾理论，依托互联网搜索，更方便商家和客户低成本互相寻找；由于搜索容易、成本低，发现一定规模的“小众”产品客户；多品种生产、低成本生产销售成为可能；促使规模经济（品种越少，成本越低）向范围经济（品种越多，成本越低）转变。

5.3.3 移动互联网时代品牌转型的四大特征

1. 用户主导是核心

用户不仅决定了产品能否成为一个品牌，还决定了品牌能生存多久。这里的用户不是普通用户，而是用户中的用户。参与新产品设计并对产品有影响力的人，相当于小米手机里的“荣组儿”（荣誉开发小组成员）。

淘宝品牌七格格是一个网络原创服装品牌。拥有“15 名年轻设计师＋1 名专职配置工程师”的团队，每月推出 100～150 款新品，确保店内商品不少于 500 件。它有数以万计的忠实粉丝和许多 QQ 群。

每次我们计划上新款式，七格格都会先把新的设计图纸上传到店内网站，让网友投票选出新款式，并在 QQ 群里讨论，最后选出大家普遍喜欢的款式进行修改，再上传到网站上。经过几轮反复生产、上架。这个过程彻底颠覆了大品牌设计师引领时尚潮流的传统模式，甚至颠覆了我们对品牌的传统认知。消费者开始真正决定风格和时尚的趋势。最重要的是，消费者喜欢这个过程。有了这种双向沟通模式，七格格在短短半年多的时间里，就从默默无闻变成了淘宝女装销售的第四名。

在移动互联网时代，品牌必须以用户为中心，让用户参与产品创新和品牌传播的各个环节。“消费者即生产者”，品牌传播是在用户的良好体验和分享中完成的。尤其是 20 世纪八九十年代出生的年轻消费群体，他们更希望参与产品的研发和设计，希望产品能够体现出自己的独特性。作为企业，应该把市场的重心从产品转向用户，从说服客户到购买产品，再到让用户加深对产品的体验和感知。360 的领导者周鸿祎表示：传统企业强调“客户（顾客）是上帝”，这是一种二维的经济关系，即企业只向付费者提供服务。在互联网经济中，任何使用你的产品或服务的人都是上帝。因此，网络经济倡导的信条是“用户是上帝”。

2. 产品过硬是基石

“产品是第一推动力”。对于没有力量的产品，任何单纯依靠噱头吸引眼球的销售最终都会自取其辱，因为负面传播的力量更大。互联网时代注重产品的“体验”和“极致”，也就是说“以用户为中心”将产品做到完美，“让用户尖叫”是互联网时代求得发展的必由之路。

小米手机为了“让用户尖叫”，最大的努力在于高配置和低价格。每一款新一代小米产品都必须是当时行业中配置最高、价格最低的产品。小米 1 代手机推出时，按照当时的配置应该是三四千元，但最终的价格不到两千元。

第一次顾客购买你的产品是因为刚性需求；第二次，他们购买你的产品是因为他们第一次有了很好的体验；他们终生购买你的产品是因为他们相信你的产品。因此，品牌营销的本质是培养顾客的消费信念，增加品牌黏性。不管什么年代，商业的本质始终是用户和产品。

3. 体验至上是关键

过去，企业在打造品牌时，大多是为消费者提供物质利益，在产品功能、设计、质量、价格等方面满足客户的需求。随着卖方市场变成买方市场，消费者将品牌作为选择产品和服务的标准，更加注重互动化、人性化的服务消费体验。顾客对品牌的认知将直接影响企业的命运。

在互联网不发达的时代，企业与消费者的关系建立在信息不对称的基础上。随着互联网的发展，游戏规则也发生了变化。消费者只需点击鼠标，就可以比较价格、质量、款式等产品信息，消费者的主动性和发言权也越来越强。因此，在移动互联网时代，产品的用户体验变得越来越重要。

在移动互联网时代，产品的质量和价格不再是消费者的首要考虑因素。他们考虑的是体验，很多是心理体验。例如，现在很多女孩都买 LV。如果以质量和价格来衡量，她肯定认为不值得，但如果 LV 代表一种身份和社会地位，她就会认为值得，因为“价格在于价值”。因此，传统品牌要想成功进化，还取决于能否创造出一种与用户价值相一致的品牌文化，并与之融合。

当然，这并不是说传统企业没有品牌文化。例如，麦当劳塑造了一种幸福的家庭文化。但这种品牌文化的“主角”是企业自己编制和指导的品牌文化，是企业强制向所有顾客输出的一种文化，而不是消费者根据自己的期望创造的品牌文化。

过去，当制造商把产品卖给顾客把钱拿到手时，他们希望顾客不要再来麻烦自己。然而在移动互联网时代，制造商向用户交付产品后，体验之旅才刚刚开始。如果你在产品体验方面做得很好，用户每天在使用时都能感受到你的存在，他们会积极帮助你推广和推荐产品，并形成口碑营销和粉丝群。因此，企业除了提供有保障的产品和服务，还必须为客户提供更多的体验，满足人们更高层次的需求，从而提升客户满意度和忠诚度。今天，当所有的产品都是高度同质化的时候，你会发现取胜的决定性因素实际上是用户体验。一个好的用户体验应该从细节入手，让用户有一个清晰的感知。这种认知应该超越用户预期，给用户带来惊喜，贯穿品牌与消费者沟通的全链条。

体验经济与传统工业经济的最大区别在于，消费者从被动的价值的接受者转变为价值创造的积极参与者，成为具有独特体验的共同创造者，以企业为中心的价值创造思维转变成企业与消费者共同创造价值的思维。

4. 口碑传播定成败

移动互联网时代更容易赢得网民和消费者的口碑。移动互联网改变了品牌依靠强势媒体与受众沟通的传播模式。很多企业通过传统媒体强调“我的产品很好，我的质量有多高，我的服务有多好”。如今，王婆卖瓜似的传统广告信息基本上会被消费者删除或屏蔽。

企业试图通过控制和利用媒体来传播和推广，但企业利用的媒体正在逐渐失去影响力。人们相信口碑是在朋友间传播的。你是谁并不重要，重要的是网友认为你是谁。网民的共识决定着一个企业品牌的命运。

消费者已经进入“以自我为中心的时代”。消费者的判断不再倾向于依赖单一的媒体和渠道，以往单一、垄断的信息渠道对消费者的影响逐渐减弱。如今，消费者更倾向于通过他们知道的媒体或渠道来判断任何事情。消费者身边有很多社交媒体，微博和微信将发挥越来越重要的作用。

在微博上，我们可以倾听大腕们的意见和权威人士的声音。在某种程度上，这种话语和声音比那些不知道名字和姓氏的记者要好。而且，他们是意见领袖，一句能顶万句。因为前者是你每天关注的对象，它们已经成为你信息渠道的一部分，你对它们有了信任的基础。在微信上，人与人之间建立在牢固的关系基础上，我们看到的是朋友圈提供的信息反馈，根据朋友的意见，黑可以变白，白可以变黑。究其原因是信息源叠加了基于亲友的信任背书。

如今，随着消费者信息渠道的多元化和社交媒体的强制介入，权威媒体逐渐成为话语权渠道之一。你说你的，我信我的，这在新媒体时代已经成为一种常态。在这个时候，消费者的智商往往是基于“我”的考虑。如果商家仍然保持自以为是，产品信息就无法进入个人消费者的“我”的领域，甚至很多营销行为基本上变成了自娱自乐。

在移动互联网时代，如果你的产品或服务做得好，超出了用户的预期，即使你不投放任何广告，消费者也会愿意为你传播，为你免费创造口碑，免费为你作广告，甚至成为社会关注的焦点，比如海底捞的服务。

也许很多人认为“用户、产品、体验、口碑”这八个字并不鲜见，甚至听腻了。但仔细想想，到底有多少企业按照这八个字在做，又有多少企业做到了？更重要的是，这八个字具有严格的逻辑顺序和螺旋上升的闭环效应。只有用户的参与和引领，才能做出令用户满意的好产品。只有好的产品才能有好的经验，有好的经验才能有好的声誉。有了口碑，就会有更多的用户来参与产品设计。如果我们说移动互联网是金矿，那么品牌是淘金的法宝。反之亦然，如果说品牌是一座金矿，那么移动互联网就是淘金的法宝。

5.3.4 商业模式创新的时代驱动因素

商业模式创新作为一种对变化的内在反应，是随着环境的变化而变化的。有什么样的环境变化，就有什么样的模式变化。互联网带来的变化，有相当一部分已经超越了竞争力本身，属于阶段性变化。因此，首先要看环境发生了怎样的变化，再决定企业需要选择什么样的阶段来发挥竞争作用。这些环境变化可归纳为以下五种变化。

1. 企业内外融合引发产权变革

首先从现象说起。按使用权计费在互联网上非常流行。这似乎无关紧要，实际上这背后正酝酿着一场产权变革，它彻底改变了企业实现竞争力的途径。

产权环境是企业竞争力的根本环境，不同的产权制度会产生不同的竞争力。工业化的产权制度被称为现代产权制度。网络产权制度是继近代更为“现代”的产权制度。

二者的根本区别在于，现代产权制度主要围绕所有权和经营权展开；网络产权制度是围绕所有权本身展开的，此时所有权和经营权发生了分离。

从互联网实践的角度来看，云计算（如SaaS）不收取软件主导权的费用，而是对服务使用权收费。这就导致了支配权与使用权分离的新现象。古代法律统治权与使用权是完全分离的。自1793年法国大革命发表《人权宣言》以来，统治权和使用权被统一起来。在整个工业化过程中，很少有人想到在这里做产权改革的文章。工业化刚刚结束，控制权和使用权就神奇地分离了。苹果已经从这场产权核裂变中释放出5600亿美元的竞争力。

这种产权裂变与互联网有什么关系？我们可以看到，在工业化时代，租房不买房就是所有权与使用权的分离。例如，中远集团将所有权改为使用权，购买包租船舶，成功避免了金融危机的风险。Maski租用了中远集装箱船，同一艘船不能同时租给两家公司。这就是为什么以租代买不会引起产权变动的原因。

但苹果不同。平台和开发工具不像船，它们可以零成本复制四五百万次。这改变了竞争力的条件。商店（重资产）和应用程序（轻资产）是分开的。苹果并没有将这两项权利分开，这些沉重的资产只能被内部开发者使用一次，产生增值收入；而将这两项权利分开，可以让外部开发者以零成本使用四五百万次。只要其中一种奇怪的用途产生收入并将30%的收入返还给苹果，苹果的现金就超过了美国政府。

由此可见，互联网产权改革的前提是，与支配权相对应的生产资料（固定成本和重资本）可以零成本复制。这是生产力的变化带来的生产关系的调整。

2. 垄断与竞争的融合导致市场结构变化

互联网带来的竞争背景的第二个变化是新的市场结构的出现。在传统工业化条件下，市场只有完全垄断、完全竞争和垄断竞争三种市场结构。但是互联网带来了第四种市场结构，即新的垄断竞争结构。其特点是统分结合双层经营：即平台自然垄断，应用完全竞争。典型如苹果的 App store。store 是垄断的，而 App 是完全竞争。腾讯、阿里巴巴等中国互联网上市公司基本都是这种模式。自由互联网模式是基于新的垄断竞争结构。

新的垄断竞争与张伯伦时代的垄断竞争的区别在于，旧的垄断竞争没有区分平台和应用。没有免费平台和增值服务收费的竞争模式，而是利用品牌和广告进行差异化经营。

3. 规模—范围一体化导致企业战略变革

互联网带来的竞争力背景的第三个变化是新的企业竞争战略的出现。竞争战略是竞争力的基本方面。互联网创造了一种基本的竞争战略，波特没有认识到，教科书也没有写到。这就是说已不再是原来的竞争平台了。

这涉及钱德勒的范围经济与波特的差异化战略背道而驰的问题。前者认为多元化程度越高，成本越低；后者认为多元化程度越高，成本越高。互联网的实践证明，钱德勒是正确的，更符合互联网的条件。因此，低成本差异化是波特不赞成的新策略。互联网企业基于低成本差异化设计竞争力模型。与传统企业一样，像京剧《三岔口》，各司其职。

4. 平台应用集成导致企业模式改变

互联网带来的竞争力背景下的第四个变化是行业与企业之间业务类型的变化，导致平台基础业务与应用增值业务分离，在分离的基础上实现业务形态的相互融合。例如，由阿里巴巴平台和网店老板组成的商业生态系统。竞争背景的直接变化是商业性准公共物品提供者的出现。

5. 线上线下融合导致商业模式改变

互联网带来的竞争背景的第五个变化是以 O2O 为代表的线上线下融合，在大数据服务一对一营销服务的支持下，数据业务将日益成为各行各业的核心业务。形成传统业务零增长、各行各业数据增值业务快速增长的竞争格局，如电信行业的现状。

5.3.5 “互联网+”下商业模式的设计方式

传统的商业模式更注重实体渠道和实体产品的流通。然而，“互联网+”下的商业模式已经实现了“虚拟支付”的发展。

互联网商业模式就是指以互联网为媒介，整合传统商业类型，连接各种商业渠道，具有高创新、高价值、高利润、高风险的新的业务运营和组织结构模式，包括传统的移动互联网业务模式和新的互联网业务模式。

门户模式是互联网最早的商业模式，也是最成功的商业模式。

随着宽带、大众化、个性化和移动互联网的不断发展，新的应用层出不穷。随着 Web2.0 的出现，服务越来越进入网民的视线：RSS、SNS、Tag、Blog、P2P……这些曾经只出现在专业人士小圈子里的概念，已经成为众多网络用户的应用。

互联网呼唤新的商业模式创新，这是互联网的基本动力，创新最直接的体现是业务的专业化提供，并在此基础上，不断深化技术与市场拓展。以下 10 种创新模式有望成为互联网新的盈利模式。

1. 结合发展——电子商务与无线的结合发展模式

2006 年，腾讯以黑马姿态进入，凭借腾讯 QQ 强大的即时通讯 IM 平台 1 亿用户的互联网商业模式以及 IM 和拍拍网的强大黏性，取得了不错的成绩。岁末年初，作为中国最具实力的 C2C 平台之一，eBay Tom online 意味着中国 C2C 互联网平台的格局已经从 2005 年淘宝与易趣的竞争，发展到 2006—2007 年的淘宝、拍拍的时代。随着无线互联网的快速发展和 3G 大门的频繁敲响，基于用户群的无线互联网的引入将成为我国电子商务 C2C 领域的“黑马”，用户电子商务无处不在的时代即将到来。

2. 垂直发展——企业电子商务平台的垂直发展模式

对于个人用户而言，阿里巴巴、环球资源等企业级电子商务一直扮演着整合电子商务平台的角色。综合 B2B 平台提供的信息具有综合优势。交易平台本身在中小交易电子支付和物流接口领域具有优势，但运营压力大，利润率相对较低。在我国，我们进入了资本市场，旺盛科技的成功上市，即将改变企业级电子商务市场的格局。通过垂直 B2B 平台运营成本低、信息准确、置信度高等优势，积极拓展其在专业企业级交易市场份额的路径已清晰可见。

3. 以销定采——基于销售的电子商务发展模式

过去，电子商务服务提供商面临三大挑战：信息流、资金流和物流。2006 年，一个名为“爱岱沟”的新电子商务的推出为业界带来了一种基于 B for C 的商业模式，有效地避免了传统 B2C 库存的缺陷。B for C 模式采用“按销售采购”的模式，通过虚拟产品订购，避免了原有 B2C 厂商的库存压力，解决了信息流、资金流和物流中的关键资金流问题。

4. 线上线下——线上线下电子商务发展模式

国家邮政局与阿里巴巴集团在京签署电子商务战略合作框架和产品协议，在电子商务的信息流、资金流、物流等方面达成全面、长期的合作伙伴关系。为了增加合作的公信力，作为人们心目中的国有企业，邮政 EMS 还特别推出了一款名为“e-mail Bao”（EMS 电子商务经济快车）的新产品。

5. 开展合作——搜索引擎与电子商务运营商间开展合作

电子商务和搜索引擎的发展趋势使得双方的合作越来越紧密。电子商务网站最重要的特点是具有良好的搜索功能。一旦消费者找不到想要的商品，他们就会转到其他网站。因此，拥有高质量的搜索工具来刺激网络零售商的销售收入是非常重要的。为了在 2008 年奥运经济中抢占商机，大型搜索引擎将在 2007 年开展运营商与电子商务运营商的深度合作。"电子商务+搜索"模式将使商业信息检索更有针对性、更有价值，并具有风险控制体系。

6. 合作创新——强强联手的合作创新模式

与电子商务一样，互联网和传统产业都在关注这种合作模式的成功。

单一产品的吸引力已不能满足用户日益增长的需求。在搜索引擎领域取得成功的百度宣布将与微软展开基于搜索服务的合作，旨在将百度的竞价排名系统引入微软的MSN、live及其搜索相关服务中寻求商机。目前，中国是微软在全球最重要的市场之一，这一合作不仅为中国网络广告主创造了新的机会，也提高了搜索服务的质量。

7. 货币市场——虚拟与现实电子货币市场的合作创新模式

兴业银行携手腾讯推出国内首张信用卡，名为"兴业银行 qqxiu 信用卡"。提供虚拟卡支付、财付通还款、网上申请、电子账单通知、即时消息提醒等多种网络特色服务。

8. 媒介资源——网络广告媒体资源的合作创新模式

一般来说，合作模式主要出现在企业之间。对于提供独立 WAP 网站的媒体机构——万普世纪来说，合作不是基于企业，而是基于个人用户。其 WAP 通过互联网拥有大量的个人用户，产生了大量的个人用户。因为它是培育出来的，所以对这些网站有深入的了解，能够有效地控制，实行集中管理和采购，实现媒体代理商较高的利润率。

9. 个人合作——给玩家发"工资"的个人合作创新模式

《征途》正式版于 2006 年 8 月推出，运营模式再次发生变化。采用了"薪水"的"旅程模式"，受到了玩家的欢迎。此外，从公布的网友人数来看，《征途》也取得了长足进步。自主研发的《征途》凭借首款 2D 大型多人在线角色扮演游戏（MMORPG）进入中国网络游戏市场，开创互联网商业模式，打造"征途模式"。对玩家的"工资"模式可以有效地获取用户的黏性并转化为交易，运营商可以从中获得广告以外的虚拟商品的易货利润。

10. 联合用户——与用户一同赚钱的合作创新模式

与用户一同赚钱的合作模式指的是：广告植入视频博客作品中，广告收入按广告投放次数与作者分享。根据受欢迎程度，博客分为九个部分。分段越高，比例越高。通过这种模式，更多优秀的内容可以不断上传到网站上，保证了内容的质量，也在量上有了显著的提升。

十年风风雨雨将曾经火热的互联网行业打得更加务实。互联网悄然改变了我们的生活方式、商业模式和资本模式，其对经济社会的影响远远超出我们原先的预期。然而，在商业模式缺失的今天，前述 10 种创新商业模式能否成功运作，仍然未知。

5.4　参考案例

5.4.1　案例一：亚马逊

对于亚马逊，我们重点剖析以下三点，其实它的成功远不限于这三点。

1. 贝佐斯的经营理念是“尽快形成规模”（Get Big Fast）

因为 1994 年，有几家公司在网上卖书，并没有引起网民更多的关注。正如一些分析师所说，“在现阶段，盈利能力并不意味着什么”。投资者可以理解，在行业的早期成长过程中，保持高速增长和市场占有率具有非常重要的战略优势。这些观点曾经受到市场的推崇，也曾受到来自各方的指责。但是，贝佐斯丝毫不为其所动，继续着企业的规模扩张。

2. 亚马逊商业模式的核心要素之一是以客户为中心（customer-centric）

虽然传统企业管理的精髓是“顾客永远是对的”，但贝佐斯仍然把它作为自己企业的标准。亚马逊的做法包括：

（1）设计以顾客为中心的选书系统：亚马逊可以帮助读者在几秒钟内从大量书籍中找到自己感兴趣的书籍。

（2）建立顾客电子邮箱数据库：公司可以跟踪读者的选择，跟踪他们关心的书籍，并在新书出版时立即通知他们。

（3）建立顾客服务部：自 2000 年年初以来，亚马逊雇用了数百名全职客户服务代表来处理大量客户电话和电子邮件。服务代表的工作听上去很单调，比如处理客户投诉送货太慢，客户修改订单，询问订购条件，甚至问一些网上订购的基本问题。正是这些看似微不足道的服务工作使亚马逊网站在历届零售网站客户满意度排名中名列第一。

亚马逊对顾客的购书习惯进行了研究，发现无论是否购书，读者都喜欢看书。为了满足读者的需求，亚马逊创造了“书”来浏览大量书籍。

3. 横向开拓和垂直挖潜

2001 年，许多投资机构建议亚马逊在线书店与其他巨头合并。当时，美国在线与时代华纳的合并在市场上引起轩然大波。贝佐斯不接受合并提议，但他选择了横向整合。例如，贝佐斯建立了一个交易平台来服务玩具反斗城和环城。同时，它接管了美国第二大图书销售商 borders 的网站运营，巩固了其在在线图书销售市场的地位。同时，亚马逊在线书店推出了 6 家全球网站，分别位于美国、加拿大、英国、德国、法国和日本。这样，地方语言网站就可以更好地为不同语言的消费者服务。

从 2002 年开始，亚马逊在线书店已经推出了办公用品店和服装店。如今，亚马逊在线书店销售超过 500 个品牌的服装和鞋类，这是因为它积极实施“商家计划”，即与各商家合作，不断拓展产品和服务的空间。

目前，亚马逊在线书店并不局限于卖书。产品还包括服装、电子产品、计算机软件、厨房用品、家用电器、DVD、录像带、照相机和照片、办公用品、儿童用品、玩具、旅行社和户外用品。此外，公司和个人可以通过亚马逊网站销售新的或二手的商品以及他们自己的收藏品。亚马逊可以对特殊商品收取固定费用、销售佣金和逐件收费。2003 年 9 月，亚马逊与洛杉矶克利伯埃尔顿（Los Angeles Clipper Elton）品牌和体育用品制造商共同成立了一家体育用品商店，经销 3000 多个流行品牌，覆盖 50 多个体育赛事。同时，支持青少年体育俱乐部开展活动。

5.4.2 案例二：小猪短租

小猪短租网站于 2012 年 8 月正式上线运营，主要针对短租客提供特色住宿的在线沟通和预订平台。该平台在全国范围内拥有民宿、公寓、旅馆等类型丰富的高性价比优质房源，房东可以将房源信息发布于平台进行推广，房客可以根据自己需求在平台上搜索满意的房源。直至目前小猪短租进行了多次融资，在融资额方面，小猪短租一度领先于国内其他在线短租平台。2019 年小猪短租发布年终数据报告，全国房源覆盖率超过 60%，并在 20 多个城市建立运营中心，全球房源数量已突破 50 万，覆盖 60 个国家和地区，城市超过 710 座。

作为国内 C2C 模式“第一个吃螃蟹”的在线短租共享平台，小猪短租依托共享经济大背景，致力于为房东与房客搭建一个兼具诚信与保障的在线沟通和交易平台。

1. 客户细分

小猪短租将客户进行细分为房客及房东两大主体。对于房客方面，依据年龄划分，小猪短租的房客年龄区间在 20～39 岁使用率较高；依据职业划分，小猪将房客细分为企业白领、在校学生、年轻热爱旅游的人士等，进而又将目标群体定位在商旅出差人士、旅游爱好者及喜爱新鲜事物的年轻群体。房东方面，小猪短租的房东超过 60%均为女性房东，热爱分享、喜欢社交是小猪短租平台女性房东的主要特征。此外房东在年龄上呈现年轻化的趋势，目前平台有超过 15%的 25 岁以下房东，这类房东具有追求自由、以兴趣为导向的突出特点。

2. 价值主张

在经济性需求方面，小猪短租通过对房源的筛选把控，为生活在快节奏中的群体提供环境舒适且价格低廉的住宿空间。不仅减轻了房客的压力，而且满足了房客对于成本节约的需求。特别是生活在一线城市的年轻人，生活和工作的压力使他们更倾向于选择性价比高的小猪短租来消费。

在个性化需求方面，小猪短租的特色房源及周边景点能够让客户感受不一样的住宿体验。除旅游住房之外，小猪短租平台线上为用户提供种类多样的房源，用户可以在平台上找到切合自己住房需求的房源，摆脱墨守成规的传统住宿体验。

在社交需求方面，小猪短租为当代年轻群体营造社交氛围浓厚的环境。“世间所有相遇的人都是久别重逢”是小猪短租社交传递的理念，企业将房东与房客之间的社交平台打造得更亲情化和趣味化，对比传统酒店的标准化经营，小猪短租能够通过平台营造如家一般温馨的氛围，为客户打造难忘的旅行体验。

3. 营销渠道

小猪短租的传送渠道颇具特色且迎合了当代人追求的方式，主要分为两方面，即非营销与营销。在非营销方面，小猪短租通过线上线下结合的方式，即线上下单与线下住房体验。通过在网络平台了解房源，房客成功预订并付款后，资金进入小猪短租平台，平台充当保障人的角色，在房客完成此次交易且没有问题的情况下，房东才能收到租金。

在营销方面，小猪短租将“跨界营销”与“时代营销”相结合，微信、微博等社交平台上小猪短租拥有大量的粉丝，每一次体验式计划发布后会带来庞大的客户流量。此外小猪短租擅长与不同领域相结合打造特色的营销计划，通过对核心用户的分析，向大众展现一种“小文化”式的文艺风格住宿，并推出一系列文化体验项目，如“书店住宿”计划、“打工换宿”体验。特别是“打工换宿”体验项目的其中一期活动“寻找城市见习体验师”，覆盖了十一座别具特色的国内外城市，小猪短租为所有体验师提供免费独特的住宿空间及交通补助。通过策划有趣的项目，倡导更多人加入免费体验项目中，由此吸引了更多的目标群体，将“居住自由主义”予以形象刻画。

4. 客户关系

小猪短租对建立客户关系进行了创新，情感式沟通增强了与用户端的亲密度。在小猪短租网站首页的下方展示的是房东与房客通过平台租住房屋的历程心得，可以看出双方已经成为朋友。这就是小猪短租为打造人情味的住宿所建立的沟通平台，这一平台充分发挥了房东与房客参与的主动性。平台鼓励客户将自己住宿的故事和体会分享给其他用户，与他们一起感受小猪短租带来的惬意与温暖，让你不虚此行、不负此居，并且给用户增添浓厚的归属感，也增强了平台两端用户的黏性。

5. 收入来源

小猪短租的收入主要来源于融资收入和业务收入。在融资收入方面，小猪短租从2012—2019 年完成了 7 轮融资，通过融资合作为小猪短租开拓新领域的发展提供了充足的资金保障。在业务收入方面，小猪短租的收入来源主要是佣金服务收入，即房东与房客交易成功后，向房东收取 10%的附加费用。此外额外业务收入包括小猪短租提供的服务项目收入，如智能门锁安装、小猪管家提供的卫生清扫服务等。

6. 核心资源

在房源产品方面，小猪短租的核心优势就是对特色住宿方式的挖掘及产品体验计划的打造。小猪短租通过交易数据来锁定用户的需求，依靠不断丰富的产品来拓展新的业务领域，挖掘目标用户喜爱的特色住宿类型，有针对性地开发并引领新趋势潮流。公司房源种类包括普通民宿、四合院、百年老建筑、酒店公寓，此外特色房源有海边小屋、花园洋房、绿皮火车房、森林木屋、星空景观房等，租住方式包括日租房、公寓短租、别墅短租、卧室短租、沙发短租等，全方位满足用户不同租住需求。并且利用创新思维引入“体验式”战术，创造了第一批种子型房源与房客。在房源服务方面，小猪短租于 2012 年上线实拍服务，组建超过 300 人的摄像团队对房屋进行真实拍摄，为房东提供免费的拍摄服务和个性化的培训。

7. 关键业务

关键业务主要涉及产品、运营、业务三方面。在产品方面，小猪短租在国内拥有公寓、民宿、家庭旅馆等不同类型的房源，房源主要来源于房东闲置的房屋，通过小猪平台进行注册登记，房东通过平台可以免费发布闲置房源信息，房客在平台随时搜索并挑选房源。

在运营方面，小猪短租在 2016 年上线管家式服务，即为房东提供标准化的保洁服务。房东下单后，小猪保洁团队上门完成保洁任务，保洁内容多达 19 项。在 2018 年上线揽租公社服务，即为房东提供一站式民宿短租经营解决方案，房东有任何经营困难和问题都可以寻找小猪短租的帮助。此外平台对房客提供线上优化入住程序及房源端智能门锁等信用安全设置服务，为房客提供安心、有保障的住宿环境。

在业务方面，小猪短租不断扩展海外领域，在日本、泰国等旅游热点国家铺设房源，积极发展海外业务，并于近几年在北京、上海等一线城市建立商旅服务体系和高热度旅游城市的民宿营销，进一步拓宽了小猪短租关键业务领域。

8. 合作伙伴

小猪短租的发展离不开社交媒体平台、保险公司、信用评级机构以及融资方等的支持，这些也是小猪短租重要的合作伙伴。

与各大媒体平台积极合作，如与携程、闲鱼、飞猪、马蜂窝等网站合作，不仅拓宽了宣传的渠道而且聚合了其他平台的客户资源。小猪短租积极与乡村民宿、共享空间等企业合作，提升了小猪短租的知名度，推动了个性化平台理念的追求；与保险公司合作，为房东与房客购买人身财产保险，并提出虚假房源可获得赔偿、违规收费需赔付房款双倍、取消订单房客无损失、支付平台第三方担保系统，这些保障措施使双方在平台上交易得更安心，减轻了双方的后顾之忧；与信用评级机构合作，引入房东、房客双方认证以及芝麻信用评分，建立了双方信任的基础；与融资伙伴合作，小猪短租经历了第 F 轮融资，不断扩大的融资规模，是对小猪短租发展前景最大的认可。

9. 成本结构

小猪短租作为 C2C 经营模式的代表，房源是由房东直接提供，不存在房源投入成本，因此成本主要来源于运营链条中，比如小猪短租推出的管家服务，为房东提供与社会化保洁资源相连接的标准化保洁服务，存在一定的人员管理成本。再者，小猪短租为房东提供免费的实拍服务、智能门锁更换及免费上门安装服务、为房东房客购买相关保险，这些都是小猪短租为提升用户使用满意度附加的优惠项目，构成了企业运营中的成本。此外平台开发、产品宣传、市场营销等都是企业成本结构的必要构成部分。

5.4.3　案例三：完美世界

完美世界股份有限公司简称完美世界，是完美世界控股集团旗下上市公司，主要涵盖完美世界影视和完美世界游戏两大业务板块。

1. 主营业务收入驱动

市场需求扩张以及人均收入水平的提高为影视和游戏产业的高速发展提供了充足的动力。根据完美世界财报，2018 年营业收入高达 80.33 亿元，同比增长 1.31070，收入主要来源于影视和游戏两个行业。

影视业务方面，2018 年，国内影视传媒等文化板块整体走低，完美世界 2018 年实现收入 264.62 万元人民币，其中，电视剧收入为 17.4 亿元人民币，艺人经纪及综艺节目收入为 1.97 亿元人民币。完美世界参与的剧集种类五花八门，《香蜜沉沉烬如霜》《最美的青春》《娘道》等都收获了不俗的口碑，抓住了电视机前各年龄阶段观众的观剧需求。

游戏业务方面，公司实现收入 54.21 亿元人民币，其中，PC 端网络游戏收入为 21.9 亿元人民币，移动网络游戏收入为 27.1 亿元人民币，主机游戏收入为 4.62 亿元人民币。包括《诛仙》《完美世界国际版》等端游持续贡献收入，《轮回诀》《烈火如歌》等移动游戏也为完美世界带来一定收益，且完美世界预计未来将会推出《神雕侠侣 2》《新神魔大陆》《新笑傲江湖》等多种类型、多种题材的新游戏。现阶段完美世界正在加速推进游戏业务出海，2018 年 6 月与 ValveCorporation 开启项目合作，共建 Steam 中国，更好地推动产品出口。此外，在 2019 年 3 月，完美世界宣布与 Google 战略合作，使游戏出海战略再次升级。

2. 轻资产运营

文娱产业的根本是人才。创意驱动人才，人才驱动创新，轻资产、重创意是整个行业最为突出的特点，行业的繁荣离不开对人才的重视。完美世界在发展的过程中不断进行人才整合，坚持自主研发，不断对产品进行精品化，增强产品持续获利能力。

3. 价值创造

（1）游戏流水大：一直以来完美世界游戏坚持产品内容为王，研发运营一体化，成果显著，资金流水较大。端游《完美世界》作为元老级产品，不少游戏运营持续吸引用户。新产品方面，2018 年 6 月上线的排名第一，10 小时内用户破百万；《武林外传》手游当天上线 4 小时，在 iOS 榜营收流水破千万。2019 年其自主研发的《完美世界》手游上线 5 小时即登顶 App Store 双榜第一，首月流水超 10 亿元人民币，成为进入 Q1 流水榜单 Top10 的超级明星产品。

（2）电视剧题材丰富：完美世界在电视剧的题材布局上采取多元化策略，预计投资的影视作品覆盖现实题材剧、青春、都市、武侠、军旅剧等各类型影视人群。在巩固自身内容制作优势的基础上，积极借助多元化方式加速产业布局，进一步完善公司产业矩阵。

（3）电影满足买方价值主张：目前国内电影市场存在许多仙侠、武侠以及悬疑、惊悚等题材的作品，现实生活题材的优秀作品却很少，然而观众对这类能够引起共鸣的影片的需求一直存在。完美世界充分认识到电影产业中买方价值亟待提升的现状，在影片选题方面借鉴了电视剧平民化、生活化、情感化等特征，精心打造电影作品。电影《失恋 33 天》源于真实故事，讲述了当代年轻人关注的情感话题，足够“接地气”，上映之后引发强烈的讨论。完美世界通过满足买方的价值主张，也获得了自己企业的价值。

5.5 课后习题

（1）什么是商业模式？

（2）商业模式的实现方式都有哪些？

（3）商业模式的核心要素都有哪些？你能举出具体的例子吗？

（4）传统商业模式和“互联网＋”下商业模式的区别是什么？

（5）如何设计“互联网＋”下的商业模式？

第6章　营销策略

扫码获取
本章课件

6.1　目标市场定位

如今在企业的市场营销实践中，企业对于市场的竞争也愈发的激烈，逐步形成了一种对市场进行划分定位的情况。目标市场定位对于一个企业是相当重要的，它决定了企业的命运。

目标市场的定位对新企业的生存以及新产品的开发带来的意义：目标市场定位确定了企业之间的需求差异，是企业进行分门别类的前提。

根据消费者对需求的多样性和企业本身的营销能力，任何企业也都只能是在自身的能力条件下满足市场上的一部分用户，不可能满足市场的一切需求。所以，每个企业都要选择自己的经营范围，满足与之对应的消费群体。

1. 企业制定营销策略的依据和前提是目标市场定位

企业的目标市场定位直接关系到市场营销中产品、价格、渠道、促销等的决策，从而影响了市场营销战略的决策，所以，为了能够让企业的经济市场有更好的效益，首先要保证的就是目标市场的确立。

2. 目标市场定位要凸显出企业的竞争优势

目标市场就是企业根据自己的产品来分析出的消费群体或者潜在的消费者。要告诉消费者自身的产品与竞争者的优势，能够为消费者提供什么服务，在行业内自身的企业价值，这也是企业的竞争优势。

目标市场定位要进行以下分析：

（1）市场环境分析。企业之所以要对市场环境进行分析，其目的是认清自身产品的潜在市场和竞争对手的产品信息。做出有效的决策，降低企业的风险。知己知彼，才能百战百胜。

（2）消费心理分析。只有了解消费者的心理才能做到有求必应，有针对性地做产品。目前市场上企业的发展方向基本都是根据消费者的需求来制定的，但仅仅如此是不够的，一个营销活动要想获得成功还需要综合考虑消费者的消费水平以及消费人群、消费环境等。

（3）产品优势分析。产品优势分析不仅要分析自己产品的优势还要分析竞争产品的利弊。在市场上进行营销活动中，消费者都会将同类型的产品进行对比。所以要从自身产品的优势上大力宣传，打动消费者，留住消费者。

（4）营销方式和平台选择。企业要结合自身情况和整体战略，同时还要兼顾消费者的喜好来选择营销方式和平台。

6.1.1 市场环境分析

市场环境分析包括需求分析，凡是企业，肯定是要考虑自己的产品是不是能够被客户接受，也就是说客户是不是有这样的需求，而且要知道这种需求有多大，因为只有需求量大，企业产品才能够受到广大消费者的青睐，使企业才能获利。

企业内部环境与外部环境共同形成一个大的系统。产生系统效应需要企业内部环境与外部环境这两个子系统相互配合。但是从企业角度来看，外部环境这一子系统是时刻处于变化之中的，是企业自身所不能控制的客观条件。因此，企业必须时刻敏锐地对外部环境做出准确的分析判断，并对自身系统作出相适应的调整，才能适应外部环境的变化。这正像生态学中生物体与外界环境关系一样，也遵循“物竞天择，适者生存”的原则。外部环境的变化对任何一个企业产生的影响，都可以从以下三个方面来分析：一是对企业市场营销有利的因素，即它对企业市场营销来说是环境机会；二是对企业市场营销不利的因素，它是对企业市场营销的环境威胁；三是对企业市场营销无影响的因素，企业可以把它视为是中性因素。对机会和威胁，企业必须采取适当的对应措施，才能在环境变化中生存下来。

1. 需求分析

市场环境分析包括需求分析，对于一个企业，产品能否被顾客接受是企业发展很重要的一个方面。也就是说客户是不是有这样的需求，而且要知道这种需求是多大，因为只有需求量大，一个公司的产品才有可能卖得出去，公司才有盈利。

2. 环境分析

环境分析包括：

（1）一般环境分析。主要是对经济形势、政策和社会导向、技术水平、人口统计变量进行分析；

（2）产业环境分析：波特的五力模型和产品生命周期；

（3）运营环境分析主要是对不同区域的销售情况和渠道分布状况进行分析。市场营销环境分析常用的方法为SWOT分析法。具体内容如下：

①外部环境（机会与威胁）分析。环境机会来源于宏观环境及微观环境，它的实质就是指市场上存在着“未满足的需求”。从而市场上有很大的可能出现许多新的机会，环境机会是受市场上旧产品的不断被淘汰以及满足消费者需求所开发新产品的影

响，而这些影响都是随着消费者需求不断变化和产品寿命周期的缩短而引起的。

同一个环境机会可能对某一些公司是有利机会，也可能对另一些公司是一种威胁，所以说同一种环境对不同企业是不平等的。然而环境机会对企业来说是否是有利机会，就要看此环境机会与企业目标、资源及任务是否一致，如果一致，那么这些企业可以利用此环境机会带来很大收益，而且这个收益远比竞争对手带来的大很多。

对企业营销活动不利或者限制企业发展的因素主要指的是环境威胁，主要来自环境影响和企业内部与环境相冲突。环境影响指的是环境因素直接威胁企业的营销活动，如那些直接造成环境污染的企业；企业内部与环境相冲突指的是企业的目标、资源及完成任务与环境相冲突。

②内部环境（优势/劣势）分析。识别环境中主要有吸引力的机会和通过拥有竞争能力在机会中成功是两回事。每个公司都可以通过“营销备忘录优势/劣势绩效分析检查表”的方式进行自身优劣势的定期检查。企业的营销、财务、制造和组织能力可通过管理当局或公司外的咨询机构进行检查。每一因素的等级划分可以用特强、稍强、中等、稍弱或特弱划分。

显而易见，公司的主要问题既不是纠正劣势也不是利用其优势，而是公司要考虑是继续局限在自己的优势内还是通过自身的优势获取和发展以找到更好的机会。现实证明，很多时候企业之所以慢性发展是因为各部门之间不能很好地协调配合，并不是因为缺乏优势。所以，评估内部各部门的工作关系很有必要列入内部审计工作。

6.1.2 消费者心理分析

消费者心理分析是指消费者在购买商品时的心理活动。其过程一般是：接触商品、对商品产生兴趣、出现购买欲望、购买商品、使用、对商品有了实际感受、考虑是否再次购买。

1. 影响消费者购买决策的因素

影响消费者购买决策的因素可以分为以下几类：

（1）环境因素，如文化、社会、经济、市场等环境。

（2）刺激因素，如产品的价格、功能、质量、售后服务、产品的宣传力度和购买渠道的多样性。

（3）消费者个人及心理因素。消费者个人因素包括性别、购买能力和个人偏好等因素。消费者心理因素难以被观测，故被称为黑箱。消费者接收到刺激因素，经过黑箱中人类行为交互作用，做出是否购买商品的决策。

消费者心理因素包括：

①动机，消费者购买产品源于其生理、心理、社会关系、自我尊重等方面的需要，这些要素构成了消费者购买的内部动力；

②感觉与知觉，在其他条件相同的情况下，不同消费者由于其感觉和知觉的不同

而作出异质性的购买决策；

③学习，是指消费者通过使用、练习或观察等实践，逐步获得和积累经验，并根据经验不断调整购买决策和变换购买行为；

④信念与态度，消费者在购买和使用商品的过程中形成了固有的信念和态度，进而会影响其未来的购买行为，企业应不断开发新产品以迎合消费者的购买需求。

2. 消费者主要心理

(1) 价值心理：艾尔·强森认为，消费者是根据产品的潜在价值在同质的产品中与之相匹配的某种特定产品。

(2) 规范心理：规范是指人们共同遵守的全部道德行为规则的总和。

(3) 习惯心理：不同的人、不同的民族有各不相同的习惯。消费者在长期消费过程中会逐渐形成特定的购买习惯。

(4) 身份心理：由于消费者身份、社会地位及其所处的社会阶层的不同，导致不同消费者对于不同产品品牌的认知程度和购买需求不同。

(5) 情感心理：消费者对某种产品或品牌的偏好都是消费者情感的自然流露。品牌经营者往往通过广告、公关等多种宣传手段，发掘品牌的潜在价值，充分利用消费者的情感心理来提升消费者对品牌的忠诚度。

6.1.3 产品优势分析

1. 产品竞争能力分析

(1) 成本优势。成本优势是指企业产品拥有低成本的特点，进而相较于同行业的其他企业来说尤其在盈利方面是得天独厚的。在很多行业中，成本优势是决定一个企业能否走得长远的核心要素。企业实现成本优势的因素包括：规模经济、技术、原材料、劳动力等。资本集中度决定的规模效益是决定企业生产成本的基本因素。当企业达到一定的投资水平和生产效益时，根据规模经济的理论，企业的生产和管理成本将会得到有效的降低。对公司技术水平的评价可分为硬件部分和软件部分。硬件部分包括机械设备、单机或成套设备；软件部分包括生产技术、工业产权、专利设备制造技术和经营管理技术。此外，取得了成本优势，企业在激烈的竞争中便处于有利地位，这意味着在竞争激烈的情况下，企业还是会失去优势的，低成本的优势也使得其他想利用价格竞争优势的企业有所顾忌，成为价格竞争的抑制力量。

(2) 技术优势。企业的技术优势是指企业在应对广大需求方面能更好地生产出其他竞争对手没有且受市场欢迎的产品，这种能力在出厂前主要是在技术质量水平和含量精度上。新技术、新产品、新工艺是经久不衰的指标，决定了一个企业的能力强弱，任何企业都会有自己主打的技术特点，凡是这方面一点不具有优势的企业被淘汰只是时间长短问题，所以企业都会投入资金专款专用去研究、去制造。这是一种必要的费用开支，当然也是不菲的费用开支，这项费用的大小可以在一定程度上反应研发物品的质量水平。这项技术的研发是广义的，不仅单单限于新产品，也可能是新的管理模式、新的营销手段、新的经济适用成本、新的有能力的人才、新的资源等多种影响效益的因素。21 世纪是人才的世纪，核心技术人员是最为抢手的，能引进技术人员代表着后期一切发展的相继引入，谁能在人才方面占有制高点，谁就能胜利。大数据时代背景下，高智能、新思维的顶尖人才是引领时代前进方向的标准。人才的培养与引进是公司在竞争中能否制胜的关键因素，也代表着无限的发展潜力。

（3）质量优势。质量优势是指企业的产品在质量上高于市面上其他同类的产品。在产品出厂前经过的每一道工序、每一个器械、每一个部门都会影响产品的质量，不同的产品一定会有不同的质量差异。用户在入手前的选择是受很多因素影响的，但是产品的质量绝对是他们最终关心的核心。质量是衡量产品信誉度的绝对标准，好的质量会给用户绝佳的体验，进而有更多的客户。严格质量把控、提高生产管理水平应该是一个公司以人为本的初衷，质量优势是企业间竞争的关键因素。

2. 产品市场占有率

在衡量公司产品竞争力的问题上，分析公司产品在市场上的份额具有重要的意义，一般从以下几个方面进行研究。首先，公司产品在销售市场中的地理分布。根据分布情况，公司的销售市场可以分为区域、国家和全球。销售市场的地理范围可以大致估计公司的经营能力和实力。其次，公司产品在同类产品市场中的比重。市场份额是对公司实力和运营能力的更准确估计。市场份额是指公司产品销售量占该类型产品总市场销售量的比例。产品市场份额越高，公司的运营能力和竞争力就越强，公司的销售和利润水平就越好、越稳定。公司的市场份额是利润的来源。具有良好收益和长期存在的公司的市场份额必将长期稳定并呈增长趋势。不断开拓进取，挖掘现有市场潜力，不断进入新市场是扩大市场份额的主要手段。

3. 品牌策略

品牌是产品名称和商标的总称。它可以用来区分卖方或一组卖方的商品或服务，以便与竞争对手的产品区分。品牌不仅是产品的标识，而且是具有经济价值的无形资产，也是为了满足消费者对产品质量、性能的需求。品牌竞争是产品竞争的深化和延伸。当产业发展进入成熟阶段，产业竞争全面展开时，品牌就成为产品和企业竞争力日益重要的因素。品牌具有打开产品所没有的市场的多种功能：首先，品牌具有识别功能，它有重要的组成部分“商标”，区别于其他同类产品的标志，方便顾客识别与选择；其次，品牌具有创造市场的功能，创造出著名的商标有利于促进本企业其他产品顺利进入市场；再次，品牌具有联合营销功能，与兄弟企业联手有利于提高双方产品的销量；最后，品牌具有巩固市场的功能，防止以假乱真，保护顾客的利益和本企业的名誉。以品牌为先驱和战斗武器，不断突破市场壁垒，实现快速发展的目标，是国内外许多知名大公司采取的有效措施。大多数盈利的上市公司都有自己的品牌和品牌战略。品牌战略不仅可以增强产品的竞争力，而且可以利用品牌进行并购。

6.1.4 营销方式及平台选择

1. 营销方式

营销方式是指在营销过程中所有可以使用的方法。包括服务营销、网络营销、体验营销、个性化营销、会员营销、知识营销、情感营销、差异化营销、直销、对应营销、奖励营销等。

(1) 服务营销。服务是用于出售或者是与产品打包在一起出售的活动。那么美容企业就不仅是在为消费者提供美容产品，也是为消费者提供变得更“美”的一种服务。这并不只是口头上的宣传，也不只是一种简单的策略，而是为消费者做出的一种承诺，是企业理所应当的付出。

(2) 网络营销。网络营销（On-line Marketing 或 E-Marketing）就是以国际互联网络为基础，利用数字化信息和网络媒体的交互性，实现营销目标的一种新型的市场营销方式。简单地说，网络营销是以互联网为核心，为达到一定营销目的的营销活动。

(3) 体验营销。买方市场的形成给消费者赋予了新的特点。在内容上，增加了个性化的需求；结构上，提高了相应的情感消费比重；同样，在价值目标上也提高了接受产品的价值感受；而在接受产品方式方面，消费者会主动参与产品设计制造，使消费过程成为一种新的体验。

优劣势分析：消费者感性比重的增加，使得体验营销在市场中的作用越来越大，从而拉近了与终端消费者的距离。此外，体验环节太多，也容易使企业和商家产生疲惫感。

(4) 个性化营销。个性化营销的主要内容包括：用户可根据自己感兴趣的信息筛选出自己喜欢的网页设计，并且根据自身需求设置信息的接受方式等。据研究，企业必须加强对个人信息的保密性，用户才愿意提供有限的个人信息以获取个性化的服务，这是开展个性化营销的前提。

(5) 会员营销。会员制营销是电子商务网站的一种有效营销方式，国外许多网络都实施会员营销策略，并涵盖了各个行业和领域，而国内的会员制营销还处在发展初期，不过电子商务企业对这种会员营销计划有很大的兴趣。

(6) 知识营销。在知识经济时代，企业管理的重点发生了转变，如产品从生产转向了研发，从有形资产的管理转向知识的管理。营销方式也发生了转变，知识营销将成为企业中最重要的营销方式，使顾客在购买产品或服务时了解到很多营销方面的知识；挖掘产品文化内涵，更容易与消费者形成共鸣的观念价值；建立与消费者结构层次上的营销关系；教会顾客有针对性的销售方法。

优劣势分析：知识营销注重知识的实践和创新，在传授美容师缺乏的基础医学知识之外，还可以提高专业知识；但美中不足的是方式较单一，且需要专家的介入。

（7）情感营销。情感营销是以消费者的个体情感差异和需求为核心的企业品牌营销策略，通过情感包装、情感推广、情感广告、情感口碑、情感设计等策略，实现企业的经营目标。注重顾客与消费者的情感互动，通过美容院终端的各种沙龙、社交聚会等形式加强与顾客的沟通。对于一些中型企业，想要快速提升企业形象，情感营销是很重要的。

优劣势分析：销售力比较强；可以增加与顾客的沟通交流。情感营销以情感诉求的方式销售产品，能够充分了解客户的需求。市场认可度较好，但需要花费较多的人力和财力。

（8）差异化营销。美容行业的同质化，无论是产品概念，名称，包装，促销方式，营销方式，都表现出顺应发展的趋势。但是，当整个美容市场从卖方市场转变为买方市场时，以生产者为中心的公司营销体系和营销观念已经发生了根本变化。公司需要依靠自己的技术和管理优势来生产性能和质量要优于当前市场的产品，或者在销售中使用独特的促销活动和灵活的营销方式。

优劣势分析：真正的差异化营销是基于对自己产品的特征、流通渠道、功效技术、促销资源和其他信息的了解，并集中优势资源，避免采用主流方法，并在此基础上建立产品概念或销售渠道的一种独特方式，取得较好的结果。其成功运作的最大优势是快速获得市场知名度，市场份额以及易于形成资源优势。但是，值得注意的是，很容易被跟进者模仿，变得平庸，甚至成为市场培育的受害者。

（9）直销。从保健品行业，日用化工产品线到美容专业线，人们都非常重视直销。安利和玫琳凯是在中国直接销售的典型成功案例。他们通过面对面交流、专业的服务和成倍的利润取得了惊人的成绩。如今，许多化妆品公司都试图效仿这一模式，但真正成功的并不多，有人甚至提出了直销不适合中国专业美容市场的观点。

优劣势分析：直销是一种分销管理模式，它有明确的目标客户群体，尽量减少了中间销售环节或没有中间环节，可以衡量销售效果，企业利用销售服务人员直接把产品销售出去。也可以这样说，没有哪种营销模式像直销模式一样，将销售员的创业激情和产品消费组合得如此紧密。也没有哪一种营销管理模式能像直销那样，可以把传播工作效率做到极致。但市场现状是直销还没有形成气候，许多消费者容易将非法传销和直销混淆联系起来，抵触这种营销管理模式。

（10）对立营销。公司产品在推向市场的同时，在每个竞争阶段都可以找出对立者。对立者可以是一个品牌，可以是产品，也可以是企业或者其他个人，对立营销是根据对立者的营销管理策略分析体系，建立对立的营销渠道策略研究体系，来脱离同质化竞争市场，或阶段性地打击竞争对手的营销方式。

企业经营的产品目的是通过市场经营获得商业价值。然而，许多企业或产品面临的首要问题是，市场上同质化的产品太多，产品不能完全创新，消费者对于目标消费品会进行对比，该行为会导致产品多维同质化，进而导致品牌同质化，新产品或新品牌很容易被淹没在整个市场中。

目标市场、对立者、对立战略三者共同组成了对立营销策略，根据目标市场，主要竞争对手可以设置成对立者，然后针对对立者建立企业或产品的营销策略体系。

（11）奖励营销。奖励营销，是指在受众接受企业营销管理信息的同时又可以获得部分奖励。当企业宣传自己的产品时，会刺激消费者的消费行为，也就是所谓的奖励。比如，购物奖励，就是购物消费会附送赠品；推荐奖励，即进行人荐人的方式方法进行企业产品市场推广及传播；在赠品上附加营销管理信息的方式等。奖励营销分为实物奖励和虚拟物品奖励，上面的例子就是实物奖励；而近期，手机流量作为一个汽车品牌奖励营销则视为虚拟物品奖励。

2. 营销平台选择

营销平台是将订单和销售直接带给用户的企业网站。它是以企业营销为目标的网站策划，具有良好的搜索引擎性能和用户体验，可以利用多种方式积极寻找目标客户，并将访问者转化为客户。营销网站的建设是以“营销”为核心目标的网站规划和建设。

营销平台就是为用户带来订单和销售额的企业网站。它是以企业营销为主要目标进行规划和安排。

所谓营销平台，包括5个方面的内容：

（1）营销人员的组织结构；

（2）营销人员的报酬制度；

（3）营销人员的督导；

（4）营销人员的培训；

（5）营销人员的绩效评估。

6.2 营销策略类型

6.2.1 产品策略

产品策略，指企业在制定经营战略时，需要明确满足消费者需求的产品和服务的类型，进而解决产品策略的有关问题。它是营销组合策略的基础。企业在其产品营销战略确定后，企业对产品本身采取一系列具体的营销策略，主要包括商标、品牌、包装、产品定位、产品组合、产品生命周期等具体实施策略。产品策略是企业营销组合战略的重要组成部分。

6.2.2 价格策略

价格策略是指通过对顾客需求的估计和成本分析，来吸引顾客并实现营销组合的策略。物流企业的成本比较复杂，包括运输、包装、仓储等方面。因此，价格策略的确定必须基于科学研究和实践经验判断。在维护生产者和消费者双方经济利益的前提下，价格策略应基于消费者可接受的水平，根据市场变化做出灵活反应，买方和卖方共同做出客观决策。

定价方法是指企业在特定的定价目标指导下，依据对成本、需求及竞争等状况的研究，运用价格决策理论，对产品价格进行计算的具体方法。定价方法主要包括成本导向、竞争导向和顾客导向等三种类型。

1. 成本导向定价法

成本导向定价是一种基于单位成本和预期利润的定价方法，是企业最常用和最基本的定价方法。成本导向定价可分为总成本加成定价、目标收益定价、边际成本定价、盈亏平衡定价等定价方法。

（1）总成本加成定价法。这种定价方法是将生产某一产品所发生的一切消耗计入成本范围，计算出单位产品的变动成本，合理分摊相应的固定成本，并按照一定的目标利润率确定价格。

（2）目标收益定价法。目标收益定价法，又称投资收益率定价法，是根据企业的总投资、预期销售额和投资回收期等因素来确定价格的。

（3）边际成本定价法。边际成本是指每增加或减少单位产品所引起的总成本的变化。由于边际成本与变动成本相近，且变动成本的计算更容易，因此在定价实务中多采用变动成本代替边际成本，将边际成本定价称为变动成本定价法。

（4）盈亏平衡定价法。在确定销售量的条件下，企业产品的价格必须达到一定的水平，才能实现盈亏平衡、收支相抵。给定的销量称为盈亏平衡点，这种定价方法称为盈亏平衡定价法。科学预测销售量以及已知固定成本和变动成本是实现盈亏平衡定价的前提。

2. 竞争导向定价法

竞争导向定价法即在竞争激励的市场上，企业依据自身实力，通过调整生产条件、服务状况、价格水平等竞争方式来调整和确定同类商品的价格。竞争导向定价法可分为通行价格定价法、密封投标定价法、竞争价格定价法等方法。

（1）通行价格定价法。针对完全垄断和完全竞争的市场环境下，企业在没有绝对优势的情况下，将同类型商品的定价与竞争者商品的平均价格保持一致，使消费者不因价格反差而造成企业较大损失的定价方式，称为通行价格定价法。平均价格水平在人们观念中常被认为是“合理价格”，易为消费者接受；对竞争对手而言，是一种和平相处的信号，可降低因不良价格竞争而造成的风险。

（2）密封投标定价法。密封投标定价法主要用于投标交易方式。投标价格承包人根据对竞争者的报价估计确定投标价，但价格主要还是依据承包人自己的成本费用或市场需求。承包人投标中标是通过发包人认为价格最低者或自己认为较为合理的价格进行选择，因此对承包人来讲不仅需要估算竞争对手的报价还需要认真参考发包人的要求。一般来说，报价高、利润大，但中标机会小，如果因价高而招致败标，则利润为零；反之，报价低，虽中标机会大，但利润低，其机会成本可能大于其他投资方向。

（3）竞争价格定价法。与通行价格定价法相反，它是通过提升或挖掘企业自身的生产条件、服务状况、营销模式上的优势，形成与竞争对手同类产品不同亮点的方法，进而制订高于或低于竞争对手同类商品价格的方式，即为竞争价格定价法。竞争价格定价法对同类型产品的性能、质量、成本、式样等有较高的要求，才能在消费者中形成优势，对竞争对手是一种攻击性行为，因此对企业来讲具有较高的风险。

3. 顾客导向定价法

顾客导向定价法又称需求导向定价法、市场导向定价法是指企业根据市场需求状况和消费者的不同反应分别确定产品价格的一种定价方式。主要特点是因顾客的购买能力、对产品的需求情况、产品的型号和式样以及时间、地点等因素的不同，对同类或同系列产品进行不同的定价，但价格应在一个幅度内。顾客导向定价法依顾客的主观因素等原因分为理解价值定价法、需求差异定价法、逆向定价法三种。

（1）理解价值定价法。理解价值定价法是指企业通过调查消费者对某种商品价值的理解进行产品定价的方式。消费者对同样的产品有不同的理解价值，因此企业会通过营销等手段提高消费者对自己产品的价值理解，形成对企业有利的价值观念，以此依据来对产品进行定价。

（2）需求差异定价法。需求差异定价法是指企业通过调查消费者对某种商品的需求而进行产品定价的方式。以消费者需求为依据，通过市场调查分析消费者需求的不同特性，抓住不同特性调整产品价格满足消费者需求。特点是同一个商品在不同的区域或地点有不同的价格，以促进产品销售。

（3）逆向定价法。逆向定价法是通过市场调查该产品在消费者需求中最终能接受的价格为依据，通过逆向推算制定产品价格。这种定价方法主要不是考虑产品成本，而是重点考虑需求状况。优点是能够制定出针对性强，既能为客户所接受，又能与竞争对手抗衡的产品价格；但容易造成产品的质量下降和客户的不满，并导致客源减少。

选择了定价方法，企业还要根据自身产品、市场环境等因素最终确定产品的价格。市场是瞬息万变的，确定价格的方法也是灵活多变的，企业需要根据不同的因素制定价格，并跟随市场的变化及时调整。确定最终价格大致可以分为新产品定价、心理定价、折扣定价、差别定价。

1. 新产品定价

受专利保护的新产品可以使用撇脂定价法和渗透定价法来定价。

（1）撇脂定价法。新产品推出初期价格会较高，短期内获得较大利润，尽快收回投资，就像脱脂奶油从牛奶中脱脂一样，故也称“撇脂定价”法。

这种方法适用于需求弹性小的细分市场，它的优点是：

①新产品进入市场时，消费者对产品有不合理的理解，利用较高的价格可以提高产品的价格，适应消费者的求新心理，有助于开拓市场；

②产品成熟后，可以分阶段降价，以吸引新的消费者；

③高价格限制了需求量的快速增长以至于无法满足生产能力。

其缺点是：利润大，不利于扩大市场，而且很快就会吸引竞争对手，会迫使价格下跌，好景不长。

（2）渗透定价法。当一个新产品推出时，为了获得最高的销售量和最大的市场份额，价格会尽可能低。

当新产品没有显著特征，竞争激烈，需求弹性较大时，应采用渗透定价法。它的优点是：

①产品能够迅速被市场接受，开拓市场，增加产量，使成本随着生产的发展而下降；

②价格低，利润低，使竞争对手远离，减缓竞争，获得一定的市场优势。

对于企业而言，采用撇脂定价或渗透定价，需要考虑市场需求、竞争、供给、市场潜力、价格弹性、产品特性、企业发展战略等因素。

2. 心理定价

心理定价是根据消费者的消费心理定价，有以下几种：

（1）尾数定价或整数定价。许多商品的价格，定为 99 元或 98 元，而不定为 100 元，尾数定价使消费者产生一种心理上的错觉，把实际价值为 100 元的产品在消费者心里营造成一种不到 100 元的价格，从而促进销售。相反，有的商品不定价为 99 元，而定为 100 元这样的整数，同样使消费者产生一种错觉，迎合消费者“便宜无好货”的心理。

（2）声望性定价。此种定价法可以达到两个目的：一是提高产品的形象及价格，以价格证明其产品优越；二是满足消费者的地位欲望，适应购买者的高消费心理。

（3）习惯性定价。某种商品，由于同类产品较多，在市场上形成了一个固定的价格区间，并非个别生产者就可以改变。贸然降价易引起消费者对产品质量的怀疑，涨价则可能受到消费者的抵制，去寻找替代类产品。因此此类商品价格一般不会有太大波动，长期保持在一个稳定的价格区间之内。

3. 折扣定价

大多数企业通常都调整其基本价格，或给予价格折扣，以此鼓励客户及早付清货款、加大购买量或淡季囤货。这种价格调整叫作价格折扣。

（1）现金折扣。现金折扣是针对那些能够及时付清货款的客户的一种价格折扣。许多企业习惯采用这样的方法来加速资金周转，减少应收账款和坏账。

（2）数量折扣。数量折扣是企业针对那些对某种产品有较大需求量的客户的一种折扣，以鼓励客户大量地购买产品。大量购买能使企业降低生产、销售等环节的成本费用。

(3) 职能折扣。职能折扣也叫贸易折扣，是制造商给予中间商的一种额外折扣，使中间商可以获得更加丰厚的利润，调动其销售积极性，以增加产品的销售量。

(4) 季节折扣。季节折扣是企业鼓励顾客淡季购买的一种方法，使企业的生产和销售一年四季能保持相对稳定。

(5) 推广津贴。为扩大产品销路，生产企业向中间商提供促销津贴。如零售商为企业产品刊登广告或设立橱窗，生产企业将负担一部分广告支出，还会在产品价格上给予一定优惠幅度。

4. 差别定价

企业往往根据不同顾客、不同时间和场所来调整产品价格，实行差别定价，又称歧视定价，即对同一产品定出多种价格，但这种价格差别跟产品的成本没有关系。主要有以下几种形式：

(1) 对不同消费群体定不同的价格；

(2) 对不同的颜色、样式定不同的价格；

(3) 对不同的部位定不同的价格；

(4) 对不同销售时间定不同的价格。

实行歧视定价是有一定前提条件的：市场必须是可细分的，并且各个细分市场的需求程度是不一样的；商品存在转手倒卖的情况；高价市场上不会有竞争者降价扰乱市场；不违法；不引起顾客反感和不适。

除此之外，还有一些定价方法可以采用，如产品组合定价包括产品大类定价、选择品定价、补充产品定价、分部定价、副产品定价、产品系列定价。地区性定价包括FOB原产地定价、统一交货定价、分区定价、基点定价和运费免收定价等。

6.2.3 渠道策略

渠道战略（Marketing Channel Strategy），也称营销渠道策略（Strategy of Marketing Channel）是整个营销系统的重要组成部分，其优势在于它能够降低企业成本，提高企业竞争水平。美国市场营销学权威菲利普·科特勒说："营销渠道是指某种货物或劳务从生产者向消费者移动时，取得这种货物或劳务所有权或帮助转移其所有权的所有企业或个人。"

简言之，营销渠道是指产品或服务从生产到消费的整个过程的具体路径。随着市场发展进入新阶段，随着市场发展的不断变化，企业的营销渠道也不断更新改变，旧的营销渠道已不能适应市场及其他环境的变化。它具有三个特征：生产者是开始，消费者是终点，参与者是商品或服务发展的中间商，前提是商品所有权的转移。

1. 营销渠道分类

营销渠道有不同的策略，按照不同的分类方法可以分为以下几种：

（1）按商品在流通环节中是否有中间环节参与可以分为直接渠道或间接渠道的营销策略。直接渠道如邮购直销、目录直销、电话直销等。

（2）按渠道长度可以分为长渠道或短渠道的营销策略。

（3）按商品在流通过程中同一渠道层次中间商数目的多少可以分为宽渠道或窄渠道的营销策略。宽渠道即生产者在同一渠道层次利用的中间商数目多，一般为日常用品。窄渠道即生产者在同一渠道层次利用的中间商数目少，一般适用于专业性较强的产品。

（4）按渠道单一营销渠道和多营销渠道策略。

（5）按传统营销渠道和垂直营销渠道策略（垂直营销系统）。

2. 渠道成员

（1）制造商。制造商是指创造品牌产品的企业。也被认为是渠道的源头和中心。

（2）批发商。批发商可以通过研究设计和发展主要渠道将许多零售商和制造商的活动进行连接起来。一端连接生产商，另一端连接零售商，这是批发商区别于零售商的最主要特征。与零售商相比，批发商的特征是：拥有巨量的货物，成批量地出售货物，不提供零售业务，出售商品的批发价格会比市场零售价格稍低一些。

批发商分为四种：

①普通商品批发商。经营商品种类繁多，范围广泛，主要针对小型零售商店的批发。在产业用户市场上，直接面对产品消费用户。

②大类商品批发商。主营某大类产品，经营此类产品的种类、品牌、规格齐全。通常按行业划分为产品类别，如汽车零部件专业公司、仪器仪表批发公司等。

③专业批发商。专业化程度高，具有某些产品的专营权。经营范围虽然窄而单一，但业务活覆盖面广，一般是全国性的。

④批发交易市场。批发交易市场，处于零售业和批发业之间的一种生产经营业态，交易行为不是很规范，是大宗交易货物的批发地，基于商品批发价进行大量交易。其类型分为产地批发市场、销售地批发市场和集散地批发市场。

（3）零售商。零售商是指将商品直接销售给最终消费者的中间商，处于产品流通的最终环节。

零售商的基本任务是直接为最终消费者服务，其功能包括采购、销售、调整、储存、加工、拆卸、分包、传递信息和提供销售服务。在地理位置、时间和服务上，方便消费者购买。它也是连接生产企业、批发商和消费者的桥梁，在分销渠道中发挥着重要作用。

零售商是分销渠道的最终环节。面对个人消费者市场，是分销渠道系统的终端，直接连接消费者，完成产品最终实现价值的任务。零售商业对整个国民经济的发展起着重要作用。零售商业种类多样、经营模式变化迅速，形成了多元化、动态化的零售分销体系。

零售商分为零售商店、无店铺零售、联合零售、零售新业态。

（4）消费者。消费者是整个分销渠道的终点。制造商、批发商、零售商的多方面努力都是为了满足消费者的需要，最终实现自己的利润。因此，消费者的类型、购买行为、购买特征是各主体关注的重点。

3. 分销策略

分为密集分销、选择分销、独家分销三种分销策略。

（1）密集分销。制造商试图通过尽可能多的责任且适当地帮批发商和零售商推销产品。

（2）选择分销。制造商只通过一个特定区域内少数经过精心挑选、最合适的中间商推销其产品。

（3）独家分销。制造商在某一区域内只选择一家中间商推销其产品。如地区独家经销商。

6.2.4 促销策略

促销是指企业通过各种有效的方式将有关信息传递到市场，从而激发、促进或创造对企业产品和服务的需求，引起消费者的购买欲望和购买行为等活动。促销是企业市场营销活动的基本策略之一，一般包括广告、人员推销、营业推广和公共关系等促销形式。

1. 促销的基本策略

（1）推式策略。推式策略是指企业把产品推销给批发商，再由批发商推销给零售商，最后由零售商将产品推销给消费者。采取这种策略，人员推销和营业推广是主要的促销方式或手段。

（2）拉式策略。拉式策略就是企业不直接向批发商和零售商作广告，而是直接向广大顾客做广告。当顾客有了足够的购买欲望，就会主动寻找零售商购买产品，当顾客数量较多时，零售商会寻找批发商订货。采用“拉”式策略，其优点是直接争取顾客的支持，不需要去讨好中间商，在与中间商的关系中占有主动权。广告是主要促销手段。推式策略和拉式策略的过程如图 6-1 所示。

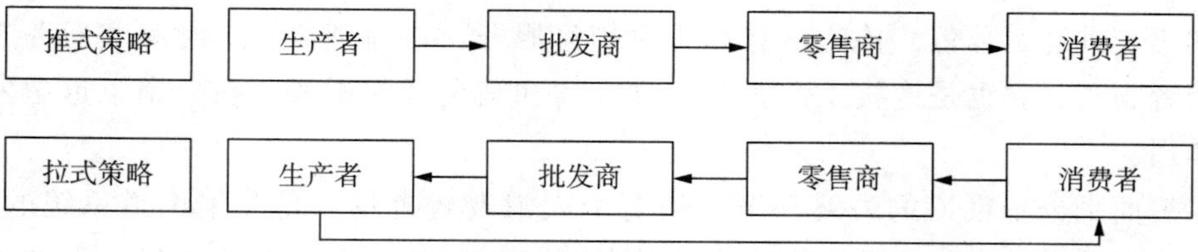

图 6-1　推式策略和拉式策略

2. 促销方式

各种促销方式在具体应用上都有其优势和不足，都有其实用性。所以，了解各种促销方式的特点是选择促销方式的前提和基础。

（1）广告（Advertising）。广告的传播面广，形象生动，比较节省资源，但广告只能对一般消费者进行促销，针对性不足；广告的传播范围较广，且能形象生动地表达产品特征，节省资源，但是广告只能针对一般消费者，广告也难以立即促成交易。

（2）人员推销（Personal Selling）。人员推销能够直接与消费者、供应商等对象进行沟通，并且可以及时得到反馈，进行现场交易。

（3）公共关系（Public Relations）。公共关系的影响范围较大，信任程度很高，能够提高企业的知名度。但是，这种促销方式花费较大，效果难以控制。

（4）营业推广（Sales Promotion）。营业推广对消费者的吸引力较大，容易引起顾客的消费欲望进而购买。但是这种促销方式接触范围较窄，效果持续时间短，不利于品牌形象的树立。

3. 影响促销的因素

企业的促销组合受到多方面因素的影响：

（1）产品类型。一般，按照促销效果由高到低的顺序，消费品企业的促销方式为广告、营业推广、人员推销和公共关系。

（2）促销总策略。企业的促销总策略可分为“推式策略（Push Strategy）”和“拉式策略（Pull Strategy）”。推动策略是企业把商品由生产者“推”到批发商，批发商“推”到零售商，从零售商“推”到消费者。显然，企业采取的是推动策略，人员推销的效果最大。拉引策略是以最终消费者为主要促销对象。企业首先设法引起购买者对产品的需求和兴趣，购买者对中间商产生购买需求，中间商受利润驱动向厂商进货。可见，企业采用拉引策略，广告是最重要的促销手段。

（3）购买者所处的阶段。顾客的购买过程包括知晓、认识、喜欢、偏好、确信和行动。在知晓阶段，广告和公关的作用较大；在认识和喜欢阶段，广告发挥着重要的作用，之后是人员推销和公共关系；在偏好和确信阶段，人员推销和公共关系的作用较大，之后是广告；在购买阶段，人员推销和销售促进的作用最大，广告和公共关系的作用相对较小。

（4）产品所处的生命周期阶段。产品所处的生命周期阶段不同，促销的重点不同，所采用的促销方式也就不同。一般来说，当产品处于投放期，促销的主要目标是提高产品的知名度，因而广告和公共关系的效果最好，营业推广也可鼓励顾客试用。在成长期，促销的任务是增进受众对产品的认识和好感，广告和公共关系需加强，营业推广可相对减少；企业可以适当减少广告投放，加大业务推广力度，巩固消费者对产品的忠诚度；到衰退期，企业的促销任务是使一些老用户继续信任本企业的产品，因此，促销应以营业推广为主，辅以公共关系和人员推销。

（5）促销费用。四种促销方式的费用各不相同。总的说来，广告成本较高，然后是人员推销、营业推广，最后是公共关系的成本最少。企业在选择促销方式时，要根据综合考虑促销目标、各种促销方式的适应性和企业的资金状况进行合理的选择，符合经济效益原则。

6.2.5 品牌策略

品牌策略是一系列能够产生品牌积累的企业管理与市场营销方法，包括 4P 与品牌识别在内的所有要素。主要有：品牌化决策、品牌用户决策、品牌名称决策、品牌战略决策、品牌再定位决策、品牌延伸策略、品牌更新。

1. 品牌化决策

品牌化决策是指企业决定是否给予产品名称和设计标志的活动。但是否使用品牌还需要企业根据自身产品进行抉择。例如，一些未加工的原材料产品和那些由于制造商不同而具有不同特点的产品，仍然可以采用无品牌战略，这样可以节约成本，扩大销售。

2. 品牌用户决策

品牌用户决策是指企业决定使用企业（制造商）的品牌、分销商的品牌，或两者兼而有之。为了做出客观的决策，需要结合具体情况考虑厂家和经销商的实力对比。

3. 品牌名称决策

品牌名称决策是指企业对所有产品使用一个或多个品牌或对不同产品使用不同品牌的决策。在这个问题上，大致有以下四种决策模式：

（1）个别品牌名称。企业决定为每种产品使用不同的品牌。利用个别品牌为每一种产品寻找不同的市场定位，有利于增加销售量和对抗竞争对手。它还可以分散风险，防止某一产品的不良性能影响企业的整体声誉。

（2）对所有产品使用共同的家族品牌名称。即企业的所有产品都使用同一种品牌。对那些知名度高的知名企业来说，对所有产品采取统一品牌战略，可以充分发挥其名牌效应，使所有产品畅销。同时，新产品的引进成本相对较低，有利于新产品进入市场。

（3）不同种类的产品使用不同的家族品牌名称。企业通常使用这种策略来区分不同类别的产品。一个产品类别下的产品使用共同的家族品牌，从而在不同类别的产品中树立自己的品牌形象。

（4）个别品牌名称与企业名称并用。企业决定对不同类型的产品采用不同的品牌名称，在品牌名称前加上企业名称。企业经常使用这种策略来开发新产品。在新产品的品牌名称中增加企业名称，可以使新产品享有企业声誉。

4. 品牌战略决策

品牌战略决策有 5 种，即产品线扩展策略、品牌延伸策略、多品牌策略、新品牌策略、合作品牌策略。

5. 品牌再定位决策

品牌再定位决策是指一个品牌在市场上的初始定位，可能是适当的、成功的，但后来的企业可能不得不重新定位。原因是多方面的，比如竞争对手可能会在推出企业品牌之后推出自己的品牌，降低企业的市场份额；客户偏好也会发生转变，从而降低对企业品牌的需求；或者公司决定进入新的细分市场。

6. 品牌延伸策略

品牌延伸策略是将现有的成功品牌应用于新产品或改进产品的策略。

7. 品牌更新

品牌更新是指随着商业环境的变化和消费者需求的变化，品牌的内涵和表现形式也要不断变化和发展，从而适应社会的经济发展需要。品牌更新是社会经济发展的必然。品牌创新是品牌自我发展的必然要求，是克服品牌老化的必由之路。由于内外部原因，企业品牌在市场竞争中的知名度和美誉度下降，销售量和市场份额下降，这就是品牌老化。品牌更新策略有形象更新、定位修正、产品更新换代、管理创新四种。

6.3 营销策略组合

6.3.1 4PS 营销策略组合

杰罗姆·麦卡锡（E. Jerome McCarthy）于 1960 年在其《基础营销》一书中第一次将企业的营销要素归结为四个基本策略组合，即著名的“4PS”理论：产品（Product）、价格（Price）、渠道（Place）、促销（Promotion），由于这四个词的英文字头都是 P，再加上策略（Strategy），所以简称为“4PS”，如图 6-2 所示。

图 6-2　4PS 营销策略组合

从管理决策的角度看，影响企业营销活动的各种因素（变量）可分为两类：一类是企业的不可控因素，即营销者无法控制的市场；另一类是可控因素，即营销人员能够控制的产品、商标、品牌、价格、广告、渠道等，4PS 是对各种可控因素的总结。

（1）产品策略（Product Strategy），主要是指企业通过向目标市场提供各种符合消费者需求的有形和无形产品来实现其营销目标的方式。包括与产品有关的种类、规格、质量、品牌以及各种服务等因素的组合。

（2）定价策略（Pricing Strategy），主要是指根据市场规律，将基价、折扣价、折让、付款期限、商业信用等可控因素与各种定价方法和定价技巧相结合，以实现其营销目标。

（3）分销策略（Placing Strategy），主要是指企业以合理地选择分销渠道和组织商品实体流通的方式来实现其营销目标，包括渠道覆盖、商品流通环节、中介机构、网络设置、与分销相关的储运等可控因素的组合与运用。

（4）促销策略（Promotioning Strategy），主要是指企业利用各种信息传播手段，激发消费者购买欲望，促进产品销售，以实现其营销目标，包括广告宣传、人员促销、业务推广、与促销相关的公关等可控因素的组合运用。

之后，4PS 理论不断发展健全，延伸出了 6PS、11PS、4CS 等营销策略理论。

6.3.2　6PS 营销策略组合

6PS 是近代营销理论界提出的新的营销组合，包括传统的 4PS 加新的 2PS，分别为：产品（Product）、价格（Price）、渠道（Place）、促销（Promotion）、公众（Pubic）、政府权力（Power），如图 6-3 所示。

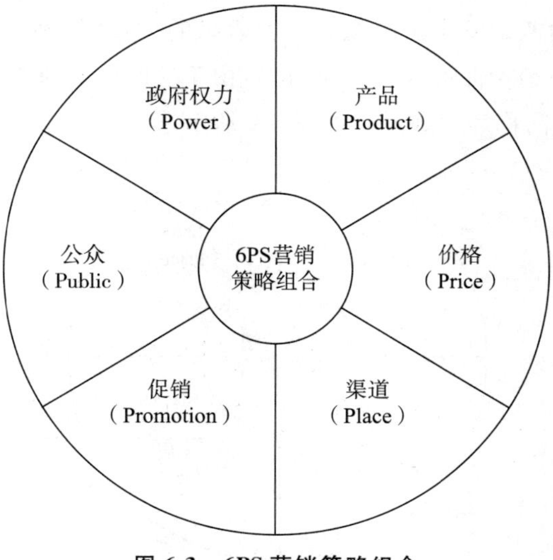

图 6-3　6PS 营销策略组合

1986年著名的市场营销学家菲利浦·科特勒教授（Philip Kotler）提出了6PS营销策略组合，在原4P组合的基础上增加两个P，即公众（Public）和政府权力（Power），简称6PS。科特勒认为新增加的两者可以成为企业开展营销活动的可控因素并加以运用，为企业创造良好的市场营销环境。

6PS营销策略组合与4PS营销策略组合相比有两个明显的特点：

（1）通过协调企业与外部各方面的关系，排除人为障碍，尤其是来自政治方面的障碍。企业不但要满足目标顾客需要，还要调查来自各个方面的阻力，制订相应的计划，这依赖于公共关系工作的完成。

（2）打破了传统营销中关于环境因素之间的界线，重新认识市场营销环境及其作用，一些环境因素可以通过企业各种活动的影响或疏通关系的力量而改变。

6PS营销策略组合主要应用于实行贸易保护主义的特定市场。其中各个P的具体解释为：

（1）产品（Product）：企业需要把消费者对于产品功能的诉求放在第一位，在要求企业注重开发产品功能的同时，企业的产品还需要有自己独特的卖点，包括产品的质量、功能、款式、品牌、包装。

（2）价格（Price）：企业对产品的定价是依靠企业的品牌战略，企业由于产品在不同的生命周期以及其市场定位不同，需要制定不同的价格策略。

（3）分销（Place）：因为企业需要通过经销商和销售网络间接面对消费者，所以企业应该注重经销商的培育和销售网络的建立。

（4）促销（Promotion）：企业通过广告和改变销售行为的方式吸引和刺激消费者进行消费，从而促进销售的增长。

（5）公众（Pubic）：企业需要知道如何在公众中树立公司和产品的良好形象，并懂得如何利用宣传媒体的力量维护企业形象。

（6）政府权力（Power）：企业必须通过了解其他国家的政治状况，依靠政府人脉关系，打通各个方面的关系，才能有效地向其他国家销售自己的产品。

6.3.3 11PS营销策略组合

1986年6月，著名市场营销学家菲利浦·科特勒教授（Philip Kotler）又提出了11PS营销策略组合，即在6PS营销策略组合的基础上，增加调研（Probe）、区隔（Partition）、优先（Priorition）、定位（Position）和人（People），并且将产品、价格、分销、促销称为战术4P，将调研、区隔、优先、定位称为战略4P。该理论认为，企业在战术4P和战略4P的支持下，利用“公众”和“政府权力”的2P为目标市场扫除各种障碍。科特勒认为战术性营销组合必须在战略营销计划之后制订，如果企业没有做好战略营销计划，那么战术性营销组合的制订就不能够顺利进行。科特勒在讲到战略营销与战术营销的区别时指出：“从市场营销角度看，战略的定义是企业在某一产品的市场上为实现特定目标而采取的竞争手段，而战术则是实施战略所必须研究的课题和采取的行动（菲利普·科特勒等著《日本怎样占领美国市场》）。”11PS 营销策略组合如图 6-4 所示。

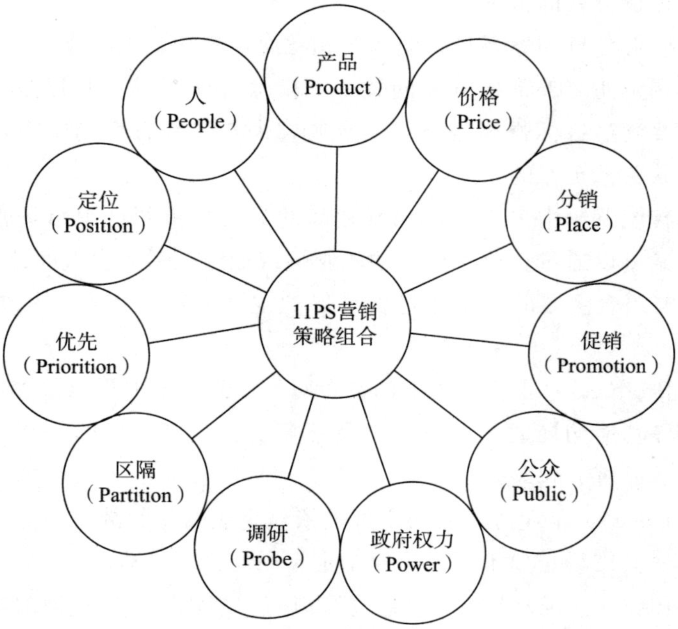

图 6-4　11PS 营销策略组合

（1）产品（Product）：企业需要把消费者对于产品功能的诉求放在第一位，在要求企业注重开发产品功能的同时，企业的产品还需要有自己独特的卖点，包括产品的质量、功能、款式、品牌、包装。

（2）价格（Price）：企业对产品的定价是依靠企业的品牌战略，企业由于产品在不同的生命周期以及其市场定位不同，需要制定不同的价格策略。

（3）分销（Place）：因为企业需要通过经销商和销售网络间接面对消费者，所以企业应该注重经销商的培育和销售网络的建立。

（4）促销（Promotion）：企业通过广告和改变销售行为的方式，吸引和刺激消费者进行消费，从而促进销售的增长。

（5）公众（Public）：企业需要知道如何在公众中树立公司和产品的良好形象，并懂得如何利用宣传媒体的力量维护企业形象。

（6）政府权力（Power）：企业必须通过了解其他国家的政治状况，依靠政府人脉关系，打通各个方面的关系，才能有效地向其他国家销售自己的产品。

（7）调研（Probe）：企业需要通过调研了解市场对某种产品的需求状况，以及对产品有哪些更具体的要求。

（8）区隔（Partition）：企业细分市场的过程，企业应该按影响消费者需求的因素分割市场，对市场进行细分。

(9) 优先 (Priorition)：企业通过市场细分，选择符合自己产品的目标市场。

(10) 定位 (Position)：企业在生产产品时，赋予产品一定的特色，使其在消费者心目中形成一定的印象。

(11) 人 (People)：企业在进行经营活动的过程中，需要靠员工实现各个过程，因此，企业应该想方设法调动员工的积极性。这里的 people 不单单指员工，也指顾客。顾客是企业营销过程的一部分，企业要吸引和获得顾客，需要进行顾客需求调研。

6.4　不同阶段的企业营销策略

6.4.1　运营初期的营销策略

处于运营初期这一阶段的企业往往自身规模相对较小。此时，营销组织的使命就是思考如何通过销售产品获取利润来维持企业的生存。企业在运营初期的市场特征为：

(1) 推广成本大。新产品投放市场后，其性能、质量、使用价值和特点还没有得到人们的认可。为了迅速打开市场，提高人气，需要大量的广告等促销活动，促销成本很高。

(2) 销量不多，因为新产品没有赢得消费者的信任，还没有被广泛接受，买家也越来越少。

运营初期的运营策略主要为以下六点：

1. 市场定位和产品定位

市场定位是指为使企业产品在目标消费者心目中占据优势和理想的位置而进行的目标市场选择。因此，营销人员必须选择目标市场，使自己的产品区别于竞争品牌，在目标市场获得最大的战略优势。

产品定位是指企业对应什么样的产品来满足目标消费者或目标消费市场的需求。

从理论上讲，企业应该先进行市场定位，再进行产品定位。产品定位是通过对目标市场进行选择，然后与企业产品相结合的过程。

2. 注重成本控制并保持现金流平衡

企业一边需要不断融资并储备资金，另一边需要控制运营成本，比如企业对产品投入的广告费和企业需要人员的数量，从而保持较为健康的现金流平衡。

3. 保障产品质量并走差异化运营之路

企业需要确保企业产品的质量达标，就需要通过各个维度选择和企业合作的商家，比如通过服务品质、诚信等选择合作的商家。同时坚持以顾客为核心的运营理念，在保障产品质量的同时，企业的产品还需要与竞争对手有一定的差异性。

4. 开拓市场并适时调整

企业前期需要根据市场调研报告确定主要开拓的市场，然后通过各种销售手段使企业自身的产品占有一定的市场比例，并根据实际运营情况适时调整营销方案。

5. 注重精细化运营

企业需要针对不同的消费者提供不同的产品；注重消费者的反馈意见，对于合理性的意见，企业需要采纳并执行，同时推出无忧消费者保障计划，保障消费者的合法权益以及保障对消费者的售后服务。对和企业有合作关系的商家，优化业务合作流程，简化签约手续，减少商家不必要的麻烦。

6. 培养并打磨强大的销售团队

初期阶段，企业只能够依靠绩效评估和快速迭代的方式，淘汰不合格的人，把合格的人选上来。之后对销售团队组织架构进行调整，确立销售管理制度，培养销售人员，组建一支强大的销售团队。

6.4.2 运营平稳期的营销策略

处于运营平稳这个阶段的企业往往是自身具有了一定规模，此时营销组织的使命就是扩大生产，提高企业的知名度，打造企业品牌，以获得更多的利润。企业运营平稳期的市场特征为：

（1）买家已经熟悉商品，市场需求稳定，销量趋于饱和。

（2）通过大批量生产和大批量销售，大大降低了生产和销售成本，降低了单位产品成本。

（3）企业利润增加，到达一个平稳运营的时期。

运营平稳期的运营策略主要为以下三点：

1. 提高企业创新力，打造市场新的品牌

经过了初期阶段的艰苦时期，企业可能已经在市场上占有一席之地，资金、技术、人力等资源都积累了一定的基础。这个时候，企业不应该满足于原有产品的生产销售，而是应该进行创新，打造新的品牌。

2. 核心技术的掌握

核心技术的掌握带来的创新是革命性的，产品的创新要突破同质化，企业唯有掌握业界难以企及的核心技术，加之对于品牌的传播和营销的创新，就一定能创造奇迹。

3. 正确的产品组合策略为客户提供系统解决方案

企业需要考虑如何运用正确的产品组合策略，为顾客提供系统的解决方案。产品组合，也称“产品的各色品种集合（product assortment）”，是指企业在一定时期内生产经营的全部产品和产品项目的组合。企业产品组合是为了促进销售，提高企业竞争力。因此，在企业产品组合策略的决策中，一方面，要考虑拓宽产品的范围宽度，这样有利于增加销售机会，充分发挥企业潜力，分散经营风险；另一方面，有必要考虑深化产品系列的深度，有利于提高企业的市场地位，提高竞争实力，同时也要考虑产品的相关性，其因素包括：这些产品满足相同的需求、相辅相成，可以一起使用，这些产品可以使用同一个销售渠道，以不同的价格水平销售等。

6.4.3　运营成熟期的营销策略

成熟期产品开始出现过剩，企业很难继续扩大市场份额。所以，在运营成熟期，营销策略的基本原则是“防守”为主，“攻取”为辅，即保证已有的市场占有率，并稳住现有的市场地位，同时寻求有利的增长点，设法将成熟期延长。企业运营成熟期的主要市场特征如下：

（1）市场需求趋近饱和，产品销量达到最高点。

（2）产品生产技术成熟，成本低，批量大，利润达到最高点。

（3）行业竞争激烈，新产品层出不穷，销售增长缓慢。在成熟后期，销售增长趋于零，甚至是负增长。

运营成熟期的运营策略主要为以下三点：

1. 产品渐进性改进策略

企业需要对已有的产品进行质量性能或结构的改进，一方面，需要改进产品质量，优化产品的设计，增加更多的功能，满足不同市场不同消费者对层次的需要和爱好，同时改善产品的性能，提高产品的安全性、方便性和高效性，完善全方位的服务体系；另一方面，严抓产品质量，避免不合格产品流入市场。

2. 营销组合协调性改进策略

企业在宣传方面，应该注重突出宣传产品的优越性和市场特殊地位，树立品牌差异，引导消费者选择和购买品牌，巩固他们的习惯性购买。同时可以利用营业推广更多地惠顾消费者，比如可采取如折扣让利、分期付款、不满意就退款等措施，鼓励消费者大量重复购买，激发潜在消费者成为真正的消费者，促进竞争对手的客户成为企业产品的用户。

3. 市场拓展性改进策略

企业的产品在原来的细分市场上遇到了强大的竞争者，或者因为市场上出现了新的产品，消费者对原有产品失去兴趣，产品销量下降时，可以通过换位为产品销售找到新的活力。有两种策略可使用：

（1）转移销售地区。企业到新的地区占领市场，销售地区的改变，使企业摆脱原有的竞争者，而在与新的竞争者的较量中或许能改变力量对比。

（2）重新选择购买群体策略。选择这个策略，企业能在原本的销售区域内销售，也能够在新发展的销售区域销售。企业在不涉及产品创新的前提下，主要采取以下思路：

①通过转化从未使用过本企业产品的潜在顾客，促使他们接受该产品，发展为最终顾客。

②通过争取被竞争者所忽视或放弃的潜在顾客扩大销售。

③通过进入新的细分市场，吸引使用替代品的客户。

6.5 参考案例

6.5.1 案例一：网易云

1. 参与角色分析

（1）平台官方。在传统模式中，通信流是从传者到听众的单一模式，并且双方的权力分配不平衡。在互联网时代，情况已经改变。传统的单向度通信已开始转变为多向度。根据过去到现在的平台运维经验，网易云音乐赋予了传统的“把关人”新的内涵。

“除私信外，官方管理非常薄弱。我在其他任何地方感受不了它的存在。我记得曾经在评论区看到过它。这似乎是对网民问题的答复。其他就很少与网民互动。”受访者09号说。实际上，作为重视UGC内容制作的媒体平台，官方的Cloud Music并不缺席。相反，它已经建立了完善的指导、推广和共享机制，以赋予用户更多的权限。例如，创建属于自己的播放列表，编写自己的评论以及其他方面，用户拥有很大的自由度。同时，用户还可以获得各种深度的自定义权限，如上传歌词。对于外国歌曲，此功能非常重要，因为最新的外国歌词经常会丢失。目前，具有较强外语能力的用户可以自己翻译和上传。依此类推，您甚至可以从上传的歌词中进行选择。这些都反映了官方对用户心理和行为期望的掌握。这种程度的自由和自治既是一项运作战略，又是一种官方智慧的体现。实际上，官方仍然对该平台的运行有相当程度的控制。似乎没有强烈的存在感，但实际上是“将舞台移交给用户”的表现。

因为他们意识到这不是媒体控制信息源的时代，所以他们对用户产生的内容采取更加温和的态度，从控制或妥协逐渐变成包容和鼓励的态度。这种态度上的改变为用户提供了极大的自由度，这是在此阶段大量生成UGC内容的原因之一。

（2）平台用户。与传统音乐应用程序的使用模式相比，网易云音乐的用户扮演着更加多样化的角色。

他们已从被动的音乐播放器用户转变为音乐社区文化的参与者和新音乐文化的创造者。在传统播放器音乐应用程序中，用户只是纯粹的听众。他们可以在应用程序中首先搜索歌曲，其次手动添加歌曲、下载歌曲，然后删除歌曲。这种机械化的操作限制了用户的能力。并且现在移动终端技术已经成熟，因此用户不必手动搜索音乐、下载音乐。智能推送技术和云计算技术可以充分理解用户的思想，并且用户的收听习惯正在被慢慢改变。他们不再需要花费大量而完整的时间来准备欣赏音乐。碎片化时间更适合他们纯粹地欣赏歌曲。

现在，用户角色标识已发生变化，媒体公司和用户的角色定位也已更改。两者不再是“提供”和“接受”，“强制”和“强迫”之间的过去关系，两者之间的界限开始变得模糊。在新兴的虚拟音乐社区中，用户被唤醒并自我赋权。不再只充当一个倾听者，希望可以参与互动，与他人建立动态联系，甚至参与完成整个价值共同创造过程。这种转变首先在于官方平台的权力下放，这给了UGC内容更多的发挥空间。结果是用户的身份更加模棱两可。他们既是歌手又是听众。他们可以是原创音乐的编辑者，也可以是原始音乐评论的作者；他们可以是专业音乐家，也可以是业余听众。用户与平台共同组成了价值共创必不可少的参与者。同时，每个用户可以切换多重身份并获得认可，这是他们共同创造价值的基础。

2. 营销概念分析

（1）以社交网络为卖点的差异化营销。最典型的案例就是网易云音乐的差异化营销。他们没有在音乐播放中加入差异化，而是将社交功能进行创新作为差异化的基础。不再考虑音乐本身的存在，而是加大对评论机制的作用。由于纯粹的音乐功能，第一个进入市场的制造商做得很好，就必须从努力提高社交功能等其他方面去改变。社交化已成为移动客户的主要趋势。一旦形成了社会黏性，用户自然就会留下来。因此，在网易云音乐中，用户不仅在寻求听觉上的享受，还具有与其他网民互动和同情的机会。在阅读评论的同时聆听歌曲，然后撰写评论，社交化为音乐应用程序带来了新的体验。它还带来了一种新的价值创造方式。此外，播放列表功能也反映了社会分化之路。这种机制不仅使网民可以轻松地将自己喜欢的音乐推荐到全网的各个角落，增强了用户参与感和用户黏性，而且对于软件本身还具有良好的指导机制，可以交换内容制作。对于用户而言，平台本身不用于内容生产，这实际上减轻了平台的负担。

网易云音乐依托“音乐社交”的差异化定位，充分利用互动和共情创建了独特的情感分享平台，在市场上迅速崛起，并培养了众多忠实用户和良好口碑。网易云音乐的成功也为基于社区的互联网产品构建提供了灵感和思考，使充满情感的虚拟社区成为热门选择。

（2）建立共情场景的孤独营销。网易云音乐中的情感元素最为独特。情感因素的背后是用户的孤独感。在熟人的社交圈中，我们经常无法“说出我们内心的一切”，但是像网易云音乐这样陌生的社交网络为我们提供了表达情感的空间。该平台的设计是使用户感受到彼此的存在。用户之间的交互可以是故事和音乐的“树洞”相互交换，但也可以不进行任何交流，仅感觉彼此的存在，并解决内心的“孤独”。人们说“寂寞的人喜欢听音乐”，但是在网易云音乐中，它实际上已经变成“寂寞的人在写评论”。这种相互依存的状态使人们感到安心，并为共情作用提供了基础。

该平台实际上也经常促进这种解决孤独的“善解人意”的能力。

6.5.2 案例二：氧气听书

“氧气听书”App是天翼阅读文化传播有限公司旗下的一款有声阅读移动应用，2011年上线，开始从WAP页的听书业务发展到有声阅读的内容运营平台，现在拥有国内最大的正版有声书库，有时间长达20万小时的5万部各类特色作品，内容丰富多彩，涵盖了有声小说、文学典故、励志教育、育儿方面的宝典、评书及相声、综艺与搞笑等二十多个大类，从各个方面满足了用户听书方面的需求，并提供了堪称CD音质的高保真收听体验。

“氧气听书”App通过对自身所处的优劣分析，以及产品本身在市场中的定位和目标市场的确定，着重从以下四个方面提升产品竞争力：

一、提升产品体验

（一）提升用户体验

1. 根据所处的场景来提升收听体验

有声阅读的适用范围很大，用户在公共场所和室内等各种不同的环境下，受到的环境音影响也有所不同，而对于音频收听的感受，则直接影响到用户对产品体验的直接印象。“氧气听书”本身采用了大容量的高清音频，这种音频可以在正常的收听场景下进行体验，且效果良好。但不足的是，在公共环境中收听时，音量会受到环境音的影响。所以，在制造产品时，充分考虑各种可能出现的场景，如在产品中增加环境音量功能，使用者可根据不同的收听场景调整内容音量。

2. 降低查找成本

平台内容往往越多，增加用户的查找成本就会越多，所以，产品的方便性和快捷性成为了增加客户满意度的关键。除了应用程序中的通用搜索框外，相关的标签内容搜索可以更准确地找到用户想要的内容。当搜索内容很难找到时，可推荐相似内容，也可从更多方面增加相关的关键词，以降低搜索的难度。

3. 加强垂直内容

除现有的频道外，还可以进一步挖掘用户真实的收听需求，对平台内容进行详细分解，增加垂直内容运营。基于平台存储的用户数据，分析用户需求的变化，加强垂直内容的操作，调整垂直内容引入的比例，更加合理地利用应用的空间布局，为用户带来更加丰富的内容。

（二）精准内容运营

1. 调整平台内容结构

“基于内容”的音频阅读平台将内容与目标用户的收听需求相匹配，并调整内容结构。音频阅读市场和用户需求是动态的。及时利用数据随时分析和调整平台内容，可以更好地吸引目标用户倾听，增强平台用户的活跃度。

有声小说收听量占比最高，相应的内容在结构中所占比例也最大。其他细分内容可以根据内容提供商的资源和市场需求的动态变化进行调整，从而强化头部内容，占领这类优质作品，使尾部内容多样化、广泛化。

2. 精细化运营

“内容深度挖掘平台”和“内容深度挖掘平台”三种方式灵活操作，内容推送平台可采用其他方式。

（1）使用目前的标签系统，作品内容可以更灵活地呈现在用户面前。同类型作品的用户不仅可以自动提高同类型作品的曝光率，而且可以提高用户推荐同类作品的黏性。

（2）通过用户行为分组，使用相同的内容直接推荐频道，推送内部消息，可以满足用户的监听需求。

（3）通过对平台用户数据的灵活使用，分析每个用户的行为和偏好。当用户登录时，会显示更多个性化的内容，形成一种特色操作。

（三）建立反馈机制

“氧气听书”平台建立了用户与平台之间的沟通反馈机制，形成一个闭环。利用产品平台、QQ 群、百度贴吧、电话等渠道接收用户信息，让客户感受到自己所回应的问题，提高用户对产品的良好印象，同时也可以获得用户对产品的实际体验，帮助产品更好地优化。

二、引入内容类型多元化

“氧气听书”以往的音频内容提供商大多是传统出版社、版权机构和广播电视媒体。他们以两种方式介绍内容：收入分享和使用权。到目前为止，有些内容还不能满足移动用户的需求。一方面，用户的收听内容更多的是基于互联网；另一方面，用户的偏好变得多样化，提供商需要丰富和拓展 CP，引入的模式并不局限于以前的模式。可以根据平台用户的喜好，探索资源置换、合作录制等深度合作项目。这不仅可以以低廉的价格快速获得内容版权，而且具有独家内容和丰富多样的内容类型。同时也使双方利益最大化，使合作关系更加可靠。

三、合作模式创新，构建泛娱乐生态

有声阅读的适用的人群范围较广，其盈利模式除了内容付费、内容分销、平台广告以外，还可以进一步探索跨界合作模式，拓展盈利空间。此外，知识产权的价值也日益显现。基于自身资源优势，氧气听书可以构建泛娱乐生态，更有利于挖掘有声阅读 IP 的价值。

（一）定制内容产品

根据品牌的垂直内容、产品特点和目标用户，开展定制内容 App 的开发与合作。氧气听书作为技术和内容的支撑，品牌支付服务费，作为渠道推广，为品牌用户购买增值服务。

（二）收听场景拓展产品形态

有声阅读的伴随属性体现在了生活的方方面面，根据产品的使用场景和用户对于垂直内容的收听需求，拓展产品形态，并且成为音频阅读模式创新的新途径。例如幼儿教具、车载音响产品等。

四、品牌营销

（一）清晰的品牌定位

进入音频阅读行业后，“氧气听书”将对音频阅读行业及其自身用户的发展趋势进行全面的市场研究。面对国内音频阅读行业的快速发展，以及用户听力需求的变化和竞争对手的市场定位，收集详细的行业信息有助于“氧气听书”的品牌定位决策。根据“氧气听书”的现有资源和能力，潜在的市场需求，激烈的市场竞争以及主要竞争对手的情况，确定了“氧气听书”的目标市场。根据竞争对手的定位和分布选择理想的市场位置将有助于“氧气听书”在音频阅读市场产生较好的品牌影响力，并在音频阅读用户中留下深刻印象。

结合“为品质而声”的品牌内涵，把绿色正版音频阅读平台作为市场定位，提供高品质的音频内容。一方面，要提供优质的有声读物服务，另一方面，还要有良好的口碑。

（二）塑造品牌形象和个性

“氧气听书”的目标用户群体是 30 岁以下的年轻人，因此“氧气听书”的品牌形象和个性应该是年轻、活泼、充满亲切感的。从品牌视觉系统设计、产品界面设计风格、网络营销矩阵文案风格来看，品牌广告应与品牌形象和个性相一致。使用户深刻感受到“氧气听书”的品牌形象，从而区别于竞争对手。

（三）重视产品优质服务

对于“氧气听书”，一方面，为用户提供优质的音频阅读服务；另一方面，建立完善的反馈机制，与用户保持良好的沟通，及时帮助用户处理遇到的问题，让用户感受到自己是被关注的，最终成为忠实用户。

（四）有力的推广宣传

增强“氧气听书”品牌的知名度和美誉度，必须注重整体宣传，以塑造良好的企业形象和品牌形象。运用网络推广和宣传手段建立宣传矩阵，增强品牌曝光度，让目标用户尽可能在与产品相关联的场景中看到“氧气听书”品牌。

6.5.3 案例三：TCL 空调

第一阶段：依附 TCL 彩电渠道阶段（1999—2000 年）。由于 TCL 空调事业部成立时实力较弱，没有自己的研发能力和工厂，产品采用 OEM/ODM 的方式在专业生产厂代工，而且也没有成熟的销售团队，因此采取的营销渠道策略是利用 TCL 彩电已经比较成熟完善的销售渠道网络导入空调产品，各地的销售经理大多由彩电销售经理转换过来或者兼任，业务员团队大多是彩电业务员兼任。

第二阶段：大户代理模式阶段（2001—2003 年）。随着空调业务的快速发展，TCL 集团加大了对空调项目的投入，开始自建工厂和研发团队，在销售团队建设上也开始脱离彩电的销售系统，自建专业的销售团队。此时销售渠道模式采用了省级专业大代理模式，由大代理商负责区域内的销售。该渠道模式可借助专业大代理商的力量迅速扩大销售，并能较快地吸收资金，同时分支结构构建维护费用降低，避免了销售团队组建费用的过快增长。

第三阶段：区域代理加连锁直营阶段（2004—2008 年）。由于空调行业的竞争日益加剧，市场对于渠道下沉、提升渠道效率以及精细化操作的要求越来越高，TCL 空调开始逐步淘汰省级大代理模式，采用了地市级渠道代理，有些发达地区甚至采用县级代理，同时为了保护代理商利益，采取“一地一代”策略。渠道更加细分减少中间环节，更加贴近终端销售，同时也加大了对零售终端的支持，协助零售商搞促销活动。为配合模式变革，整个销售团队也开始扩编，分支机构的建设也不断加强。同时，随着国美、苏宁、永乐等全国性家电连锁的迅速兴起，对于全国性家电连锁采用了总部直营的销售模式，由公司总部与连锁总部统一签约，在各分部卖场设立专柜，统一标识展台和产品形象。

第四阶段：多种渠道模式并存阶段（2009—2012 年）。2009 年开始，以京东、天猫等为代表的家电电商平台以每年 50%以上的增长率迅猛发展，已经成为一个不可忽视的重要销售渠道。同时，一些新兴的销售渠道也开始蓬勃发展，如商超、电视购物、社区专卖店、微商等，依托互联网技术和通信技术的发展，消费者的渠道选择越来越丰富。TCL 空调也顺应时代潮流的发展，在原来区域代理加连锁直营的基础上，增设了电子商务部、新兴渠道部等专门的渠道发展部门，按照这些新渠道的特点独立操作。

第五阶段：销售公司改制阶段（2013 年至今）。由于 2012 年以后，国内空调市场整体增长放缓，市场容量增长趋于饱和。这时候，高速增长期大量人员扩编所带来的销售费用居高不下，传统渠道盈利状况差的问题变得非常突出。为了适应市场的变化，改善经营业绩，TCL 空调开始进行传统渠道变革，进行销售公司模式改制：由 TCL 空调公司与当地有实力的代理商共建当地合资销售公司，管理当地市场。同时，原 TCL 空调公司当地的分支机构转制到销售公司名下，并优胜劣汰，精减销售机构。销售公司采用自主经营，资源与费用匹配。改制的目的就是降低渠道建设与维护费用，提升渠道的稳定和经销商的忠诚度，让资源配置更合理，提升市场反应的速度和灵活性。另外，其他连锁直营、电商、新兴渠道等仍然按原方式运作。

6.6 课后习题

（1）目标市场定位过程中，对市场环境分析涉及哪些内容？

（2）假设作为大学生的你向消费者销售产品，应该如何分析消费者心理？

（3）营销策略的类型有哪些？

（4）营销策略组合从 4PS 到 11PS，其发展过程和具体内容是什么？

（5）不同阶段的营销策略应注意哪些问题？

第 7 章　创业融资

扫码获取
本章课件

第二次世界大战期间，宾夕法尼亚大学的普列斯波・埃克特和约翰・莫奇领导了一个小组进行计算机研究。1946 年，他们开发了第一台可工作的计算机，随后创立了 Eckert-Mochi 公司，该公司将计算机商业化，并于 1948 年将其推向市场，正好比 IBM 的第一台商用计算机早了 6 年。然而，Eckert-Mochi 公司无法承担巨大的研发成本，缺乏资金支持，最终被其他公司收购。

20 世纪 80 年代，美国统计 24%的新企业在 2 年内倒闭，52%的新企业在 4 年内倒闭，63%的新企业在 6 年内倒闭。近 90%的企业失败是由于经济因素或财务原因。这是一个典型的企业因缺乏资金支持而失败的案例。

大多数人熟悉的“融资”，如房屋租赁、汽车租赁等，但这些通常不存在所有权转移问题，可以归类为传统租赁。融资租赁是现代租赁行业的代表，本质上是一种与银行信贷、保险并行不悖的金融手段。它是在分期付款的基础上，将租赁业务的所有权与使用权分离，租赁期满后所有权转移给承租人的一种现代营销方式。融资租赁完成后，承租人不需要立即支付所需机器设备的全部价款，可以利用租赁产生的利润支付租金。

进入 21 世纪以来，中国掀起了一股财富和创业热潮。奋斗、创业、成就人生梦想，成为当今年轻人的追求。放眼国内外，随着科技进步和新经济的蓬勃发展，创业已经成为越来越多的年轻人的特长：他们有梦想、激情，有不断的创新力和创造力，但是他们缺乏经验与必要的知识和技能，尤其是金融知识的缺乏成为很多企业创业成功的最大限制。

7.1　创业融资认知

创业融资是指创业企业根据自身发展的需要，结合生产经营、项目开发、资金需求等状况，通过科学的分析和决策，以内部或外部的形式为企业筹集资金的行为和过程。创业融资的研究对象是创业企业的融资行为，包括如何获得资金，降低企业融资的风险和成本，实现企业价值最大化。创业融资的资金来源主要包括自有资金、银行贷款、民间资本借贷、创业投资、天使投资、股权融资、融资租赁等。

7.1.1 创业融资的概念界定

创业融资是指企业在初始阶段对基础设施的生产资料进行的准备性融资。在创业阶段，创业者需要为生产做准备，所以需要大量的资金。仅依靠投资者的初始投资很难长期维持一家初创企业的正常运营。因此，一个初创企业需要通过不同的融资渠道和方式，科学地筹集所需的资金，使其运作走上正轨。

风险融资按资金来源可分为内部融资和外部融资。

1. 内部融资

内部融资是指企业通过正常经营活动获得的资金和投资者在企业内部进行的投资。内部融资的形式相对简单直白，即利用企业的内部资本，获取方式也相对方便，一般投资者都会进行资本投资。内部融资具有原创性、自主性、低成本和抗风险性等特点。但是，内部融资的有限资本不能完全满足企业的生产活动，投资者在投资者数量和资本数量上是有限的，因此企业除了内部融资之外，还需要外部融资。

2. 外部融资

外部融资是指企业通过发行股票、债券或向其他中介机构借款，从社会各界筹集资金。通过外部融资可以获得大量资金，灵活高效。然而，外部融资程序复杂，具有高成本、高风险的特点。

7.1.2 创业融资影响因素

目前，国内外学者对大学生创业的研究重点逐渐向创业融资方向倾斜。根据创业融资影响因素理论，学者们从各自的研究领域出发进行相关的实证研究。一般来说，创业融资影响因素理论主要由以下三个部分组成。

1. 创业者自身因素影响

企业家的综合素质（个性、家庭环境、教育背景、社会经验、经历等）都直接关系到创业活动的成功。马歇尔认为，管理能力是企业家最重要的素质。他认为，除了必要的远见和领导能力，一个成功的企业家还必须有坚定和明确的职业抱负。另外，熊彼特认为企业家的创业精神和创新精神在创业活动过程中起着非常重要的作用。他认为创业的根本和核心是创造新事物、新渠道、新想法。同样，科兹纳也重视企业家的市场洞察力。企业家只有拥有敏锐的市场洞察力，才能及时抓住市场机遇。德鲁克同意马歇尔的观点，认为企业家的管理能力更重要，是将新想法转化为实际产品并获得利润的关键因素。

2. 政府政策因素影响

政府对创业融资的影响是显而易见的，政府制定的相关政策对创业融资体系的建立起着决定性的作用。在创业融资过程中，政府主要负责相关政策的制定和实施、融资支持、信用体系和金融市场的建立和维护。目前，我国政府对创业资金的支持主要有直接和间接两种形式。直接形式包括补贴、奖励、基金等；间接形式主要是指贷款担保。在一个企业的起步阶段，大量的研究资金和流动资金是必不可少的，但是，由于企业家及其亲友的资金有限，加上企业经营的不稳定，导致了银行贷款的失败。此外，公司发展前景的不确定性使其难以获得风险投资的青睐。鉴于上述情况，创业企业很难实现可持续发展。可见，政府对风险投资的支持具有显著的影响。

3. 金融机构及高校教育因素影响

国内外研究学者通常利用GEM模型（Global Entrepreneurship Monitor）与五维度模型两个经典模型，Fogel Daniel和Gnyawali Devi认为，外部环境优化可以提高创业者的创业能力、创业意愿和发展机会。创业过程中外部因素的结合构成了其创业环境。GEM九个方面模型研究企业家的创业能力和创业机会如何受到创业环境的影响，从而对其创业活动做出贡献。研究表明，大学教育和财政支持对大学生创业融资有显著影响。其中影响较大的为金融支持与配套政策。

7.1.3 大学生创业必备

（1）一笔启动资金，如自有资金、集资、贷款以及与别人合伙或吸引风险投资资金等；

（2）一门技术，用智力换资本；

（3）了解大学生自主创业的优惠政策，包括融资、创办、税收、培训、创业指导等方面。

例如，2020年杭州市关于大学生创业政策。

1. 创业培训补贴

大学生（杭州市在校大学生、毕业后2年内已离开杭州大学或杭州市的无业高校毕业生）在指定培训机构参加SYB、网络创业培训和“8＋X”模拟公司创业培训并取得培训证书，在市区就业（就业需签订一年以上劳动合同，并在杭州缴纳社会保险费。创业的需要在工商登记注册或持有网络创业证书，本人需要单一法定代表人或负责人。根据培训项目，可分别享受800元、1200元和1200元的培训补贴，其中SYB和“8＋X”仿真公司创业培训不能重复享受。成功创业后，凡参加SYB培训并取得培训证书的，可享受600元起的培训补贴。在杭州有户籍的大学生，如果取得培训证书，可以享受补贴。补贴委托定点培训机构申报。

2. 创业补贴

（1）一次性创业补贴。2016年2月1日以后，在校大学生或毕业生在毕业5年内首次在市区创办企业或个体工商户，并作为灵活就业人员或由其创办的经营实体为其连续依法缴纳社会保险费12个月以上的，可享受5000元的一次性创业补贴。

(2) 高校毕业生创办养老、家政服务和现代农业企业补贴。在校大学生及毕业5年以内首次在城镇设立养老、家政、现代农业企业，并担任法定代表人或主要负责人的，可连续3年给予创业补贴。补贴标准为第一年5万元，第二年3万元，第三年2万元。

具体操作规程正在制定中，申请时间和地点有待确定。

(3) 创业担保贷款及贴息。在市区设立企业、个体工商户（含网络创业）或民办非企业登记不满5年的劳动者，可申请不超过50万元的贷款；对从事科技成果转化研发、文化创意、未来产业项目的借款人（包括小微企业），创造就业机会（连续缴纳社会保险费12个月以上）超过5人（小微企业20人以上）且按时还本付息的，可累计给予不超过3次的创业担保贷款贴息，每次贴息期限最长不超过3年。

对于在校大学生，5年内（含毕业）大学毕业生（城镇户籍无毕业年限），实行全额优惠，其他人实行50%优惠。贴息期限最长不超过3年。

(4) 创业带动就业补贴。2016年2月1日后，由本科生，大学毕业生毕业五年内建立的企业或个体工商户，带动3人（不包括法定代表人或者负责人及已享受其他有关就业创业补贴和社会保险补贴的人员）就业，并依法为其连续缴纳社会保险费满12个月的，可享受每年2000元的带动就业补贴；在带动3人就业的基础上，每增加1人，每人每年可享受1000元补贴。年度资助总额不超过2万元，资助期限自符合资助条件之月起不超过3年。在补助期内，符合补助条件的人数在3人以下的，不予补助。

(5) 创业项目无偿资助。杭州高校学生和国内高校毕业5年以内的毕业生，如符合条件，可申请5万～20万元的大学生创业项目无偿资助。

(6) 农村电商创业补贴。在校大学生、毕业5年以内高校毕业生在县（市）、市区的行政村从事电子商务创业，或在市区从事农产品网络销售创业，达到一定网络销售额且符合享受一次性创业社保补贴、带动就业补贴条件的，补贴标准上浮20%。市区一次性创业社保补贴标准为6000元。市区创业带动3人就业的，补贴标准为2400元/年；在带动3人就业基础上每增加1人可再享受每人每年1200元补贴；每年补贴总额不超过24000元。

(7) 创业场地扶持政策。

①大创园政策：新办大学生创业企业进入市级大学生创业园区的，创业园区、县（市）政府3年内提供50平方米以内的自由经营空间；租赁创业园以外房屋创业的，三年内由纳税地区财政给予100平方米以内的租金补贴。补贴标准第一年为1元/平方米·日，第二年、第三年为0.5元/平方米·日。对于享受场地补贴满三年的成长型大学生创业企业，如果年度销售收入达到100万元，年度纳税超过5万元的，可按前款标准再给予三年免费经营场地或0.5元/平方米·日场地补贴。四区、三县（市）可以根据当地租金水平适当调整补贴标准。

②创业陪跑空间政策：在校大学生和毕业5年以内高校毕业生创办企业、个体工

商户或民办非企业等经营实体入驻创业陪跑空间的，按规定可享受 3 年内 50 平方米以内的房租补贴，补贴标准最高为每平方米每天 3 元。

7.2　创业融资过程

7.2.1　创业融资的资金获取过程

在民营风险投资市场中，创业企业可以通过寻找、展示和推广等方式获得风险投资支持的机会。

1. 搜寻

搜寻是一种主动积极的机会获取方式，在美国大约有 1/4 的创业资本是通过这种方式获取的。创业企业可以通过查阅《风险投资公司百科全书》等参考文献，查阅已上市或即将上市的同类企业的投资者名单，获得一些有关风险投资公司的信息，或者直接拜访其他公司的经理，参加风险投资行业会议，了解创业资本市场的行情。

2. 会展

会展是获得风险投资支持的第二条途径。创业企业通过参加科技学术会议、创业竞赛、产品或技术展览会、展销会等，向社会展示自己的技术、产品和企业形象，从而吸引风险投资家的注意，获得潜在的融资机会。事实上，无论是个人还是机构风险资本家都一直在关注技术趋势和商机。尤其是风险投资家希望投资于自己熟悉的技术领域时，更倾向于积极寻找那些处于起步阶段或急需扩张资金的企业进行沟通。

3. 推介

推介是获得机会的重要途径，往往会产生意想不到的结果。在美国，大约 50％的风险投资是通过推广获得的。在个人创业投资市场，通过亲戚、朋友、同事，甚至银行、律师、股票经纪人的介绍，实现企业家与天使资本的结合是非常普遍的。在美国、加拿大、英国等发达国家，有大量的个人创业投资者网络，大多由政府部门或非营利组织运营，少数为商业目的而设立。由于创业投资者喜欢在住所附近投资，投资者网络基本上是区域性的。传统的个人风险投资者网络通过定期出版的小册子向投资者提供各种投资机会的信息，或者允许企业家通过交易会直接向个人风险投资者介绍。20 世纪 80 年代中期，随着计算机网络的发展，个人风险投资者的网络已经转移到计算机上，目前世界上近 2/3 的个人风险投资者网络已经实现了计算机化。它们通过互联网向风险投资者和企业家提供各种投资机会和投资者的详细信息。一些计算机网络还可以在相应的专家系统的支持下提供自动匹配服务，为投资者和企业家提供了极大的便利。这样，投资的供需双方可以在更大范围内进行选择和匹配，效率更高。在机构风险投资市场中，有一种被称为银团的促销方式越来越普遍。这样，风险资本家作为企业的主要投资者被推荐给其他资本家参与共同投资。银团的优势在于可以联合多个风险投资家进行投资，使每个风险投资家的投资组合更加多元化，降低了投资风险。同时，由于投资管理的大部分责任是由领先的风险资本家承担的，所以其他资本家就没有了很多琐碎的管理事务。

7.2.2 制约因素分析

随着创业资本市场的发展，投资者，特别是机构投资者，呈现出越来越明显的专业化趋势：有的投资于计算机行业，有的投资于生物技术产业；有的投资于成长较早的企业，有的投资于较成熟的企业。这种分工有利于进一步提高创业资本市场的效率。创业企业需要根据本身的技术属性、发展阶段、融资规模和地理位置等因素，在创业资本市场中寻找潜在的投资者。

1. 技术属性

从某种意义上说，创业投资不是投资于企业，而是投资于未来的技术或市场。因而投资家必须对项目所涉及的技术和市场有深入的了解。由于他们不可能熟悉所有的技术，所以在选择项目时只能考虑他们熟悉的领域的技术。在民间风险资本市场，根据投资对象的不同，形成专业的风险投资机构，从事计算机软件、生物制药、新材料、通信技术等高新技术产业投资。这些创业投资在世界各地寻找各自专业领域的投资对象。创业企业的诞生，有赖于科学技术的新发现。

企业应依自身的技术特点和技术成熟程度，明确其产业开发方向，据此寻找相应领域的创业资本。

2. 发展阶段

个人创业投资与机构风险投资在企业发展阶段存在显著差异。个人创业投资主要集中在企业发展的早期阶段，而机构创业投资往往在企业初具规模之后。创业企业的资金需求发生在企业生命周期的不同阶段，不同发展阶段企业的投资选择反映了创业资本家的不同风险偏好和收益与风险的平衡。一般来说，早期投资风险较高，但收益较高；反之，后期投资的风险较小，但收益也小。在投资阶段，由于创业初期所需资金较少，个人创业投资在这一阶段起着关键作用。然而，随着企业发展带来的资金需求的增加，个人投资的作用越来越小，资本规模较大的机构投资的作用开始加强。也就是说，个人投资在培育出一定规模的企业后，引起了机构投资的兴趣。机构资本接过指挥棒，继续培育企业。近年来，机构投资阶段不断向后期转移。1997 年，美国的创业投资总额为 132 亿美元，其中种子期投资占 26%，扩张期投资占 41%，筹备期投资占 23%，重组投资占 10%。1998 年，美国风险投资总额 160.2 亿美元，其中用于扩大企业投资 69 亿美元，占 43.1%，比上年提高 2 个百分点。

3. 融资规模

在风险企业成长过程中，个人创业投资与机构创业投资也存在明显的互补关系。从投资规模来看，个人创业投资在小额项目中占主导地位，但在投资额较大的项目中，机构资本投资比例明显提高。1995年，对新英格兰284家企业的融资调查显示：177个个人创业投资项目中，25万美元以下的有102个，25万至50万美元的有43个，占单个创业投资项目总数的82%；相反，173家机构创业投资中，超过100万美元的占69%，87%的项目投资额超过50万美元。

从有实力的机构投资者看来，投资规模的选择是规模效率与风险分散之间的平衡。如果单笔投资规模过小，会导致整体管理成本上升，出现规模不经济的问题。但如果规模过大，单笔投资的成败决定了整个公司的收益，风险就太大了。创业投资家应该从这两个方面的平衡来确定合适的投资规模。由于其风险偏好和基金规模的不同，其合理规模也不同。

4. 地理位置

创业资本所资助的企业大部分分布在所在地的附近地区，这主要是为了便于沟通和控制。一般来说投资者不直接参与被投资企业的日常管理，而是不断为企业提供战略指导和管理建议。地理位置的考虑主要是从方便管理的角度考虑。一旦投资发生，资本家应定期与企业家保持联系。在时间和成本方面，创业投资家希望选择离自己较近的项目，一般更喜欢位于大城市附近的项目。当然，随着通信技术的发展，地理位置的考虑在减弱，但它仍然是投资决策的重要因素。事实上，除了投资回报，个人投资者在做投资决策时往往会考虑项目的"精神收入"。如果该项目能够在他们居住的社区创造更多的就业机会，并将医疗、节能和环保等有用技术商业化，许多个人投资者便愿意接受较低的回报或更高的风险。

7.2.3 创业融资的几种模式

1. 内源融资与外源融资

内源融资是公司的融资渠道之一。也就是说，公司通过经营活动产生了一定的资金结余，创业者将这部分结余资金用于企业扩大再生产，从传统会计角度看，内源融资主要由留存收益和折旧构成。在发达的市场经济体中，内源融资是企业的第一种融资方式，受到不同类型、不同阶段（创业阶段除外）企业的喜爱和关注，因此是企业融资的非常重要来源。内源融资资金是创业企业的"第一桶金"，它的缺点是如果没有一定时间的积累就不能满足大量资金的需求。

所谓外源融资，是指企业借助外部力量将外部资金用于自用的过程。包括银行贷款、发行股票、发行公司债券等。此外，企业间的商业贷款和融资租赁在某种意义上也可以看作是外源融资。外源融资通常以股权或债权形式出现，企业在吸收外源融资的同时往往需要支付相应的股息、红利或利息。

2. 股权融资与债权融资

所谓股权融资，是指股东愿意通过增资的方式转让公司部分股权，来引进新股东的方式。资金提供者作为所有者（股东）对企业享有控制权。通过股权融资获得的资本不能偿还本金和利息。但是，新股东将与老股东分享公司的利润和增长。股权融资的特点决定了其用途的多样性，丰富了公司的营运资金和投资活动。

从融资渠道看，股权融资主要可以分为两类，即公开市场发售和私募发售。我们平常所说的上市、增发、配股其实就是公开市场发售。私募发售是指企业寻找特定的投资者，吸引他们筹集资金并加入股东行列。企业采用股权融资不需归还本金，投资人如果想收回本金，则需通过流通市场实现，所以，股权融资是不可逆转的。此外，它还有长期性和无负担性的特点。由于绝大多数股票市场对于公司申请上市都有一定的条件，比如中国上市公司除了要求连续三年获利以外，公司还应该拥有5000万元的资产，这对于大多数中小企业来说是很难实现的，因此私募股权已经成为创业企业非常重要的融资方式。

所谓债权融资，是指企业通过举债方式，向债权人融入资金用于企业发展和扩大生产的过程。通过债权融资获得的资金，企业要支付相应利息，债务到期后或在债权人自己需要使用这笔资金时，企业要向债权人归还本金。

3. 直接融资与间接融资

直接融资与间接融资相对应。它是一种没有金融中介机构参与的融资方式，也就是说，在没有第三方介入的情况下，资金供应方和资金需求方之间存在着直接的关系。目前，商业贷款、企业发行的股票和债券以及公司与个人之间的直接贷款都是直接融资。与间接融资相比，双方都有更多的选择。此外，投资者的回报更高，筹款人的成本更低。然而，由于筹款人的信誉度差异很大，企业在还本付息方面的承担能力也有所不同，债权人承担的风险程度差异也很大，因此直接融资资金不可逆转。

间接融资是指拥有盈余资金的实体在短期间不需使用这笔钱，而向资金需求者让渡资金使用权以获得收益的方式。比较常见的间接融资方式包括银行贷款、购买银行、信托、保险公司等金融机构发行的证券和债券。银行、信托机构、保险公司等机构是间接融资的中介机构。

间接融资需要通过金融中介实现，属于贷款融资。本金和利息必须在到期时归还，具有可逆性。融资的主动权掌握在金融中介机构手中。间接融资也有一定的局限性，这是因为资金供需双方之间存在较多的金融中介，阻碍了供需双方的直接联系，从而减少了对资金供应方（投资者）对需求方（投资对象）运作的检查和监督，从而减轻了资金需求者在使用资金过程中的压力。

7.3 创业融资渠道

融资渠道是指帮助企业的资金来源。创业企业的融资渠道大致可以分为两类：债务性融资与权益性融资。债务融资是指通过向银行或其他金融机构贷款、发行债券等方式进行融资，需要支付本金和利息，可以带来杠杆收益；债务融资相对容易获得，但也具有金额小、时间短、利率高的特点。债务融资包括银行贷款、应付票据、应付账款和债券发行，权益融资主要包括股票融资、追加投资和吸引新投资者。权益融资是指为取得其他企业的股权或净资产而进行的投资。权益融资具有高收益、高风险、无固定还款期等特点。以上两种融资渠道也可分为内源融资和外源融资。对于大学生创业者来说，常见的融资方式有：外源债务型——银行贷款、融资租赁等；内源债务型——亲情融资、创业者或者合伙人为企业提供外部抵押品和担保等；外源权益型——风险投资、天使投资以及非正式风险投资。此外，还有一些非正式的民间融资形式，如参加创业竞赛等。

1. 自筹资金

作为创业初期创业者最常见的融资渠道，包括自己的储蓄存款、亲友补贴、民间借贷等。因为大学生刚刚毕业，缺乏经验和人际关系网，创业的初始资金一般不是很大。因此，向亲戚朋友借钱是个人筹集创业资金最常见、最简单、最有效的方式。这种融资方式是感情造成的，所以对于集资者来说，基本上不存在中途抽资的风险，一般是一次性付款。其突出的优点是无须利息支出或利息费用低，融资成本极低，无须信用记录或抵押。

尽管从亲友那里获得资金较为容易，但也有其缺陷。创业者要充分考虑投资的正负效应，仔细梳理亲情融资获得的资金细节，形成正式协议。如果创业出现问题，不能按时还款，可能会伤害双方感情，以后很难再借款。因此，选择这种融资方式的创业者应向亲朋好友说明创业计划的可行性、预期收益和潜在风险，使他们了解投资。

2. 合伙融资

如果是合伙企业，初始资本可以通过合资企业获得。合作伙伴还可以优势互补，整合人力资源，实现新企业健康快速发展。这种融资模式的风险存在于财务和管理两个方面。由于合伙企业是一种无限责任制，一旦公司陷入危机，合伙人必须按其全部资产的比例承担责任。这种情况肯定会吓到初出茅庐的大学生。此外，合伙人之间的协调也十分重要。创业型大学生往往热情高涨，有自己的创业理念，这就导致了合作伙伴之间的摩擦。在采访一位大学生企业家时，她告诉我们，要找到志同道合的伙伴并不容易。在创业的三年里，合伙人一次又一次地改变。最后，她总结说，不管创业阶段有多少人和你打架，公司正式运营后一定要有一个最终的决策者，否则，很容易给公司的管理造成混乱。

所以，在合伙企业启动之前，创业者和合作者应明确一系列问题，如权利、义务、如何运作、如何获得投资收益、如何区分工资性收入和股东权益性收入等。合伙融资中最重要的是合伙人之间是否存在相互信任的基础。如果仅因为资金不足而选择合伙企业，最有效的措施是在合伙企业成立之前，以法律合同的形式解决所有可能出现的问题，以避免不必要的麻烦。

3. 银行贷款

银行贷款是指银行以一定的利率和约定的期限向个人或企业贷款的一种经济行为。银行贷款被称为风险融资的“蓄水池”，在企业家中有着“群众基础”。它可以进一步细分为担保贷款、抵押贷款、信用贷款、创业贷款等，但很明显，刚起步的大学生既没有可靠的担保人或担保机构，也没有有价值的抵押品，也没有高质量的商业信用。因此，对于大学生创业者来说，前三种贷款方式都形同虚设的。唯一可以考虑的就是创业贷款。创业贷款是近年来银行推出的一项新业务。凡经认定具有一定生产经营能力的个人，因创业需要，均可申请。这种贷款不仅利率低，而且在一些地区还有一定的补贴。一旦申请成功，企业家可以享受到更多的优惠条件。但其门槛很高，对应用企业的要求也很严格。这对大学生创业者来说无疑是个大问题。因此，要想获得创业贷款，必须有严格可行的经营计划，充分考虑还款压力和还款时间与企业预期经营状况的关系，确定贷款额度。另外，企业家要做好打“持久战”的准备，因为申请贷款还需要经过工商行政管理部门、税务部门、中介机构等诸多步骤，手续较为烦琐，每一环节都不可以出问题。

4. 风险投资

风险投资起源于美国，一般是高新技术企业获取资金的方式。风险投资家更关注以高新技术为基础的技术密集型产品的投资，如信息技术、医药、电子产品制造等。风险投资的重点不在于投资对象的当期损益，而在于其发展前景，从而通过上市或出售获得高回报。它是一种流动性较低的中长期投资。创业者往往在创业初期投资，3～7 年后才逐渐盈利。投资者的最终目标不是要在一个行业中获得强大的竞争地位，而是要把它作为实现超额回报的手段。风险投资在国内又可称为创业投资。广义上，风险投资一般是指所有具有高风险和高潜在收益的投资；狭义上，风险投资是指通过高科技生产和经营技术密集型产品进行的投资。根据国家风险投资协会的定义，风险投资是由专业金融机构投资于新兴、快速发展和具有竞争力的企业的一种股权资本。

我国风险投资兴起于 20 世纪 90 年代，基于我国独特的经济模式，风险投资得到了迅速发展。从投资者角度看，我国的风险投资机构主要有四种类型：政府设立的风险投资公司、政府设立的科技创新基金、中外合资创业投资公司和有限责任公司。对于创业者来说，利用风险资本创业的最大优势是，即使创业失败，也不会背负沉重的债务。这样就使得年轻人勇于尝试。

创办高新技术企业的大学生能否赢得风险投资基金的青睐，主要取决于个人信用担保和项目的发展前景。风险投资家不仅关心创业者的技术，更关注创业者的素质和创业者的盈利模式。感兴趣的大学生可以通过创业大赛、委托专门的风险投资公司、在互联网或其他媒体上发布信息等方式寻找投资者。此外，还可以参加创业培训班，在老师的帮助下，通过制订科学、严谨、可行的“创业计划”，说服创业投资者。

5. 创业基金

创业基金又称风险投资基金，是许多发达国家高校设立的基金。它可以帮助企业家将科技成果迅速转化为先进生产力，创造可观的经济效益。然而，风险投资在我国尚处于探索的初级阶段。目前风险投资主要由政府部门出资，资金来源主要来自财政拨款。

2015 政府扶持新政策：大学毕业生毕业后两年内自主创业，并向企业所在地工商部门申领营业执照。注册资本（资本）不足 50 万元的，允许分期到位；高校毕业生经税务部门批准创业后，免征企业所得税一年；中国各大银行为毕业生创业提供小额贷款，期限最长为两年，提供免费查询人才和劳动力供求信息、免费发布招聘广告等服务；适当降低参加人才招聘会或劳务交流活动的费用。

常用融资渠道如表 7-1 所示。

表 7-1　常用融资渠道

序号	方式	分类
1	银行贷款	抵押贷款
		信用贷款
		担保贷款
		贴现贷款
2	风险投资	创业投资
		天使投资
3	民间资本	融资市场
		产权交易市场
		发行信托产品
4	政府投资	引导性创业投资
5	典当融资	
6	融资租赁	
7	利用中介机构为创业融资	

7.4 参考案例

7.4.1 案例一：德鑫物联

北京德鑫泉物联网科技股份有限公司（以下简称德鑫物联）是全球知名的物联网射频识别高端智能装备及相关产品提供商。坚持聚焦物联网十四年，全球领先的物联网射频识别生产、应用全面解决方案提供商。主要生产 RFID 高端智能装备，用于身份证，电子护照，茅台，洋河酒之类的身份或者品牌的验证方案。

德鑫物联从 2004 年成立至 2019 年主要经历了七次融资：

（1）第一次外部融资是在 2009 年，分别为北京汇流乾元投资管理有限公司出资 3 万元，占公司股权的 3%。北京中宏信投资有限公司出资 10 万元，占公司股权的 5%。该次融资为公司第一次有详细记载的外部融资。可见公司的初次外部融资融得的金额较少，并且风险投资机构会要求占据一部分股权，从而能够参与公司的治理。

（2）公司进一步发展需要大量投资，2010 年 3 月 15 日，企业上市新三板以来首次公开发行。启迪明德创业投资公司作为领投，融资额度为 700 万元，第一次融资之后营业收入同比增长 58.39%，营业利润同比增长 59.07%，净利润为 731.18 万元，同比增长 56.59%。注册资本从 200 万元增加到 2773 万元。发行新股 315 万股，每股价格 5.185 元。风险投资机构共占据公司股权 18.33%，其中北京启迪明德创业投资有限公司占据 9.15%。并在年报中显示即使风险投资机构参股较少，也会加入公司董事会或监事会参与公司的治理。除了风险投资机构的参与，也有 24 位自然人股东的参与，其中包括公司内部高层管理人员（王邦海，王占松，张伟，杨爱明）。

（3）第三次融资为 2011 年，由两家风险投资机构参与，分别为：东莞市睿骏投资顾问有限公司，占股 1.132%；北京英华盛世投资咨询有限公司，占股 0.902%。此次融资的金额数较少，是公司在前一次融资成功的基础上吸引的两家投资机构。注册资本由 2773 万元增长至 3328 万元。每股净资产由 1.21 元增长至 1.53 元，每股净利润也由 2010 年的 0.19 元增长至 0.54 元。

（4）第四次融资是 2012 年 11 月 28 日，北京英华盛世投资咨询有限公司投资 1000 万元，主要用于新设备的研发，并筹建北京同德兴进出口贸易有限公子公司，并且开展了海外市场实现营业收入 8599.89 万元，净利润 268.82 万元，同比分别增长 45.86%、25.50%，注册资本增加到 4325.88 万元。风险投资机构占据股权 20.09%。注册资本增长至 4326 万元，每股净资产增长至 1.69 元，每股收益变为 0.53 元。

（5）第五次融资是 2014 年 3 月进行定向发行股票，并于 2014 年 6 月进行第二轮定向发行，2014 年 12 月完成。由北京同创嘉业建设开发有限公司等多家风险投资机构投资，共投资 1.05 亿元。企业于 2014 年投入大量资源向产业链下游发展筹建无锡、吉林子公司，研究出多套最关键的 RFID 应用解决方案，扩大了业务的规模，大幅增加了生产设备。营业收入同比增长 44.62%，毛利率由 2013 年的 40.06%到 33.9%。公司注册资本增长到人民币 6650 万。风险投资机构共持股 27.39%。每股收益由 2013 年的 0.27 元增长至 0.50 元，每股净资产也由 2013 年的 1.52 元增长至 3.57 元。2014 年的公开发现价格为 11.73 元，相较于 2010 年第一次公开发行价格 5.185 元有了较大幅度的上涨。

（6）第六次融资是 2015 年 6 月由广能投资领投 3100 万元，企业处在快速发展阶段，并建立新的总部基地，营业收入同比增长 34.86%，毛利率由 33.90% 变为 29.10%。净利润增长率为 7.9%，注册资本增长为 10875 万元。风险投资机构共持股 22.12%。注册资本增长至 10875 万元，公司总股数为 10875 万股。

（7）第七次融资是 2019 年两次公开发行融资，由深创投领投，融资额度为 3.8 亿元。公司要建立新的生产线，扩大公司的业务容量，增加产品的产出与销售量。根据 2019 年半年报，营业收入同比增长 9%，毛利率由上年的 16.76%增长到 24.72%。注册资本半年报显示未改变。注册资本增长至 12569.7 万元，每股收益由 0.56 元增长至 0.64 元，每股净资产也由 4.65 元增长至 6.03 元，本次发行价格为 10.60 元。

由此可见，德鑫物联风险投资参股比重较大，以 2018 年的年报为例，风险资本总参股 16.78%，说明风险投资机构能够在企业拥有足够大的董事会职权，能够有效地监督与引导企业的运营，一些具有丰富背景和声誉的风险投资机构会吸引其他风险投资机构，给企业带来一系列的发展帮助，丰富企业的管理模式；风险投资在企业上市新三板的时机开始进行投资并接受政府的资助，逐渐成为行业的领先者。

7.4.2 案例二：林峰的烧烤机

林峰，1967 年出生，毕业后在国家机关工作。1994 年年初，他辞职到一家食品机械公司做销售代表。凭着自己的勤奋和努力，几年后被公司提拔为销售经理，林峰也逐渐在业内获得了一定的知名度。

林峰希望自己创业，做大买卖。在和几个志同道合的朋友商量后，他决定做一台烤肉机。这样的决定，首先考虑到资金总额，几位朋友的资金加起来大概在 300 万元。如果林峰对食品机械产品比较熟悉，他就该知道，没有 3000 万元的资金，摊位铺不好。其次，随着人民生活水平的提高和中韩经贸往来的增加，烤肉店生意兴隆，烧烤机的需求量很大。据林峰计算，投资 300 万元生产烤肉机就可以经营企业了。一切都策划和设计好之后，林峰于 2003 年 9 月辞职。

辞职后，林峰开始筹备烤肉机的生产，租了车间，成立了公司，基本筹集到了资金。他希望这些产品能在元旦前上市。林峰投资额较大，是专职投入企业，自然担任法定代表人。但是事情并不像林峰想象得那么简单。首先，在产品设计和生产过程中遇到了许多问题。由于不熟悉餐饮机械行业的产品管理规则，走了很多弯路，浪费了很多时间。此外，环保专利产品的申请也很麻烦。虽然样机已经生产出来了，但环保专利和产品批号却无法获批。原计划年底前返还资金已成泡影。林峰等人加强公关措施，申请产品专利，申请产品批号。2004 年 7 月，这些手续才正式被批准了。

第一批 300 种产品于 2004 年 9 月生产。林峰召开了盛大的新品发布会，希望在国内提振士气，在外造势，促进市场推广。然而，效果非常有限，几乎没有任何媒体跟踪支持。很多朋友和媒体就在同一天来举办了一场演出。接下来的营销并不顺利，因为是新产品，很多客户根本认不出来，最多承诺留下来免费试用。由于销售不好，销售人员情绪低落，队伍也很不稳定。于是林峰提高了第一批产品的提成。连续两三次提成后，公司剩余收入不足以支付产品制造成本，但为了打开市场，只能是先赔本销售了。最终，在 10 月下旬销售出 12 套产品。是一家新投资创业的烧烤店。因为资金短缺，只支付了 60％的款项，剩余的款项协商在烧烤店开业后支付。

这家烧烤店开业当天，销售经理和林峰应邀参加。但是在第二天，销售经理接到了烧烤店老板的投诉，并列出了烤肉机的四大问题。顾客抱怨很多，影响了他们的生意。林峰迅速派人到现场查看。有些机械故障是可以修复的，但有些根本上是设计上的问题，确实不方便，甚至影响客人的安全。即使经过几次协调和道歉，烧烤店还是不肯放手，最后只能以抵消余款了事。

新产品设计很快就出来了，原型也出来了。然而，新的问题出现了。原来筹集的 300 万元资金此时已基本用完，30 万元的储备基金也用光了。首批原材料钢板赊账款尚未归还。临近年底，对方的销售经理来要钱。资金短缺导致了一系列问题。职工工资无法发放，林峰开始拖欠职工工资。而且，原销售人员承诺的外勤通信补贴和交通补贴也无法兑现。销售代表不仅拿不到工资，还要支付交通费和通信费，甚至包括请顾客吃饭的费用。

林峰的问题远不止于此。根据协议，2005 年上半年的租金要交，这是一笔大数目，大约 16 万元，还有水电费和管理部门的费用。临近年底，一些客户关系需要打点，同时也需要支出。此时，内部管理问题愈演愈烈，几乎所有的规章制度都失效了，林峰急得像热锅上的蚂蚁。

此时，林峰紧急召集其他三名股东开会讨论对策，最后决定按比例再投资一笔，共计 50 万元。这一次，林峰几乎用尽了家里所有的资源。50 万元是杯水车薪。除房租、日常水电费等公费外，还剩下 30 多万元。临近春节结束，拖欠职工工资的 60％已经发放完毕，剩下的只有 15.6 万元。这家钢铁公司的销售经理听说林峰有钱，就马上来要账，不给钱就不肯离开。最后，林峰别无选择，只好给他开了一张 2 万多元的支票。事实上，这只是 20 多万元欠款的零头。

林峰很清楚，春节后剩下的 10 万元钱，别说生产，连公司一个月的日常经营都维持不了，所以春节期间，他给几位股东打电话商量对策。其中两人明确表示不能继续投资，也投不起了，林峰清楚自己也投不起了，只有融资这条路了。于是大家商量，决定分头找投资商进行融资。

春节过后，正常报到上班的员工不到一半。林峰还想动员员工提供一些资金，包括股票、债务和利息支付。他私下与几位核心骨干进行了沟通，有几位明确表示不能这样做，有的表示会考虑或回家商量。此时，林峰明白了这条路行不通。到3月初，工作人员相继离开，只剩下两名财务人员、一名办公室工作人员和两名仓库管理员。另外两三名核心人员也是三天打鱼两天晒网。

林峰尽量压缩开支，整天四处跑着或打电话融资，谈了很多，除了吃饭花了不少钱之外，几乎没有任何成效。其间也尝试着能否代销点自己熟悉的产品，以渡过难关，但余下的现金不足以支撑他做经销代理。他也曾想试着做销售代表卖些产品，但多年的老总经历，真到卖产品时又担心拉不开面子，况且做销售代表挣的提成也根本支撑不了公司的日常开支。

当融资希望渺茫时，他打电话给几位股东讨论出售公司事宜。起初，有人打算以150万元的价格收购整个项目，不承担债务，但几位股东经过几轮讨论，最终未能达成一致。一周后，买家退出了。两周后，几位股东知道卖出不那么容易，而且不断产生新的债务，于是干脆委托林峰全权处理，卖出多少都没问题。但是当真的下定决心时，反而找不到买家。有人在朋友圈和网上打听过销售情况，但价格很低。最后，林峰给几位股东打了个电话，并召开了分手大会。决定申请破产，不再参加年检，让林峰随便处理，大家也不分钱了。

林峰的创业梦想就此烟消云散。

从这个案例中不难看出，忽视财务融资规划，对于创业过程中需要多少资金、成本效益如何、后续资金如何筹集等重大财务事项都没有明确的规划，导致了一步步的被动。这是创业者财务短视的表现之一。

(1) 财务资源是公司正常经营所必需的资源。创业企业更是如此。

(2) 创业是一个长期的过程，创业者用自己的创业资金很难满足创业发展的需要。因此，创业者和创业企业应该有一个或多个融资计划来引导企业的融资行为，保证创业企业的发展能够得到持续的资金支持。

(3) 相反，如果过分关注创业项目本身，忽视融资工作，很容易出现财务短视行为。即使是最好的项目也会因为市场的不确定性而带来毁灭性的打击。

7.4.3 案例三：一元卖公司

胡腾是北京师范大学国际贸易专业的学生。2002年7月，胡腾陪同当年毕业的一位大四学生参加大学招聘会。那一天，他和大四学生不停地在各个招聘网站上跑来跑去，广泛分发申请材料。然而，忙碌了一天之后，那位大四学生和其他大多数毕业生一样，没有找到合适的工作。这件事让胡腾深受触动。他想到了自己和他的同学。他认为

2003 年是大学生扩招毕业的第一年。届时，大学生的就业压力会更大。如果我们成立一家帮助大学生就业的公司，然后收取一定的中介费，这样不仅可以帮助大学生就业，还能为自己找到工作，这不是两全其美吗?

2003 年 7 月，胡腾写了一份详细的公司成立计划。然而，了解市场风险的父母坚决反对。由于见不到父母，胡腾满怀热情地去找叔叔谈自己的想法。开明的叔叔被胡腾的创业热情打动，决定资助他 3 万元。在叔叔的劝说下，胡腾的父母终于松了一口气，给了他 5 万元“创业基金”。

1. 择址武汉

有了资金，公司设在哪呢?北京的成本很高，上海几乎没有朋友。经过深思熟虑，胡腾把创业的第一选择定在九省通衢的武汉。胡腾的 6 个同学又筹集了 4 万元，成为胡腾公司的股东。和河南高中的同学们一起，胡腾的公司有 8 个股东。2003 年 7 月，胡腾来到武汉考察市场，选择了高校所在的洪山区汇通大厦。

8 月 27 日，胡腾正式注册成立思迈人才咨询有限公司，任总经理，并成立了专业人才网站——思迈人才网。思迈公司的主要宗旨是为企业和个人提供人才测评、咨询、培训、交流、猎头、人事代理等服务，为高校毕业生就业开辟“绿色通道”，提供就业培训、质量评估等服务，推荐和安置服务。在创业之初，由于人才网络和企业网络不起作用，各类服务项目无法开展。于是，胡腾决定从给大学生找家教等兼职工作做起。

2. 经营失败

为了方便工作，胡腾在武汉多所高校聘用了 24 名代理人。他们的主要任务是收集大学生宿舍电话号码，发放公司传单，为大学生举办求职聚会。这些代理人作为公司雇员由公司支付报酬。胡腾给了他们 200 元/月的基本工资，外加 0.1 元/张的传单发放费。他按照北京的现行价格执行这项工作。在实际操作中，胡腾发现，按照武汉的标准，50 元的基本工资就够这些工作了。

为了更好地进行公司宣传，胡腾决定发放一些小广告来提高公司的知名度。设计完传单后，胡腾打电话给 12 家广告公司，让他们先报价。根据假设，思迈公司计划印刷 8 种宣传材料，预算 8000 元。为了获得较低的价格，胡腾决定采取竞价的方式。经过 12 家广告公司的竞价，他选择了一家价格较低的广告公司。然而，这家低价中标的公司以按照胡腾的想法广告达不到宣传效果等理由来游说胡腾。胡腾经不住推销员的游说，很快改变了原来的计划。结果 8000 元的预算只印制了三种宣传材料。

家教首先要联系学生。根据事先的设想，免费服务期为 9 月至 10 月。根据 9 月底前发出的两万份传单，估计会有 2000～3000 人成为思迈的会员。公司将为成为会员的大学生提供免费服务。然而事实并非如此。很多学生不敢来，因为他们怀疑思迈提供的免费服务的真实性。截至 9 月底，前来报名的学生只有 500 人。由于仍有人持怀疑态度，150 人在填写身份时故意填写了错误的身份证号码。实际上只有 350 名会员加入了这个俱乐部。会员卡办完后，又有 150 名学生因为怕收费而没有来领卡。最终，2 万张传单只换来了 200 名免费会员，比原先想象的要低很多。

与学生接触不理想，家长方面的工作也遭受挫折。为了了解家长的需求，胡腾花了 5000 元在报纸上登广告。最终，5000 元的广告费只换来了 35 位顾客，还多需要的是艺术、音乐等特殊家教，最后家教也没有做成功。

3. 一元卖公司

截至 2003 年 10 月 8 日，公司 12 万元的创业资金已经花了 5 万余元，却没有收入。在这种情况下，胡腾开始意识到自己不适合管理一家公司，于是决定聘请职业经理人来管理公司。10 月 10 日，经理正式接手思迈公司，但接手仅一周，经理就辞职了。一起投资的 6 名学生拿走了 4 万元的投资。最终，只有胡腾的一名中学同学坚持和他合作。

“是该结束了!”胡腾盘点发现，3 个月内，公司净亏损 7.8 万元。面对这种情况，胡腾决定以 1 元钱将公司卖给一名博士生。

这个案例中，我们可以看到创业者是充满热情的，但缺乏必要的财务知识和健全的财务决策。如果创业企业在员工薪酬、广告、消耗品等方面缺乏财务管理理念，创业资金很快就会用完。在没有收入来源和融资来源的情况下，关闭是初创企业的唯一选择。

(1) 创业之初，由于融资能力、融资渠道等因素的影响，创业者创业资金较少。同时，创业过程存在很大的不确定性和市场风险，这是创业者无法控制的，需要更多的储备资金来满足企业的临时需求。

(2) 有限的创业资金与更多的资金需求之间的矛盾，要求创业者加强对风险投资的管理，牢固树立成本观念，把有限的资金用在刀刃上，留下一部分现金流来满足突发事件的需要。

7.5　课后习题

(1) 创业融资的概念是什么?

(2) 大学生创业融资需要注意什么问题?

(3) 创业融资的具体过程有哪些步骤，制约因素有什么?

(4) 创业融资的模式有哪些?

(5) 创业融资的渠道有哪些?

第 8 章　创业风险识别与控制

扫码获取
本章课件

8.1　创业风险识别

8.1.1　创业风险来源

由于在创业过程中受到多种因素的影响，如创业者与其团队的专业知识与实践能力有限、创业环境具有未知性、创业企业结构以及创业机会具有特殊性和复杂性，这些因素都将可能导致创业风险。并且导致创业风险的未知性、特殊性和复杂性的主要来源是由于创业人员将某个理念或者技术转变为特定产品或服务的过程中，存在着一些相互关联的、基本的差距。而这些差距最终会给创业者带来严重的后果。

1. 融资困难

在学术支持与商业支持之间存在资金缺口，这是研究经费与投资资金之间的缺陷。研究经费一般来自个人、政府机构或企业研究机构。它们不仅支持概念的创造，而且支持对其可行性的初步确认；投资资金将概念转化为可销售的产品原型（该产品原型具有令人满意的性能，并且对生产成本有足够的了解，可以确定是否有足够的市场）。创业者可以证明他们的想法是可行的，但他们通常没有足够的资金将其商业化，这给创业带来一定的风险。一般情况下，很少有资金愿意鼓励创业者弥合这一差距，如为富有的个人的早期项目和政府资助的项目提供风险投资。

2. 研究困难

研究困难主要存在于仅基于个人利益的研究判断与基于市场潜力的商业判断之间。当创业者首次证明某种特定的科学或技术突破可以成为商业产品的基础时，他只是停留在示范水平上，这种论点后来并不可行。在将设想的产品真正转变为批量生产的产品的过程中，即具有有效性能，低成本和高质量的产品，如果要在市场竞争中生存，需要很多复杂且潜在的成本研究，尤其会产生较大的时间成本，从而带来创业风险。

3. 信息和信任差距

技术专家和管理者之间存在信息和信任差距。换句话说，创业过程中，有两种不同类型的人：一种是技术专家，另一种是管理者。这两种人接受不同的教育，对创业的期望，信息来源和表达方式也不同。技术专家对产品的性能以及其他技术指标非常了解，并且能够判断出符合技术要求的创业构想或者哪些构想或产品及服务能够吸引广大客户的需求。在创业失败的情况下，技术专家必须承担学术和声誉影响的风险，造成较多的经济损失。管理者对产品推广流程有很好的了解，但涉及新产品研发或者设计等技术方面时，管理者更多地依赖技术专家的知识水平与实践经验。如果技术专家和管理者不能彼此完全信任或无法有效沟通，那么这种差距将变得更大，带来更大的创业风险。

4. 资源缺失

资源和创业者之间存在着密不可分的关系，资源是创业过程中极为重要的推动器，也是一个构想是否可以实行的重要前提。如果没有必要的资源，创业者将无所适从。在大多数情况下，创业者很难拥有创业所需的所有资源，这就导致了资源缺失。如果创业者缺乏弥补所需资源的能力，也就意味着失去了创业的前提条件，即没有机会开始创业，或者在创业过程中受制于他人。

5. 管理缺口

创业企业造成管理缺口的原因主要是由于创业者本身不一定完全掌握对公司的管理技能，也不一定是行业中出色的企业家。而进行创业的动机主要包括：创业者是技术方面的专业人士，通过利用新技术进行创业，但是缺乏管理方面的技能，这就形成了管理缺口。此外，创业者往往有一些对某个项目、某个产品或者服务的构想，但在战略规划方面没有突出的才能，或者在某项具体的事务方面缺乏管理能力，进而导致管理缺口。

8.1.2　创业风险种类

1. 按风险来源的性质划分，可分为主观创业风险和客观创业风险

（1）主观创业风险，是指在创业阶段，创业者可能会受到自身身体与心理等方面的主观因素的影响，导致创业失败。

（2）客观创业风险，是指在创业阶段，企业可能会受到市场变动、政策调整、创业资金短缺、存在竞争对手等因素的影响。

2. 按创业风险的内容划分，可分为技术风险、市场风险、政治风险、管理风险、生产风险和经济风险

（1）技术风险，是指所需的相关技术不成熟、不配套，难以适应市场的需求等，从而导致创业失败。

（2）市场风险，是指市场价格的不确定性对创业企业实现目标产生的不利影响。

（3）政治风险，从宏观政治风险来说，如“恐怖活动”、国际关系发生变化或“军事政变”等对创业企业都有潜在的影响；从微观政治风险来说，如对特定企业征税等也会导致创业企业遭受损失。

（4）管理风险，是指由于创业者对企业的经营理念和管理技术不了解，使企业运营出现问题，从而产生创业风险。

（5）生产风险，是指创业企业在原材料、设备采购、加工生产、技术研发等整个生产过程中难以实现生产作业计划而产生的创业风险。

（6）经济风险，是指在市场经济中，由于受到宏观环境的大幅度变动、消费要求的变化，使创业企业的预期收益与实际收益产生偏差，从而造成较大的经济损失。

3. 按风险对创业投资的影响程度划分，可分为安全性风险、收益性风险和流动性风险。创业投资的投资方包括专业投资者与投入自身财产的创业者

（1）安全性风险，是指从风险投资的安全性来看，一方面，预期的实际收益可能存在损失；另一方面，专业投资者和创业者自己投资的其他财产也可能遭受损失。

（2）收益性风险，是指风险投资的投资人的资金和其他财产不会遭受损失，但可能会损失预期的实际收益。

（3）流动性风险，是指投资者的资金以及预期的实际收益可能不会遭受损失，但因资金问题可能无法按时交易，导致资本运营停滞，从而给投资者或者创业者带来损失。

4. 按创业过程划分，可分为机会识别与风险评估风险、准备与撰写创业计划风险、确定并获取创业资源风险和初创企业管理风险

（1）机会识别与风险评估风险，是指在机会识别与风险评估过程中，创业者或投资者面临着诸多因素的影响，如获取的市场需求数据、产品信息不准确，或者出现推理错误等，都会使创业面临着方向性的错误。此外，由于创业者在创业过程中消耗大量的时间成本、超负荷的工作成本等，使机会成本的风险增加。

（2）准备与撰写创业计划风险，是指创业者或者投资者在为创业做准备的过程中，通过撰写创业计划书而对创业项目有了更清楚的了解，而创业计划书的好坏也决定了投资交易的成败。因此，在撰写过程中，存在着各种不确定因素，以及创业者或者投资者本身管理水平与技术能力有限，从而带来的创业风险。

（3）确定并获取创业资源风险，是指创业初期，由于所需资源的获取较为困难，需要付出大量的时间成本或经济成本，从而带来了创业风险。

（4）初创企业管理风险，是指创业者或者投资者由于缺乏管理方面的知识和技能，如发展战略的制定、组织、技术、营销等方面知识的缺乏，从而产生风险。

5. 按创业与市场和技术的关系划分，可分为改良型风险、杠杆型风险、跨越型风险和激进型风险

（1）改良型风险，是指利用已有的市场、技术、资源进行创业的风险。这种类型的创业成本较低，风险较低，但是经济收益较少，企业要想生存和发展，很难获得更高的经济回报。不仅会使企业遭受同行竞争者的排斥或者产生行业壁垒，而且企业也很难占据一定的市场份额。

（2）杠杆型风险，是指利用新的市场和已有的技术和资源进行创业的风险。这种类型的创业成本与风险稍高，对一个全球性公司来说，这种风险一般是地域性的，往往用于一些尚未被开发的市场。

（3）跨越型风险，是指利用已有市场和新的技术及资源进行创业的风险。这种类型的创业成本与风险略高，主要用于技术创新方面，即替代原有技术的现象，在企业的二次创业中较为普遍，市场竞争较大，尽管领先者有先动优势，但很快会被同行业或者其他模仿者所替代。

（4）激进型风险，是指利用新的市场、新的技术和资源进行创业的风险。这种类型的创业成本和风险最大，由于领先者会有先动优势，其竞争风险较小，但知识产权保护薄弱，市场需求存在诸多的不确定性，创业者在确定产品性能时存在很大的困难。

6. 按创业中技术、市场与管理因素的关系划分，可分为技术风险、市场风险和代理风险

技术风险、市场风险的概念在前文中已经提到，不再重复叙述。

代理风险，是指在创业过程中存在诸多不确定性，高级管理者、企业的生产运作管理以及企业组织架构是否能够适应这些可变因素，从而战胜创业企业存在的危机的风险。

在创业过程中，由于这三种类型的风险相互作用，使创业企业面临的不确定因素更加复杂，随着创业难度的加大，各因素的风险性质也会发生一定程度的变化。

8.2　创业风险分析

1. 创业环境风险

创业环境是指与创业过程有关的一些因素的集合，包括宏观环境、行业环境和微观环境。

（1）宏观环境是指在创业过程中产生的一些对创业不利的社会行为或者机会行为，如政治、经济、技术、社会因素等行为。

（2）行业环境是指提供相同类型的产品（或服务）或提供替代产品（或服务）的环境，包括行业生命周期、进入和退出壁垒、行业需求和竞争、当前主流技术和行业未来的发展方向。

（3）微观环境是指与创业企业紧密相连、直接影响企业营销能力和效率的各种因素的综合，其中的力量包括顾客、竞争者、社会公众等。

创业者在创业前必须对创业环境有充分的了解并做出详细的分析，有效地分析和管理环境带来的各种风险。首先，要调查创业所在地的人口、政策、法律法规、市场经济等信息；其次，要调查创业所在地的产业环境和微观环境。只有对创业环境有详细的了解，也就有了创业的一大砝码，创业者要牢牢把握机会，因地制宜，充分利用创业所在地的各种资源和环境。只有这样，才能减少对企业不利的创业环境带来的风险。

2. 人力资源管理风险

人力资源管理是指企业对人力资源方面的管理，如制定用人制度，培训方案、绩效与薪酬管理、人员调配、员工健康与安全方面的管理制度等。

（1）人力资源管理风险的来源：

①员工招聘风险：从经济学的角度来看，企业的员工招聘属于不完全信息的动态博弈过程，在招聘过程中，企业与应聘者只是通过简历或者其他有关信息了解对方，可能会造成造假行为，出现应聘者道德风险严重、提供虚假信息等风险。

②培训风险：企业在对员工培训方面有错误的认识，培训体系与制度不健全、培训需求不明确，从而产生资源浪费、成本增加，还可能造成专有技术泄密等风险。

③员工任用风险：企业在员工任用中，不善于量才使用，将合适的人放在了不合适的岗位上，只关注员工的过错，忽略其长处和贡献，企业缺乏对人力资源的分析，从而形成了各种不合理的岗位调配等风险。

④薪酬管理风险：未依照国家的法律法规、市场经济环境的变化以及同行业的竞争等方面的因素对薪酬制度进行调整，或者调整不当，不但起不到激励作用，反而适得其反。

⑤劳动关系带来的风险：企业未按国家政策和合同约定而进行用工、招聘、解约等行为，从而带来风险。

（2）创业人力资源管理风险控制：

①对应聘者的信息严格筛选、谨慎招聘测评方法。

②企业应制定完善和符合实际情况的员工培训制度，提高培训质量，落实培训计划，对培训后期工作进行测试。

③人才是企业的主要核心力量，企业应增强选人的技术，将合适的人才用在合适的岗位上，即用人之长、因人设岗等。

④薪酬水平在一定程度上决定了企业能否招聘到优秀的员工，因此，企业要制定合理的薪酬制度，并且根据市场环境、同行业竞争者等因素的影响不断优化企业自身的薪酬制度，激励员工更加高效的工作热情。

⑤规范用工、招聘、签约以及解约等过程。

3. 企业财产风险

企业财产是指来自某种有形资产的一组权利或与该有形资产的某些部分相关的一

组权利。只要这种有形资产具有独立的经济价值，就可以称为财产。企业的财产主要包括动产、不动产以及无形资产。

（1）企业财产的风险来源：

①自然原因：由自然因素造成的企业损失，人类难以控制这些损失的发生。

②社会原因：由于违反个人行为准则导致的财产损失，如纵火、盗窃等。

③经济原因：在很多人或政府的政策调整等行为影响下，导致经济衰退等现象的发生。

（2）企业财务风险控制：做好损失前的预防工作，尽量减少损失发生的频率；尽量降低损失后的影响程度。加强安全规章制度建设，加强培养员工的安全意识，尽量避免引发事故的不安全行为。运用合理的转移风险途径，如签订免责协议、转移风险源、在合同中使用责任转移条款等。保险是财产风险管理的最后一道防线，必须谨慎选择，因为保险与损失后的赔偿有关。

4. 知识产权风险

知识产权风险是指企业在生产经营过程中，企业的专利、商业机密等在生产研发过程中被侵权、非法占用等，从而给企业造成的风险。

（1）知识产权的风险来源：

①国家对企业或个人专利管理的严格把控力度不够。

②企业对专有技术和商业机密的保护机制不完善，导致无形资产流失。

③企业在创业初期，并没有根据市场环境寻找创业优势和商业价值，从而定位企业自身的核心竞争力，也没有区分知识产权保护的优先顺序，造成各种资源的浪费。

④企业好高骛远，对同行竞争者的知识产权缺乏分析和监控。

⑤不了解海外的知识产权保护法规。

（2）知识产权风险管理：

①进行知识产权审核：项目立项前对与该技术相关的专利进行评审，获得研发成果后，评审保护方式，选择正确的专利保护方式，在生产阶段对生产过程进行评价和分析，从而找出更加合适的生产方案，并在产品销售阶段，对涉及知识产权的销售计划、标语和广告等进行调查。

②建立健全知识产权档案：认真做好与知识产权相关文件的管理工作，如企业的专利申请和研发记录、商标注册以及产权审核等。这样，企业拥有的所有知识产权都可以清晰地展示出来，对市场上其他竞争对手的动态也可以随时监控。

③采取必要的防范措施：防范措施主要包括通过合同约束合作伙伴和员工，防止商业秘密泄露和转移侵权风险。其中，约束合作伙伴的目的是转移侵权风险。

5. 融资风险

融资是指企业通过对市场、个人以及企业发展情况的分析，运用各种筹集资金的渠道，以保证企业在生产经营过程中的正常运作的一种理财行为。

（1）融资风险来源：

①初次创业者由于缺乏融资方面的专业技能和渠道，导致融资困难，此时，这些创业者会选择以低价转让的方式将自己的创意和股权转让，用以进行资金周转，这种方式损害了企业的信誉，也增加了后期融资渠道的潜在风险。

②企业刚开始创业时期，内部管理与财务制度不完善，对资金的各项收支情况记录不明，对融资使用的资金的管理情况不重视，因而出现融资风险的概率较大。

③目前，我国的融资平台发展还不完善，投资方与创业者的信息不透明，加上国家出台的相关政策也会在无形中增加融资风险。

（2）融资风险管理：

①创业者应该提高自身的风险防范意识。谨慎选择融资渠道，通过融资培训、学习关于融资方面的专业知识，以提高自身预防融资风险的能力，避免盲目融资。

②初创企业应建立诚信意识以及企业自身的信誉制度，对于一个企业来说，经济利益很重要，但信誉是企业存在和发展的有力武器。此外，企业还应完善内部的财务机制，准确记录资金的收支情况，使企业内部信息更加透明化。这样做可为日后企业发展和再融资打下良好基础，也为企业良好形象的建立做铺垫。

③政府应建立健全融资相关的法律制度和政策，扩大融资渠道，解决大学生在创业中融资难的问题。此外，还应增加在融资市场中关于投资方信息的透明度等，降低大学生在融资平台中发生融资风险的可能性。

6. 财务风险

财务风险是指企业内部的财务结构不合理或者融资方式不当而导致企业无法获得预期的经营收益。财务风险是客观存在的，良好的风险管理办法只能降低风险出现时给企业带来的影响，并不能彻底消除财务风险。

（1）财务风险的成因：

①企业财务管理的宏观环境是复杂多变的，企业的管理系统也不能及时适应这种多变的宏观环境，这也是导致企业财务风险的外部原因。财务管理的宏观环境包括市场环境、经济环境、社会环境、法律环境等，这些因素存在于企业外部，但对企业财务管理产生了重大影响。

②企业财务管理人员不能完全认识到财务风险导致的一系列严重后果。只要有财务活动，就一定存在财务风险，财务风险具有客观性。在实际工作中，很多财务管理人员风险意识淡薄，这也是导致企业财务风险的重要原因之一。

③缺乏科学的财务决策从而导致决策失误。财务决策失误是导致企业财务风险的另一个主要原因。因此，科学的财务决策是避免财务决策失误的前提。

④企业内部财务关系不明确。企业与内部部门之间、企业与上级企业之间，在资金管理使用、利益分配等方面存在权责不清、管理不力等现象，导致资金使用率低下，并且流失严重，不能保证资金的安全性和完整性。

（2）创业财务风险控制：

①为了避免财务风险给企业带来的损失，投资者和管理者都要增强自身的风险防范意识。

②在企业内部建立健全财务风险控制机制，运用预算模型模拟企业所面临的风险，采用弹性预算为未来的风险预留出路。

③善于利用企业孵化器，这种方式可降低企业在创业初期将要面临的风险。

④积极吸纳风险投资经济，可以改变企业内部财务结构，增强企业偿债能力，提高企业应对风险的能力。

⑤增加企业流动资金的储备，减少坏账，预防资金流断裂给企业带来债务危机。

8.3　创业风险控制

8.3.1　创业风险控制的定义

创业风险控制是指创业者采取各种措施和方法，消灭或减少风险行为的发生，如根据风险信息识别出创业企业自身的风险来源与预防措施，以期完成企业要实现的目标。

在创业过程中，总会发生各种风险。当风险事件发生时，管理者会采取各种措施避免风险实践的发生，或者将风险发生的损失控制在一定范围内。

8.3.2　创业风险控制的方法

创业风险控制的四种基本方法是：风险规避、损失控制、风险转移和风险保留。

1. 风险规避

风险规避是投资者有意识地放弃风险，完全规避特定损失风险的一种行为。简单的风险规避是应对风险最消极的方式，因为当投资者放弃风险行为时，他们通常会放弃潜在的目标收益。因此，这种方法通常只在以下情况下使用：

(1) 投资主体对风险极端厌恶。

(2) 存在其他方法可以以较低的风险实现同样的目标。

(3) 投资主体无能力消除或转移风险。

(4) 投资者无法承担风险，或者风险不能得到充分补偿。

2. 损失控制

损失控制并不意味着放弃风险，而是制定能够减少损失可能性的计划并采取相应的措施预防风险时间的发生。控制的阶段包括事前、事中和事后三个阶段。事前控制的目的是降低损失发生的可能性，起到风险预警的作用。事中和事后的控制主要是为了减少由于风险没有及时得到控制而导致实际发生的损失。

3. 风险转移

风险转移是指以合同的方式将让渡人的风险转移给受让人承担的行为。其作用是降低经济主体的风险程度。风险转移的主要形式是合同和保险。

（1）合同转移，通过在合同中约定风险转移的相关事项，从而将风险以一定比例转移给一个或多个其他参与者。

（2）保险转移即保险，是将风险转移给保险公司，从而使企业自身免受风险损失。保险是风险转移方式中最为广泛的应用。

4. 风险自留

风险自留即风险承担。如果损失发生，经济主体将利用当时可用的任何资金支付。风险保留包括无计划自留、有计划自我保险。

（1）无计划自留，指风险损失发生后从收入中支付，并没有在风险发生之前做好这部分资金的可能使用计划。当经济主体没有风险意识或者对未来可能发生的风险估计不足时就会采用无计划保留方式承担风险。通常情况下，应尽量最大限度地预估风险，保留部分资金。因为如果实际损失太大的话，将导致资金周转困难。

（2）有计划自我保险，指可能的风险发生前，通过保留足够的资金，能承担风险带来的损失，不至于出现资金周转困难的情况。有计划自我保险主要通过建立风险预留基金的方式来实现。

8.4 参考案例

8.4.1 案例一：乐视

乐视信息技术（北京）股份有限公司、乐视网成立于2004年11月，以“平台＋内容＋终端＋应用”为企业的经营模式，并打造了7个互不关联的垂直业务，涵盖了互联网视频、影视制作与发行、智能终端、大屏应用市场、电子商务、生态农业等内容。

乐视网于2010年8月在中国创业板上市，业务规模不断增大。2014年实现营业总收入100亿元，2016年实现营业收入219.87亿元。但是，看似繁荣的局面背后却是一场巨大的金融危机。乐视有大量融资，同时，乐视拖欠手机供应商的违约金额高达150亿元，超过60％的版权费尚未支付。2017年7月7日，董事长贾跃亭辞职，公司5名重量级高管也相继辞职。乐视股价一路下跌，面临退市风险。

造成这些现象的原因主要有以下几点：

1. 内部环境不乐观

（1）组织架构不合理，制衡失效。乐视网设立了股东大会、董事会、监事会，看似组织结构合理，但却未起到相互制衡的作用。监事会是监督董事会行为的，但在监事会中却有董事长贾跃亭的亲属在其中任职，考虑到亲属关系，监事会并未对董事会真正起到监督作用，乐视网的决策权基本掌握在贾跃亭一人手中，这对上市公司战略的制定是极其不利的。

（2）专业人才配置不足，重视程度低。乐视网的创始人虽具有企业管理的相关学历，但从上面的分析我们可以看出，他对企业风险管理和内部控制并不重视，这种淡薄的意识会传递给公司员工，没有公司全体员工的参与，企业无法建立科学的内部控制体系并得到有效执行。另外公司组织中所设立的内部审计部门和监察部门也只是为了上市，并未聘用专业性人才，无法发挥应有的作用。内部审计部门应该能够发现企业存在的内控问题，并相应地提出一些改进措施，而乐视的这个部门形同虚设。

2. 风险评估力度不足

基于前面对互联网视频企业和乐视网基本情况的了解，乐视网处于多元化收入无法形成规模、运营成本不断攀升、法律和各种监管机制都不健全的环境之中，企业更应该时刻关注每个生态系统所面临的风险，更要充分衡量自己的风险承受度，在主营业务发展稳定后再如此大规模地投入诸如体育、汽车等产业的研发与生产。一旦发生了严重的财务危机，企业应该进行系统的风险评估以及考虑到各种决策方案的实施结果，及时采取风险规避策略。由于公司的决定权基本掌握在贾跃亭手中，在应对风险时他坚持选择继续投入资金研发和生产汽车，这是极其不理智的决策。此外，公司和贾跃亭控制的关联方有高达73亿的应收账款债权关系，后来当作坏账处理，这表明公司并未对关联方交易进行科学合理的风险分析。

3. 控制活动失效

第一，虽然乐视网在内部控制制度中具有对外担保以及关联方交易的相关规定，但是其子公司还是出现了未履行审批流程的违规对外担保情况。2017年在关联方交易方面形成了73亿元的坏账，这说明乐视网授权审批和关联方交易的内部控制在某种程度上是失效的。

第二，乐视网在进入电视行业时，明确表示电视的销售要去渠道化，可是后来却将电视以外包的形式出售，体现了产品销售战略与预算控制的失效。

第三，在前面的财务分析中可以看出，乐视网的营运能力和偿债能力明显下降，这是企业不考虑自身实际情况而盲目融资扩张的结果，企业并未重视这些产业同时发展的费用预算和经营预算等问题，入不敷出而导致资金链断裂。而且乐视网的预算管理和考评部门并未明确职责分工，这也是造成乐视网预算控制失效的重要原因。

4. 缺乏有效的信息沟通体系

一方面，乐视网与关联方的交易，会计信息系统没有及时对交易的可行性进行评估，未能识别出交易风险，导致大量应收账款无法收回，进而导致乐视网面临资金短缺的问题。另一方面，贾跃亭在做决策时通常不受别人的限制，往往根据自己的想法一意孤行，重要的事项从上到下进行信息的传递，公司其他人员只需要服从。然而对上市公司而言，这并不是一个有效的沟通方式，不利于企业生成和使用高质量的信息。企业的很多问题需要不同岗位和层次的工作人员去反馈，企业要保证员工能进行从下到上的有效沟通，有利于更加全面系统地发现企业所面临的风险，使企业经营更加高效。

5. 缺乏严格的内部监督

乐视网未设立单独的风险管理部门，而是将风险管理融入各个部门之中，这就导致在实际工作中这些部门并未做充分的风险管理工作。此外，公司虽然设立了内部审计部门和监察部门，但部门内的人都并非专业性人才，机构设置也是形同虚设，其内部控制有效性的评价很难具有参考价值，更不用谈能发现企业存在的内控问题了。

8.4.2 案例二：博客网

方兴东在 2002 年创建了国内第一家专业的互联网研究实验室，成立了“博客网”，为中国互联网的发展和推广做出了巨大贡献，被称为“中国博客之父”。

在接下来的三年里，博客网以每月超过 30％的速度增长，在全球排名中飙升至 60 多位。2004 年，它从盛大创始人陈天桥和软银合伙人杨东那里获得了 50 万美元的天使投资。2005 年 9 月，方兴东又从风险投资公司筹集了 1000 万美元，引发了中国 web2.0 投资热潮。在短短 6 个月内，该网络的员工人数已从 40 多人增至 400 多人。据报道，其中 60％至 70％用于支付薪水。它还在视频、游戏、购物、社交网络和其他项目上耗费了数百万美元。百万美元很快就被挥霍掉了。博客圈开始了三年的剧变，几乎所有的高级职位都被裁掉了，CEO 的位置被一个决策团队取代。到 2006 年年底，博客世界的员工已经缩减到 40 人左右。博客网络不仅面临着资金链断裂、业务难以继续，而且业务上也不断萎缩，用户数量大量流失。为了摆脱困境，在 2008 年，博客圈计划将中国和博基的博客分成两个独立的公司，分开后，不再转向高端媒体和社交网络。但在那一年的 10 月，博客圈卷入了裁员和关闭危机，宣布所有员工可以自由离开或留下来没有薪水，这一举动被认为与博客圈宣布解散没有什么不同。

从博客网的发展历程来看，从开始到结束，分析创业失败的原因，得出以下几点：

（1）没有明确的盈利模式，单纯依靠企业或创业者的知名度；

（2）没有核心团队，管理失控，企业结构不明确，业务流程混乱；

（3）好高骛远、急于求成的态度使大量客户流失；

（4）由于企业规模较小，不适应较大战略的实施，销售收入没有严格的管理方案；

（5）随着新型网站的快速崛起，博客网由于墨守成规，无法与同行业的网站竞争；

（6）创业者战略能力不足，缺乏企业管理技能、风险评估能力。

博客网的失败说明，创业企业应找到合适的风险管理方法，对企业存在的问题进行分析，减少处理不当所造成的损失。

8.4.3　案例三：尚阳科技

尚阳科技自 2003 年成立起，就被耀眼夺目的氛围包围着。曾经网通 COO 郑昌幸是公司的创建人及 CEO，网络产品部总经理毛森江和原华为公司副总裁陈硕都是公司管理团队中的一员，可见出身不凡，公司建立初期还获得多家知名风险投资机构的首期融资高达 5800 万美元。

美国知名杂志 RedHerring 曾评选尚阳科技为亚洲 100 强私人企业之一，其目标是成为通信领域领跑的下一代服务平台（NGSP）提供商，自由通信新时代由尚阳科技开启“自由沟通无界限”。公司业务范围较广，涉及宽带无线解决方案和企业通信解决方案等几个领域。当时，很多电信运营商准备在增值业务上大干一场，但尚阳没有抓住市场机会。2 年之后，由于公司经营不善，面临大幅度裁员的尚阳科技开始转型，从之前的设备方案提供商向互联网增值业务提供商转变。在市场中不但面对国内的 QQ、新浪、网易等通信工具的挑战，还要跟声名显赫的微软 MSN、Skype 和 Googletalk 等跨国巨头竞争。最终，美梦破碎，2006 年就退出了市场。

尚阳科技主要是管理方面存在问题而沦落到这个地步。一是公司将研发作为企业的重心，而对市场环境没有做好详细的调查和分析，错失了机会，而在研发方面，由于市场融资困难，导致首期融资用完之后，也没有新产品供给。二是公司组织结构混乱，内部帮派严重，事业部之间各自为政。公司的用人制度不明确，导致内部员工鱼龙混杂，很多员工没有专业技能和管理才能，并且从高层到员工“成分”极为复杂，有出身国企的也有来自外企的，有来自创业公司的，也有来自全球 500 强公司的，甚至还有从华为管理团队带来的旧部。

但是，尚阳科技拥有在投资领域有丰富投资经验管理人才陈立武和郑昌幸等，还有实战派的管理团队，以及多家知名投资公司的大额注资，足以证明了中国通信市场的空间和吸引力。而这些积极因素加在一起，更让人对尚阳科技创业的失败感到惋惜。

8.5　课后习题

（1）创业风险的来源有哪些？

（2）创业风险有哪些分类方法？

（3）如何防范项目选择时的风险？

（4）创业者应如何应对环境风险？

（5）创业风险控制的方法有哪些？你作为一名创业者，如何有效控制创业风险？

第 9 章　企业介绍与团队管理

扫码获取
本章课件

9.1　企业概述

9.1.1　企业的宗旨和目的

企业宗旨是企业存在的目的或对社会发展某一方面的贡献的陈述。有时也被称为企业的使命。是指企业将要进行或打算进行的活动，以及现在或预期的企业类型。企业的宗旨往往被视为对其存在的肯定。当然，每一个企业都有自己独特的生存理由，尽管不一定要用书面形式表达出来。

从根本上讲，企业的目的是回答“我们的企业是什么”这个问题。从本质上讲，这是一个“我们的企业会变成什么样的企业”的问题，也就是说，企业宗旨主要为整个企业树立发展基调。企业的宗旨不仅涉及企业的长远目标和具体业务，还涉及企业文化、企业精神和经营理念。在任何一个发展阶段，企业都不能偏离其宗旨，它本质上是一个企业的根本思想和发展路线，影响着企业各项制度的建立和决策。企业宗旨声明经常在年报中公布，在企业内部广泛展示，经常被纳入企业向顾客和供应商提供的信息资料中。

企业的宗旨不仅说明了企业未来的任务，而且明确了为什么要完成任务，完成任务的行为准则是什么。换言之，尽管企业的目的千差万别，但必须回答两个基本问题：

（1）我们这个企业是干什么的和按什么原则干的？

（2）我们的企业应该树立什么样的社会形象来区别于同类企业？

1. 企业宗旨的基本内容

（1）企业形成和存在的基本目的。这一内容提出了企业的价值观，以及企业在一定方面对社会做出贡献的基本社会责任和期望。

（2）达到经营活动的基本目的。这一内容规定了企业在战略时期的生产范围和市场范围。

（3）企业在经营活动中的基本行为规则和原则。这一内容阐明了企业的管理思想。管理思想的表述往往反映在企业的经营方针中。

为了使企业宗旨明确，必须说明三个问题：一是企业的基本目标或目的；二是用以达到这些目标的基本手段；三是企业同其社会和经济环境的关系。这三个方面与企业宗旨的制定是相对应的。

一是目标全面性原则。就企业的基本目标而言，既要包括增长率、利润率等财务目标，也要包括技术进步速度、客户服务质量等无形目标。如果目标陈述中没有包含模糊的领域，那么管理者当然会把精力集中在官方公布的可以更清楚衡量的目标上，而那些没有提及的目标，比如技术进步或客户服务，则会逐渐缩小，无法实现。因此，应包括有形目标和无形目标、短期目标和长期目标、易于量化的目标和难以量化的目标。

二是手段合理性原则。在实现目标的手段方面，应说明管理者和工人如何分享权力，如何决策，如何与当地社区打交道等。如果对目标有很强的表述和监督，但没有关于经营原则或手段的规则，那么管理者就可以使用任何手段来实现他们的目标。例如，为了达到增加销售额或加速生产的目的，经理可能会虐待员工或忽视技术开发。这些措施的恶果可能在短期内隐藏，但最终会对组织的利益造成巨大损害。明确实现目标的手段是防止"不择手段"。

三是关系和谐性原则。公司与社会公众、企业主与社会的关系应该用恰当的术语来描述。例如，美国代顿哈德逊零售公司就做出了以下规定："作为消费者的购买代理人，满足他们对商品和服务的需要和期望；为我们的员工提供个人和职业发展；为我们的股东提供有吸引力的经济利益；为我们经营的社区提供服务，如"遵守最高的法律、道德和道德标准""改善我们经营所在社区的环境""做出贡献""每年应税收入的5%用于改善社区生活质量"等。

2. 企业宗旨陈述

一般来说，企业宗旨有一个历史的形成过程。企业成立之初，其目的相对模糊或简单，一般局限于经营范围的表述。随着企业的发展和对业务流程的体验，其目的会逐渐成熟和完善。不同企业定义目的的具体表述略有不同，表达方式也不同。然而，企业目标陈述是企业战略中最引人注目、最容易理解的部分，它可以引导和激励各种利益相关者。因此，企业目标书的主要要求是保证其能够简要地涵盖所有的基本内容。

如何简明扼要地表达企业宗旨，只有在实践中不断探索和研究。一般来说，企业宗旨的表述应当注意以下几个问题：

（1）一个企业的目标声明应该相对宽泛。有两个原因。一是企业目标的广泛表述为企业战略管理者的创造性提供了选择。过于狭隘的目的陈述会限制这种创造性，使企业在多变的环境中错失许多机会；二是容易调和各利益相关者之间的差异，这种差异是模糊的。绩效原则和各利益集团的重要性可以避免不必要的矛盾。

（2）企业的宗旨陈述应该比较全面。不仅要从各个方面对企业进行界定，而且要全面反映各利益群体的要求。否则，它们就不能为制定目标和战略提供有效的指导。

（3）企业宗旨的表述不应过于宽泛，限制企业的战略选择，因为它不能统一企业对未来的认识。

3. 企业宗旨陈述的意义

虽然并不是所有的企业都有自己的目的陈述或公开发表，但越来越多的企业将企业宗旨作为企业战略的重要组成部分。公司宗旨声明的重要性可概括如下：

（1）提出企业的价值标准（价值观），以确保符合企业目的的适当项目的主要行动在企业内部实现。企业宗旨中关于企业存在的根本目的的表述，为全体员工共同奋斗树立了价值标准。企业价值标准是企业和全体员工选择自己行为的一般准则和指导。个人、部门乃至整个企业的行为和目标是否符合企业的发展方向，最普遍的价值标准就是企业的价值标准。同时，以企业存在的根本目的所表达的企业价值标准对激励员工也起着重要作用。

（2）为战略管理者确定战略目标、选择战略、制定政策、有效利用资源提供指导。企业宗旨中关于企业经营范围或经营领域的表述和企业发展方向的表述，为企业选择实现目标的手段即战略规划提供依据。换言之，企业的目的决定了企业的战略目标。为了实现战略目标，企业应开展业务活动（生产哪些产品、进入哪些市场）以及如何开展这些活动（制定什么政策、如何配置资源）来开展这些活动。

（3）树立区别于其他企业的形象。企业宗旨中对企业管理思想的行为准则的表述，有助于企业树立一个独特的、有别于其他竞争对手的企业形象。因为它反映了企业在处理自身和社会关系时的关注点和态度，也反映了企业在处理与各种相关利益集团和个人关系时的观点和态度。良好的社会形象是企业宝贵的无形资产。

9.1.2　企业组织结构

企业组织结构见图 9-1。

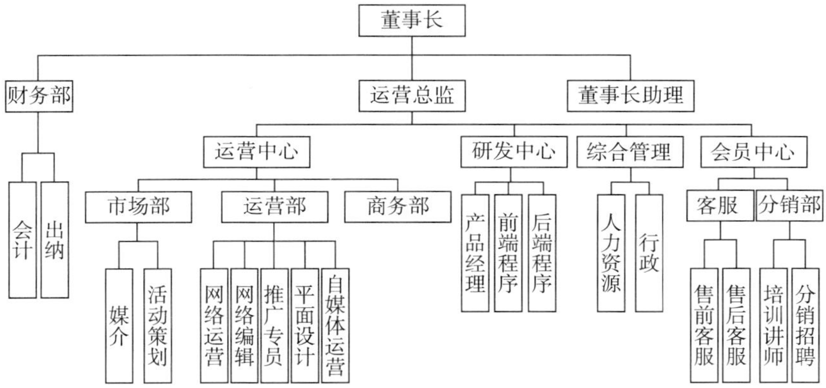

图 9-1　企业组织结构图

1. 扁平化管理模式

扁平化管理是指通过降低管理层次、压缩职能部门和机构、减少人员来提高企业效率而建立的一种新的柔性管理模式，使企业决策层和经营层之间的中间管理水平尽可能降低，尽可能地把决策权延伸到企业产销的前沿，从而提高企业的效率。

在现代企业的组织结构中，金字塔与扁平化并存。“扁平化”之所以成为现代组织改革的关键词，是因为传统的组织形式难以适应瞬息万变的市场环境，导致决策链条长、反应迟缓。特别是随着现代信息技术的发展和计算机管理信息的应用，为避免被淘汰，有必要选择市场关联度高的部门，分散管理，授权管理，使企业集团在扩大规模的同时趋于“扁平化”，多层次、层层上报的垂直管理不再有效，加速了企业组织扁平化的趋势。

扁平化管理是企业为解决现代环境下层级结构组织形式所面临的问题而实施的一种管理模式。当企业规模扩大时，原来的有效途径是提高管理水平，而现在的有效途径是扩大管理范围。当管理水平下降，管理范围扩大时，金字塔组织形式被压缩成扁平的组织形式。扁平化管理是相对于层次化管理框架的一种管理模式。它摒弃了传统的金字塔型企业管理模式中许多难以解决的问题和矛盾。它可以解决层次重叠、人员冗余、组织运行效率低下等层次化管理问题，加快信息流动速度，提高决策效率。

它的优势主要表现在：

第一，可以大幅降低企业的管理水平，大幅扩大控制范围。金字塔型企业结构由高、中、基层管理者和经营层组成。主席和总统位于金字塔的顶端。他们的指令通过第一级管理层传送到操作层。操作层的信息经过层层过滤，最终到达塔顶。传统的管理范围理论认为，一个管理者能够管理的下属数量是有限的，而且越是高级管理者，他能有效管理的下属就越少。在这种情况下，高层管理者的意图在传递到底层时发生了变化；反之，来自底层的信息在动态传输到顶层时也会发生变化。但是，随着信息技术和网络技术的发展，健全的规章制度和过程管理的形成，企业管理的范围扩大了，企业的中间管理水平也相应降低了，扁平化管理就是降低原来承担上传发布任务的中间管理层。美国管理学家德鲁克指出了这一点：“组织不好最常见的病，也就是最严重的病，就是管理层太多。组织结构的一个基本原则是尽可能降低管理水平，形成最短的指挥系统。”如海尔集团将原有的职能结构转变为流程网络结构，将纵向业务结构转变为横向业务流程，使企业实现了“三个零”——零客户距离、零资金占用、零质量缺陷。

第二，企业适应市场变化的能力大大提高。金字塔型企业对瞬息万变的市场反应迟缓，而扁平化管理的决策触角则直接向市场延伸。它们能根据瞬息万变的信息及时做出决策，并能立即得到响应和实施。比如，董事长郭士纳将 IBM 原来的“集中式”金字塔变为扁平的组织结构后，一度因机构臃肿而步履蹒跚的 IBM，对市场的敏感度和适应性大幅提高。

第三，分权管理已成为一种流行趋势。金字塔型企业实行绝对集中管理，要求下级绝对服从上级的指示和命令。例如，在传统的管理系统下，IBM 高层决策者的指令通过 18 个管理层传递给最基层的运营商。传输过程长，传输时间长，信息容易失真。而扁平企业实行分散管理，权力中心下移，基层组织相对独立，在时间和空间上尽量减少决策的滞后过程，提高决策的民主化和决策效率。

第四，优秀的人力资源更容易成长。在金字塔型企业中，各管理层和运营层被动地接受并完成任务。在缺乏主观能动性的环境下，成长周期较长，能够成长的人才数量较少。然而，一个企业家不可能形成一个优秀的企业，需要大量的人才优化组合来支撑一个优秀的企业。在扁平化管理中，只有少数层次的管理者，尤其是一线管理者，必须直接面对市场，独立地履行许多原本由高级管理者拥有和履行的职能，这就对管理人员的组织管理能力和决策能力提出了更高的要求，更容易在实战中尽快成长。

第五，有利于节约管理成本。扁平化的组织结构，由于管理水平低，人员精简，通过计算机辅助功能实现网络化信息传输和处理，可以减少各种办公设备、用品、办公和活动费用的开支。

然而，职能部门和基层生产单位“一对多”的组织结构只是一种实体扁平化管理。由于实行“面对面”管理，大量的数据和管理信息只能在决策者和管理部门之间交换，部门间信息资源的交换和传递只能由决策者来实现。此时，决策者在扁平化管理平台上的主要“功能”只是起到“数据库”的作用（信息资源的存储和交换），不能把有限的精力集中在市场对策和企业发展战略问题的研究上。面对各种内部管理信息流（资金流、物流、计划流等），如何把握及时性，有序整合相关数据，合理配置企业资源，提高决策效率，是扁平化实施的难点。

通用电器公司率先将“扁平化管理”的理念付诸实践。韦尔奇在 1981 年成为首席执行官时，通用电器的管理层有 24～26 层，从董事长到网站管理员。韦尔奇上任后顶住压力，采取了“无边界行动”“零管理”等管理措施，将管理层级减少到 5～6 级，彻底瓦解了 20 世纪 60 年代以来深深扎根于组织内部的官僚体制，不仅节省了大量开支，而且大幅提高了管理效率，企业的经济效益大幅度提高。

随着世界经济的发展，越来越多的迹象表明，随着世界经济结构的调整、科技的进步、竞争的加剧，在未来的竞争中，企业规模已不再是决定企业最终命运的决定性力量，而灵活性和适应性将成为决定企业参与市场竞争成败的关键。特别是随着信息技术的发展、电子商务的出现和知识经济时代的到来，当今企业的经济环境发生了翻天覆地的变化。在多媒体技术、网络传输技术、卫星通信技术、安全加密技术等现代高科技手段的大力支持下，依托强大的办公软件、营销管理软件等应用软件，可以方便地实现对大量数据信息的集中、快速处理，并在第一时间将所有高价值的企业信息传递给高层决策者和供应商、发货人、分销商和合作伙伴，实现“一网打尽”。

这从根本上动摇了经典管理理论中“管理范围”理论的基础，使许多只起“信息中转站”作用的中间管理人员完全冗余，这客观上促使许多企业对实行“扁平化管理”达成共识：企业规模扩大时，原来加强管理的思路是提高管理水平，现在的思路是扩大管理范围。

从以上分析，我们可以看出，扁平化管理之所以能够在世界范围内得到广泛应用，主要有三个原因：

一是“扁平化管理”在技术上成为可能，这是企业“扁平化”的前提；二是“扁平化管理”体现了现代企业快速应对市场变化的客观需要；三是“扁平化管理”确实为众多企业带来了事半功倍的管理效率。

2. 扁平化管理的运用

扁平化管理模式的目标是建立一个新的模式，建立一个新的组织，重组一个新的流程。变矩阵管理为扁平化管理，突破秩序和层级界限，突破部门和职能界限，变分散管理为一体化管理，实现企业一体化。

首先是构建扁平化的组织。扁平化管理包括信息扁平化、组织扁平化和业务流程扁平化三个方面。组织结构扁平化只为扁平化管理提供了平台。在此平台上，不断优化业务流程，为扁平化信息提供物质载体。

其次是构建企业内部的信息网络。企业内部信息的顺畅流动是保证组织高效运行的必要条件之一。目前，企业的组织一般是以职能为基础的，各部门为自身利益而战，失去合作能力是必然的。因此，企业在进行组织结构调整的同时，需要建立相应的制度来保证信息网络的畅通。

最后是构建企业外部的信息网络。随着互联网的发展，大部分外部信息都是通过网络获取的。信息的获取越来越同质化。关键在于谁能及时得到信息，谁能提前进入市场。

3. 扁平化管理的实施对策

实行扁平化管理，不能简单地通过撤并事业单位来完成。尤其是大型企业的管理关系和生产过程是复杂的。在实施扁平化组织结构时，一是要认真调查论证管理业务整合和职能调整。业务流程设计应做到功能设置科学、管理流程短、信息畅通。管理层的组织机构和岗位设置要有能力、有效率，有相应的职责和权利。二是要整合运作。一体化的原则是流程相似，区域相邻，布局合理，有利于管理。三是提高职工素质。因为扁平化的内涵是降低管理水平、扩大管理范围，所以必须开展竞争，确保关键岗位的人员素质。四是要认真制定实施方案，特别是企业集团要大规模推行扁平化管理，更重要的是要制定科学细致的实施方案。此外，实施扁平化管理是推进企业信息化的有效途径，可以全面提高企业的管理水平。

9.1.3 企业理念和文化

企业文化是一个具有自身特点的企业所形成的经营宗旨、价值观念和道德行为准则的总和。一个企业之所以被市场认可，是因为它必须有与众不同的东西，那就是企业形象。从企业文化运作的角度来看，主要是CI（企业识别系统）。CI共分三个层面，即视觉识别（VI）、行为识别（BI）、理念识别（MI）。如果视觉识别就是一种外在形式，那么概念识别就是一种内在品质。一个既有文化又有礼貌的人在言行上一定会有礼貌（行为识别），这比眼光更重要。

对于企业识别，人们最熟悉的就是视觉识别。但对于企业来说，单纯的视觉识别实际上没有任何意义。视觉识别只有与行为识别相结合才有意义和内涵。一个企业只有具有鲜明、良好的行为识别能力，才能给公众留下良好的印象，让人们在看到企业标志时就想到企业与众不同的行为和体验。因此，重要的不是企业设计生产了什么样的图形视觉标志，也不是企业赋予它什么意义，关键是企业做了什么，包括每个员工的行为。这种行为识别包括每个员工的语言和行为以及整个组织的言行。如果一个企业的成员做了好事，自然会给企业的视觉形象增加正的附加值，否则，就会增加负的附加值。

企业及其成员的日常言行构成了企业的行为识别系统，行为识别的具体内容将附着在企业的视觉识别系统上，通过各种展示方式展示给人们。视觉识别的存在和运动传递着企业的行为识别。比如乘坐某一家航空公司的飞机，人们会感受到机组人员的服务质量和内部环境状况。一旦这些感觉形成，无论身在何处，只要看到或听到某家航空公司的名称，甚至看到该航空公司的具体图形标识，都会立即感受到航空公司的航班和服务。因此，企业识别的含义并不是公司将其理解为什么，而是企业行为识别是什么。

企业文化具有导向功能。所谓导向功能，就是引导企业的领导者和员工。企业文化的导向作用主要体现在以下两个方面：

1. 经营哲学和价值观念的指导

企业哲学决定着思维方式和处理问题的规则。这些方法和原则指导操作者做出正确的决策，引导员工用科学的方法从事生产经营活动。企业共同价值观规定了企业的价值取向，使员工对事物形成共识，有共同的价值目标。企业的领导者和员工为他们确定的价值目标而行动。在追求卓越的过程中，美国学者托马斯·彼得斯（Thomas Peters）和罗伯特·沃特曼（Robertwatman Jr.）指出，“我们研究的所有优秀公司都非常清楚自己所倡导的理念，并认真建立和形成公司的价值标准。事实上，如果一个公司缺乏明确的价值观或价值观是错误的，我们就会怀疑它是否有可能在商业上取得成功”。

2. 企业目标的指引

企业目标代表着企业发展的方向，没有正确的目标，就等于失去了方向。一个完善的企业文化将从现实出发，以科学的态度确立企业的发展目标。这个目标必须是可行的和科学的。企业员工就是在这个目标的指引下从事生产经营活动的。

一个企业之所以能够长期给予人们与众不同的行为认同，而企业的成员能够有不同的精神面貌，关键在于不同的企业理念。比如，海尔的“至诚到永远”支撑着海尔与众不同的服务品质；沃尔玛“永远让顾客买到最便宜的商品”的理念决定了它在全球范围内实施最低价的商品采购战略，其所有的经营管理手段都与这一理念密切相关。但这些概念性的东西能否被顾客接受，不取决于顾客，而取决于企业的行为。企业能否将这些理念落实到具体的行为中，决定着顾客接受的程度。如果海尔的“至诚到永远”只停留在口号上，不落实到经营管理的各个环节，顾客就不会买。同样，如果沃尔玛不把“让顾客永远买最便宜的商品”的理念贯彻到经营管理的每一个环节和每一个员工的行为中，然后顾客就会离开。因此，顾客对企业文化理念的接受不是接受一个美丽的口号，而是接受企业文化理念渗透到每一个员工的灵魂后所表现出来的日常行为习惯。准确地说，就是顾客能否找到物有所值的感觉。如果能找到这种感觉，就意味着企业的理念已经落实。

个性化特征具有以下四点意义：

(1) 个性化特征是生命。企业精神是企业文化理念的集中体现，是企业文化的核心。企业精神要有独创性和创新性，要有自己的特色，这一点已经被越来越多的人认可；企业理念在企业内部凝聚力和外部竞争力形成中的作用，企业绩效对企业发展的作用越来越显著。

(2) 个性化特征的源泉。提炼和总结具有个性的企业精神，是我国许多企业在企业文化建设中没有很好解决的问题。一个企业的企业精神往往成为所有企业共同的企业精神。企业精神是在独特的生产经营实践中总结出来的企业。它总结出我国企业文化建设中存在的许多企业精神和企业文化尚未很好地解决的问题。一个企业的企业精神往往成为所有企业共同的企业精神。企业精神是在企业独特的生产经营实践中总结出来的。

企业文化发展中最根本的问题就是企业文化的个性化。不同企业的文化管理有许多不同之处。道德价值观的层次和程度是不一样的。员工的素质不同。这些都是企业自身的客观差异。这些差异也是提炼和总结企业精神时必须考虑的个性化特征因素。不同的企业有不同的特点和个性。因此，从这个意义上说，企业精神的个性化特征来自对企业员工人格特征的提炼和概括。

(3) 个性化特征的形成条件。企业是社会的重要成员。企业理念不仅直接影响社会的进步，而且通过塑造员工间接影响社会。企业理念也应具有企业个性特征。但是，我们所说的个性化特征是有条件的，必须体现个性与共性的统一。这种个性与共性的统一，首先必须具有社会主义市场经济条件下企业的一般特征，即反映时代发展趋势，顺应社会健康进步的趋势，遵纪守法，按规定纳税，根据社会需要组织生产；同时，也要反映行业特点，让人们一眼就知道自己从事的是什么产品的生产经营或者企业性质。其次要有企业的个性，这一点要体现在同一行业的甲、乙两个企业名称的差异上；另外，最重要的一点是，企业理念能够对企业的生存和发展产生积极的导向作用，对社会文化进步起到促进作用。

企业理念个性特征的形成也是一个历史的、渐进的过程，其个性的形成必须建立在对共性的深刻理解上，并在共性的基础上逐步发展形成。

企业理念的优劣，不仅在于它是否具有个性化特征，还在于它是否易于实施。公众的评价和认可也非常重要。每个企业都希望在社会上有良好的声誉。决定因素在于它的理念是否符合公众的期望，企业是否真诚地执行。

（4）个性化特征的两种特性。企业概念的形成过程具有阶段性和渐进性的特点。一些好的企业理念和企业精神的形成往往需要经过几代人的努力，而且必须经过一个不断接受实践、不断改进和完善的过程。企业精神是现代生产意识、竞争意识、文明意识、道德意识、企业理想、目标和员工思想面貌的提炼和概括。这种个性化特征一旦确立，无论从内容还是表现形式上都具有一定的稳定性。然而，这种稳定性并不意味着它是一成不变的，不断变化的形势不允许一个企业以一个固定的标准为目标。

竞争的加剧、时空的变化、技术的飞跃、观念的更新和企业的重组，都会迫使企业做出相应的反应，随着企业的发展变化而发展和提高。这就是它的动态特性。因此，它的稳定性是有条件的、相对的和暂时的；它的变化是绝对的和永恒的；它是稳定和动态的统一；是相对性和绝对性的统一。从根本上讲，这种发展变化主要表现在个性化特征的变化上。正是因为稳定与动态、相对性与绝对性的统一，企业精神才不断提高。

9.1.4　企业发展前景

一个企业要想发展壮大，就必须注重打造一个互补的、结构化的人才群体；要注重职业生涯战略的资源整合，建立合理的战略结构；要注重对不断完善的企业文化的策划和塑造。和人类一样，企业有一定的生命周期和年龄规律。有两种能力决定了企业的寿命和年龄，即灵活性和控制力。年少是柔韧性的表现但年少也代表着对事业的掌控力不足。大小和时间都不是生长和衰老的原因。让我们以美国管理大师伊查克·伊迪思的话作为参考。它可能给读者带来许多思考和见解。管理的本质不是创造一个没有“问题”的环境，而是引导企业进入一个既有弹性又有控制力的繁荣时代，成功管理的关键不是消除所有的问题，而是着眼于企业当前生命阶段存在的问题，使企业得以成长和发展成熟，以面对下一个阶段的问题。当一个企业正处于鼎盛时期，成功的关键是要处理好各种可能导致衰老的因素，这样企业才能避免衰老。老龄化不是企业的必然命运。如果企业能够不断地为自己注入新的活力，那么企业就永远可以保持它的黄金时代。

企业发展是企业行为的本质变化。首先，有变化。不改变企业行为，就不能称为“发展”。企业行为有变化也不一定是发展。变化有两种：一种是数量变化，简称“量变”；另一种是本质变化，简称“质变”。企业发展不是量变，而是质变。企业行为的任何质变也不能称为“发展”。行为也有两种质变：一种是渐进的质变，另一种是倒退的质变。只有前进性质变才能被称为“发展”；后退性质变不是“发展”。

企业发展是因与果的统一。进步行为的质变是原因，经济指标的增长是结果。渐进行为的质变必然带来经济指标的增长。渐进行为的质变需要一个过程，因此不一定能立即带来经济指标的增长。不能因为经济指标没有提高就否定企业的发展，也不能因为没有经济指标的增长就谈企业的发展。经济指标的增长可能是由于企业行为的数量变化或企业进步行为的质变。经济指标增长不能笼统地称为“企业发展”，而只能把基于企业进步行为质变的经济指标增长称为“企业发展”。

企业发展有许多类型：从发展内容来看，有整体发展和局部发展；根据发展强度，有大发展和小发展；根据发展速度，有快速发展和缓慢发展；根据发展前景，有可持续发展和间歇性发展；等等。

企业应该追求全面发展。企业发展内容广泛，包括功能开发、产品开发、技术开发、质量开发、管理开发、营销开发、公关开发、合作开发、制度开发、机制开发、文化建设等。企业客观上需要全面发展，局部发展难有大作为。企业发展的内容在横向和纵向上都是无限的。先进企业总是横向和纵向发展。

企业应该追求大的发展。企业的发展有差异，甚至有很大的差异。一个企业的发展可能只具有企业意义，可能具有地方意义，可能具有国家意义，也可能具有全球意义；它可能具有一般价值，可能具有更大价值，可能具有重大价值，也可能具有重大价值。先进企业不断加大发展力度，追求更大价值，为国家和人类做出更大贡献。

企业应该追求快速发展。早发展，早受益。企业发展中存在一个时限问题。如果某一种发展太晚了，可能会因为环境的变化而失去意义。企业发展的速度既与企业的起步时间有关，又与企业发展的时间有关。先进企业不仅可以抓住发展机遇，而且可以加快发展。

企业应该追求持续发展。市场供求的变化是不断的，竞争格局的变化是不断的，企业的发展也应该是不断的。先进企业一般都有长远的目标，要实现这些目标，就需要根据阶段不断发展。企业的可持续发展不仅取决于主观努力，还取决于社会反应。善待顾客、员工和所有利益相关者是企业可持续发展的必要条件。

企业发展与创新紧密相关。质变源于创新，创新导致质变。局部创新带动局部发展，综合创新带动企业全面发展；大创新带动企业大发展，小创新带动企业小发展；快速的创新带动企业快速发展，缓慢的创新导致企业的缓慢发展；持续的创新导致企业的可持续发展；间歇性的创新导致企业的间歇性发展。没有创新，就没有真正意义上的发展。

企业发展意义重大。企业只有发展才能适应市场变化。需求市场在变，供给市场在变，合作市场也在变。当市场发生变化时，企业必须跟进。最好是积极地改变。比如应该改变什么，应该改变到什么程度，以什么速度改变。企业只有发展，才能应对市场竞争。随着中国加入世贸组织，中国对外开放、地方政府对外开放、垄断向社会开放、国有企业向民营企业开放的步伐明显加快。在中国，任何地方、任何行业、任何性质的企业都面临着前所未有的激烈竞争。竞争是无情的，结果只不过是你的失败和你的胜利。为了在竞争中取胜和生存，企业必须不断地改变策略，这意味着发展。

企业的发展需要时间，有些发展需要很长时间。我们要正确对待发展时间：不能认为时间太长，可以客观地花多长时间，否则就不能享受它带来的好处；不能太快，否则就达不到预期的效果；不能太迟或太慢，否则就错过了机会。

企业的发展充满矛盾，大发展充满矛盾，不同内容的发展充满不同性质的矛盾。它将充满内部矛盾和外部矛盾，充满技术矛盾和社会矛盾，充满观念矛盾和习惯性矛盾，充满认识论矛盾和利益矛盾。只有这样，才能实现企业的发展。

企业发展需要先进的领导者。先进的企业领导者能够指导企业发展的方向、目标和步骤，谋划企业发展的措施，组织企业发展的人力、财力、物力，及时解决企业发展中遇到的重大问题。先进的企业领导者知道，领导企业发展是他们的第一要务。先进的企业领导者不会把主要精力放在传统的重复性工作上。他们知道，虽然有必要做这些工作，但他们可以把它们降低到较低的水平。先进的企业领导者知道，不仅要对当年的企业效益负责，还要对未来的效益负责，这往往根植于当年的发展工作中。

企业的发展需要全体员工的共同努力。广大员工既是企业发展战略决策的执行主体，也是企业发展不同层次的决策主体。企业领导者不应该也不可能垄断决策权，而应该积极动员和鼓励广大员工参与企业的发展。只要广大员工具有一定程度的创新能力，承担相应的创新责任，并享受到应有的创新收益，那么企业的发展就会获得强大的动力。

企业发展需要战略。企业发展战略是对企业发展中的全局性、长期性、基础性问题的战略。全面发展和长远发展对企业具有重要意义。谋划企业的全局和长远发展，首先要把握基本问题，做出基本决策。基本决策是纲要，纲要需很清楚。企业发展的基本决策应该是正确的、明智的。如果不正确、不明智，那么无论具体决策有多好，都挽回不了企业的重大损失。研究企业发展的基本决策应该运用战略。战略不是理论、经验、国家政策和上级指示的死拷贝。战略强调实事求是，灵活变通，事半功倍，注重“四两拨千斤”。

企业发展需要创新意识，尤其是企业领导者的创新意识。没有创新就没有发展，没有创新意识就没有创新行为。创新意识是一种综合意识，包括进取意识、突破意识、智慧意识、冒险意识、奋斗意识等。如果企业领导者在职业生涯中不求进取，不想突破陈规，不想繁荣昌盛，不想冒点风险，也不想努力奋斗，那么企业创新只能是一个口号，企业发展就没有希望了。

9.2 企业发展战略

9.2.1 总体战略

企业的总体战略，又称经营战略，是指为实现企业的总体目标，对企业未来的发展方向作出的长期的、整体的战略。它是协调各个子战略的总体指导纲领，是企业最高管理者指导和控制企业一切行为的最高行动纲领。

企业总体战略的内容要包括：

①经营范围的选择；

②为经营范围服务的特异优势；

③战略推移和可能的时间策略；

④追求的目标结果。

企业总体战略一般可分为：防御型战略、稳定型战略、紧缩型战略、混合型战略、进攻型战略、增长型战略。

企业战略管理中存在着许多可供选择的战略类型，这不仅是因为企业决策者的视角不同，而且还因为企业具有不同的层面、不同的内在特质和外部环境，会在不同的条件下选择不同的战略。

企业总体战略策划有四个步骤：

①认识和界定企业的使命；

②区分战略经营单位；

③在此基础上分析现有业务组合和决定投资战略；

④选择进入新业务领域的成长策略。

厘清企业的使命，就是要思考和回答“企业做什么”和“做什么样的企业”这两个问题。

在撰写企业战略使命时可以从如下几个方面描述：

(1) 明确企业的活动领域。例如，产品范围、市场范围、纵向范围、地理范围。

(2) 阐述企业的主要政策：用于指导员工如何对待客户、供应商、分销商、竞争对手和公众。目的是使整个企业的各个部分在重大问题或原则上保持同步，有共同的标准可供参考和遵循。

(3) 提出企业远景和发展方向。

1. 规划投资组合战略

(1) 波士顿咨询集团法——市场增长率－市场占有率矩阵。

明星类：由于企业的快速发展，必须投入大量的资金来支持企业的发展。

金牛类：市场增长率低，相对市场占有率高。可以为企业提供更多的现金，或者支持其他企业的生存和发展。

问题类：市场增长率高，相对市场占有率低。未来是不确定的。它也可能是一项投入市场时间较短的企业。

瘦狗类：市场增长率和相对市场份额较低的业务。不应在这项业务上追加投资。

这四种类型的业务都是相互变化的，有一定的生命周期。4 类业务在企业中的比例不高于：明星类∶金牛类∶问题类∶瘦狗类＝2∶2∶3∶3。

根据以上可供选择的战略包括：

拓展战略：适用于明星类和有希望向明星类转化的问题类业务。

维持战略：适用于金牛类业务。

收割战略：适用于金牛类前景暗淡的业务，可适用于瘦狗类和问题类业务。

放弃战略：适用于对企业造成负担的没有发展的瘦狗类和问题类业务。

（2）通用电器公司法。通用电器提供的分析方法称为战略业务规划网格，简称“GE”。评估业务应考虑以下因素：一是行业吸引力；二是业务单位的业务实力，即竞争能力。

产业吸引力取决于以下因素：市场规模、市场增长率、利润率、竞争激励程度、周期性和季节性。

业务受以下因素影响：相对市场占有率、价格竞争力、产品质量、顾客了解度、推销效率、地理优势、规划公司成长战略。

新增业务系统思路：其一，在现有业务范围内寻找发展机会。其二，分析与目标业务相关的新业务的建立和开展的可能性。其三，考虑到与业务发展无关但有吸引力的业务。

2. 三种企业总体成长战略

（1）密集性增长战略。企业现有产品和现有市场具有盈利潜力者可以采用。主要包括三种形式：

市场渗透战略：通过各种营销手段，吸引顾客，增加现有产品在现有市场的销售量。

市场开发战略：努力使现有产品进入新市场。

产品开发战略：在现有市场上通过对原有产品的改进或增加新产品来达到增加销售量的目的。

（2）一体化增长战略。企业所属行业的吸引力和增长潜力大者可采用。主要包括三种形式：

后向一体化战略：生产企业对供应商进行逆向控制，实现供应与生产的一体化，实现供应与生产的结合。

前向一体化战略：企业对分销系统进行正向控制，实现产销结合。

横向一体化战略：兼并或控制同类产品企业的竞争对手。

以上三种形式可以在同一企业中实现。

（3）多角度增长战略。也就是多元化或多角化，即在行业外发展，扩大经营范围，实现跨行业经营。主要有三种形式：

同心多角化战略：以现有产品为重点，扩大经营范围，利用企业现有技术和实力，开发与现有产品相似的新产品。

横向多角化战略：为了稳定现有客户，开发与现有产品无关的新产品。

综合多角化战略：开发与企业现有产品和技术无关的新产品，吸引新客户。

9.2.2 初期战略

过去，企业战略是在静态的商业环境中规划的。战略计划没有受到互联网的影响和干扰。在信息不对称的商业环境中，战略总能获得优势。在“互联网＋”时代，传统企业转型涉及跨界产业链和跨产业链。此时，必须与“互联网＋传统产业”战略相结合。

首先，是基于产品、应用、社群、场景的连接战略。传统企业通过“互联网＋”可以形成传统的产品和服务，同时也在创新。它已经成为一个“互联网＋公司”，提供传统的产品、服务、内容、工具、解决方案和互联网增值服务。他们有两个方向可以选择：

一是“智能传统产业链＋互联网优化”方向，即传统产业利用互联网优化渠道和制造业。互联网是提高运营效率的工具。互联网融入传统产业，优化原有产业链。比如传统消费品流通渠道的互联网优化就是这样。

二是“互联网主导＋传统制造业转型”方向，即直接利用互联网整合传统产业资源。互联网是一种商业模式。企业可以通过互联网或电子商务对原有的企业产业链进行全面改造，这是对传统产业的互联网改造。苏宁易购就是这样。其电子商务转型造成了巨大的损失，这不是方向上的问题，而是转型思路上的问题。

大多数传统企业可以选择上述两个方向，形成自己独特的战略。在这一战略中，可以采用提高作战效率、侧翼作战、游击战、大规模成本领先、差异化等方法，但这些方法已经是商业手段，不能再成为静态战略。

其次，是基于平台的跨界、整合的企业战略。传统企业首先连接大量用户，形成第一层的凝聚力社区，那么，它就可以通过“互联网＋”链接载体提供价值交换或商业交易的平台，类似于巨大的商业实体。此时，跨境营销将开始。用户所涉及行业的企业面临威胁。例如，小米的跨境移动互联网战略和小米的平台战略就是平台化跨境战略的最典型代表。京东也是一家成功实施平台企业的互联网公司。

最后，基于企业生态的“协同进化”企业战略。商业生态是人类社会形成的一种社会生态。以一个或几个企业为中心，各种不同的组织和个人相互作用，形成一个经济联盟环境。商业生态又称商业生态系统，形成这种商业生态系统的价值链称为商业生态链。一个建立成功商业模式的企业可以在同行业竞争中取得成功，但一个成功的企业商业生态可以获得整个行业的垄断霸权，取得巨大成功。当一个企业围绕自己的核心价值和商业模式构建一个商业生态链，通过这个链条来构建一个封闭的商业生态系统，其按照这个规律发展，会让竞争对手停滞不前。

1. 初创企业如何寻求战略优势

战略优势是指企业在一个较长的时期内，以根本性的目标，对企业整体经营的成败所具有的主导地位和优势。企业要想生存和发展，就必须形成一定的优势，即使是暂时的、局部的优势，也能在市场竞争中占据生存的一席之地，从而实现由劣势转向优势的转变。对于初创企业来说，要想形成自己的战略优势，就必须从承认自己是弱者开始，抓住各种市场机会，走在环境变化的前头，选择正确的战略目标和战略重点，才有把握逐步走上成功之路。

（1）对本企业的状况应有正确的认识。所谓正确认识本企业的状况，就是首先从承认和认识“自己是弱者”开始。因为，只有承认自己是弱者，才能在激烈的国内外市场竞争中生存和发展。企业创建初期就总体来说是弱者，弱在以下几个方面：一是经营规模比较小，承受冲击能力弱；二是信息网络不健全，要迅速、全面把握市场的动向有一定困难；三是销售网尚未建成，对销售商依赖很大，缺少与销售商讨价还价的能力；四是社会声望不高，融资困难较大。

但是，新创企业也绝非一无是处，一般来讲，起码有两大武器往往是优于大企业的：一是有强烈的危机感，有摆脱危机的强烈愿望，有求生求发展的强烈愿望，有奋发图强、艰苦奋斗的思想基础。二是机动灵活。常言谓之“船小好掉头”，只要有好的发展机会，舍弃原有的经营业务也在所不惜；企业规模小，架构简单，企业内部信息渠道通畅，因而具有反应灵敏的优势，统一内部认识比较容易。

（2）抓住机会，走在变化的前面。对于初创企业来说，变革中存在着更大的机会。因为，对先进企业来说，变化有可能使他们面临失去现有优势和现有实力的危险。但对于新兴企业，变化就是机会，能抓住变化所提供的机会，调整自身的部署，迅速作出反应，往往就是成功的第一步。变化可能提供的机会如下：

①科学技术的进步，新技术、新材料、新产品的出现；

②客户需求多样化、专业化、个性化的发展；

③政策法律的改变；

④各国产业结构与经济体制的调整；等等。

问题的关键在于能否对各种变化有高度的敏感，并善于从各种变化中发现、掌握和利用变化的各种机会。这就必须建立企业对外界可能发生种种变化迅速作出反应的机制，对影响企业发展的环境因素进行科学的预测，为了适应业务结构的变化，我们应该预先制订正确的战略和计划，时机成熟时迅速出击，超越对手，把劣势变成优势。

（3）选择合适的战略重点。企业在建立初期，应特别注意以下战略重点：

①专业化突出、核心专长突出的初创企业多为中小企业。由于财力、物力和人力资源的限制，许多行业不可能有竞争优势。这就要求这些企业“前有所为，后有所能”，注重专业发展，集中内部资源优势，突出核心专长，从而培育企业的长期竞争优势。目前，一些中小企业意识不到这一点，盲目多元化，导致优势资源分化，竞争优势迅速瓦解，失去活力。其实，企业发展到一定程度后，多元化是必然趋势，但不能盲目多元化。即使是那些超大型企业，也应该在有限的多元化中追求专业化。因为只有突出专业化，企业才能有持久的竞争优势，才能走得更远。

②注重市场细分的深化，明确目标消费者。企业在成立初期，受资源和实力的限制，不能在行业的各个领域展开竞争，只能针对未来环境和市场的一些变化，从企业可以筹集的经营资源入手，把整个市场分成不同的层次和细节，在有限的范围内达到领先的目标。处于发展初期的企业，在战略上，必须从自身出发，注重市场细分的深化，明确目标消费者。只有这样，我们才能有很高的竞争优势并取得成功。

2. 初创企业的现实战略：生存至上

对初创企业来说，首要的目标是生存。如何以合适的价格向目标客户交付合适的产品是企业战略的核心问题。目前，企业有限的资源应该围绕这个目标配置。配置的效率和效果决定着企业未来的“生活质量”。因此，企业必须结合自身特点，制定切实可行的市场管理策略。以下是一些更重要的战略，它们很好地反映了创业战略的特点。

（1）见缝插针，快速取胜战略。小企业竞争力弱，无法与大企业竞争，否则，就像“鸡蛋碰石头”。因此，小企业在做大做强之前，最好回避现实，“做一个夹着尾巴的人”。首先，我们应该找到那些大企业没有找到或不想做，但又不是没有前景和利润作为目标市场的细分市场。这样，既可以避免大企业的巨大威胁，也意味着增强自身实力。这是一种基于小企业灵活性和适应性特点的战略。小企业应该按照“人无我，人有我快”的原则，通过寻找市场上的各种差距，依靠自身快速灵活的优势，一举进入空白市场，扩大进入时的差距，向专业化方向发展，撤退时迅速退出；寻找新的空白。时机成熟时，我们将与大企业竞争。例如，山西南丰集团齐强洗衣粉的定位策略就是选择被上海神秘、美国宝洁、英国联合利华忽视的农村市场，采取“农村包围城市”的战略来发展壮大。

（2）集中优势，特色取胜战略。所谓“梅须逊雪三分白，雪却输梅一段香”。每个小企业都有自己的特殊性和比较优势。小企业只要能够创造性地发挥自身的比较优势，就能形成自己独特的竞争力。小企业规模小，一般不能满足规模经济的要求，保持成本水平的领先地位，在竞争中获得主动地位。但可以集中优势，选择能充分发挥企业优势的细分市场进行专业化经营，将有效资源集中到目标市场，形成企业特色产品，提高市场占有率。小企业经营范围窄，容易接近客户。他们可以通过使自己的产品或服务具有鲜明的特色来吸引消费者，并处于有利的竞争地位。这是根据小企业规模较小、资源有限、比较容易拉近顾客而制定的一种特色经营战略。个性化是小企业生存的根本。小企业的发展要遵循社会生产组织的分工规律，扬长避短，采取循序渐进的竞争战略，加快产品结构的调整和优化，进行合理的市场定位，改变“小而全”的企业组织结构，实施特色产品经营战略，提高产品专业化水平，努力做到“小而专、小而优”企业要朝着“细、小、优”的方向发展，走“专业化、精细化、特色化”之路，使企业拥有其他企业不具备的技术和人才，组织资源优势，生产出无法完全替代和模仿的产品，形成自身的竞争优势。目前，浙江省有一大批成功的小企业，即采取特色战略，将市场定位在个性化、独特的产品领域，生产经营差异化产品，采取特色营销手段，提高市场竞争力并取得了成功。

(3)“狐假虎威”，协作配套战略。小企业要善于利用大企业的优势发展自己。许多大型企业都具有产品品牌优势和市场地位优势。他们是市场上闪亮的“明星”，但这些企业并不是万能的。他们的发展需要很多配套项目。一些服务需要外部提供，如非核心部件。当小企业实力相对较弱时，可以先起到支撑作用，与大企业、大集团建立稳定的合作关系，形成与大企业、大集团分工协作、专业互补的关联产业群体，提高生产的专业化与社会化水平，与大企业建立良好的合作关系，依靠大企业的优势在市场竞争中谋求一席之地。

(4) 成本领先，比较优势战略。成本领先战略分为两个层次。一个是低价低值的战略，这看起来不怎么吸引人，但是很多公司都是实施这个战略成功的。此时，企业应关注价值敏感的细分市场。面对低收入消费群体，低价低值是一种非常可行的策略，也是一种成本领先的策略。二是低价战略。这是企业追求成本领先战略，在降低价格的同时保持产品或服务质量不变的典型方式。

9.2.3　长期战略

对于一个企业来说，编制好企业中长期发展战略规划，有利于明确公司的发展方向、发展思路和发展路径，促进公司持续、健康、稳定的发展。同时，通过规划编制，促使企业领导人思考公司的长远发展，从而避免急功近利。一份好的创业设计书一般应包括企业概况、环境分析（SWOT 分析、标杆分析）、发展战略、战略支持（发展改革举措）等章节和内容。

1. 企业概况

简述企业的历史沿革、行业地位、子公司情况及分布情况，以及获得的荣誉，为规划工作铺路。

2. 环境分析

简要介绍企业的历史沿革、行业现状、子公司情况及分布情况，以及获得的荣誉，为规划工作做好铺垫。

3. 对标分析

通过内外部环境分析和 SWOT 分析，综合比较企业生产经营管理的优缺点，找到标杆企业并进行标杆分析。在选择标杆企业的过程中，应选择产业结构相似、规模相近、优势明显的企业作为标杆企业，使可比性明显。

4. SWOT 分析

通过对企业上一个五年规划的回顾，分析未来五年或中长期规划所面临的战略环境、政策环境、企业改革、市场环境、要素环境和经营环境。在充分认识机遇与挑战、优势与劣势的基础上，进行 SWOT 矩阵分析，对应 SO 战略、ST 战略、WO 战略和 WT 战略，充分发挥自身优势，克服劣势，科学规划企业中长期发展战略。

5. 制订发展战略

通过对标分析和 SWOT 分析，了解企业的机遇、挑战、优势和劣势，并找出发展方向。在此基础上，确定企业的顶层设计，包括指导思想、工作原则、战略布局、发展目标等。

6. 发展改革举措

综合考虑企业发展举措和改革创新举措。在业务方面，确定各行业的发展思路、发展路径和发展目标。改革包括产权制度改革、体制机制改革、发展理念创新、劳动人事分配制度创新。

7. 战略保障

制定实现规划目标的措施，包括战略控制（战略制定、规划实施、协同控制）、风险防控（决策风险、经营风险、法律风险、安全风险、环境保护风险）、党建创新、企业改革（完善治理架构、深化产权制度改革、三项制度改革）、塑造企业文化等方案。

注意事项：

环境分析要注意企业自身的实际情况，避免大而全。

战略保障措施要系统、全面，具有可操作性。

9.3 团队管理

9.3.1 人员配置及人工成本预算

随着互联网和信息技术的不断发展，与各个行业和领域的融合不断加深，形成了“互联网＋”的经济形式。随着其内容的不断丰富，给企业发展的内外部环境带来了更大的变化，促进了企业管理创新以适应发展的需要。“互联网＋”的概念可以追溯到 2012 年。它不能直接等同于互联网，而是互联网与其他产业和领域的结合，或是一种能够充分提升经济发展的生产能力和创新能力的新经济形态，这是互联网发展在各个领域和行业广泛应用的结果。大数据、云计算和网络信息技术的迅速发展和应用，使“互联网+”经济形式应运而生，迎来了“互联网+”时代。它不仅给企业的发展和创新带来了新的环境和帮助，而且对企业管理的模式和水平提出了新的更高的要求。

企业管理包括组织结构、人力资源、财务、营销等方面的计划、组织、协调和控制，创新本身就是企业生存和发展的灵魂，每一次创新都是随着时代和市场的变化而进行的。企业创新是对企业内部组织、观念、经营、人员和财务状况的优化。因此，企业管理创新包括管理理念、组织形式和模式的创新，以及人力和财务管理的创新。“互联网+企业”的新形式，有助于企业进行全面的管理创新。同样，企业必须适应新的市场，满足新时代顾客的新需求，增强自身的竞争实力和发展潜力。

在企业的竞争中，人才占据着最重要的地位，对人力资源的有效管理对企业具有重要意义。“互联网+”时代的社交网络平台具有很强的沟通能力和互动性。员工在社交平台上创造的形象很容易与企业挂钩，对企业产生相应的影响。与此同时，员工也变得年轻化和个性化。以前自上而下的管理模式已不再适用，但管理模式更加并行。在就业和培训方面，越来越多的人倾向于通过网络平台寻找就业机会，在线和培训可以通过网络视频等方式进行，在线学习资源更加丰富。同时，互联网给企业带来了很多新的元素，以往的考核指标和薪酬结构也需要进一步调整；一般来说，企业需要在人力资源方面进行创新，以适应新的变化趋势。

人力资源创新可以说是企业管理创新的重中之重，具有不可替代的作用。人才是企业的核心竞争力。在当前“互联网+”竞争的形势下，人力资源管理的新变化还存在一些问题，不能充分发挥其应有的作用。必须创新管理，以适应新的发展趋势。

首先，在人才招聘方面，可以充分利用互联网平台。企业可以通过网络发布招聘信息，各部门可根据自身具体的人才需求进行分类招聘。网上招聘的优势在于方法相对简单，不会像过去那样花费太多时间和精力。而且，当有人员流动时，可以通过网上招聘快速补充，既节约了成本，又提高了人力资源部门的工作效率。

其次，在培训方面，人力资源管理方面的员工培训大多采用线下定期和面对面的教学模式，容易受多种因素影响，往往达不到预期效果，容易影响企业正常的生产经营活动。目前，企业可以充分利用网络和信息通信技术，直接在线进行远程教学。这样就不需要花费人力、物力、财力来组织，打破了时间和空间的限制，扩大了职业培训的范围和内容。通过使员工更灵活地接受培训或自我学习，可以取得更好的培训效果。

“互联网+”时代为企业绩效评价带来了新的指标和内容。企业需要根据自身情况更新绩效评价体系。此外，“互联网+”时代的员工在工作中表现出更大的主动性，需要从更高层次和更个人的角度进行鼓励。他们还可以建立一个信息共享、规模化的人力资源管理平台。数据管理可提高人力资源管理的效率和水平，为企业赢得更强的人才竞争力。

9.3.2 员工发展计划

员工发展计划具有以下四点意义：

1. 员工发展计划有助于激发员工的积极性和创造性

无论是企业组织还是员工个人，如果没有目标，就会缺乏动力。职业生涯设计的突出特点是目标“员工发展计划”对员工个人职业活动中可能出现的一系列发展趋势进行了设想和规划，指出了发展的途径和方法，提供了帮助和支持，促使员工自觉地把企业的发展与个人的成功联系起来，并不断提高自己的能力水平，从而实现目标愿景，充分发挥自己的聪明才智，克服职务上的种种困难和挫折，始终朝着职业生涯发展的目标进行规划和设计。此外，员工发展计划往往是根据他们的深层专业需求和自身特点定制的。它描绘了员工未来发展的“独特蓝图”，其激励作用是强烈而持久的。

2. 员工发展计划有助于员工提高对工作的把握和控制能力

员工发展计划基于员工的兴趣、资格和技能。它能使员工了解自己的优缺点，培养分析环境和工作目标的习惯，使员工合理规划、分配时间和精力完成既定任务，提高业务技能。这有利于增强员工把握环境、克服困难的能力。

3. 员工发展计划帮助员工处理好职业生活与非职业生活的关系

科学的职业生涯设计可以帮助员工从更高的角度看待工作中的各种问题和选择。在服务于职业目标的前提下，要整合职业生活与非职业生活的要素，正确处理职业生活与个人追求、家庭目标与其他非职业生活的关系，有效地丰富和规划职业生活，有利于职业目标的实现。

4. 员工发展计划有助于员工自我价值的实现和超越

根据马斯洛的需求层次，人类的需求是多种多样的。员工工作的最初目标可能只是为了生存而找到工作，实现自己较低层次的需求，然后追求财富、地位和声誉，而最高的需要则是自我发展和自我实现的需要。企业将把员工的个人发展纳入企业发展的轨道，使员工既能为企业服务，促进企业战略目标的实现，又能通过参加相应层次的培训，实现个人发展和个人成就明确的职业发展目标。员工职业生涯设计可以通过多次细化职业目标，使工作目标超越财富和地位，带动员工追求更高层次的需求，追求自我价值的实现，追求职业成就感。

在认识到员工发展计划的必要性之后，我们还应该考虑它的实施，这是摆在每个企业面前的话题。目前，员工发展计划的实施策略主要包括：加强对员工的职业培训，实施严格的绩效考核，创造反映自我的环境，提供竞争平台，培育符合中国企业实际的新型企业文化。

总之，员工发展计划是提高员工整体素质、培养群体性人才的有效措施，也是企业开发潜在人才、留住优秀人才的有效手段。只有做好员工发展计划，企业才能实现长远发展。

9.3.3 企业团队绩效

如何塑造高绩效团队。

1. 明确团队目标，制订行动计划

一个优秀的团队必须基于相同的兴趣和目标。因此，在团队建立之初，必须根据团队使命、组织目标和利益相关者的需求，制定团队目标和工作计划。例如，管理咨询公司与客户签订合同后，根据客户的需求成立项目组，并设定了项目组的使命和组织目标——利用管理咨询公司的专业知识和技能，帮助客户在规定时间内解决实际问题，顺利收回咨询服务项目资金。在这个目标的基础上，团队需要进一步制订工作计划和目标，明确每个阶段、每周甚至每天的工作任务、要完成的项目成果，并设计关键节点，便于对项目进行全面控制。

2. 界定成员职责

目标明确后，确定团队主要负责人，全面负责相应工作的策划和组织，对团队集体负责。根据目标，确定团队的主要职责，然后将每个职责细化分解到每个成员，进一步理顺每个成员的主要工作职责，要求他们了解自己的真实工作职责、级别角色、工作权限和团队价值贡献，让每个人都明白谁负责哪项工作，这样就从某种程度上避免了偷懒。

3. 建立团队制度

团队建设与发展离不开管理体系，建立合适的团队管理体系是打造高绩效团队，实现组织目标的重要途径。具体来说，在团队运作过程中，主要是建立和完善奖惩考核、内部沟通等制度。

4. 实施团队考核，坚持赏罚分明

建立团队激励考核体系后，关键在于落实。如果执行力很弱，不管系统有多好。因此，在团队运作过程中，要严格执行绩效考核制度，按照团队绩效考核进行奖惩，通过绩效考核制度引导团队前进。例如，某电视台某栏目组负责人没有按照既定考核制度对栏目组成员进行严格考核。栏目工作人员收入分配差异不明显，导致高绩效员工积极性下降，低绩效员工整天混日子，犯了很多错误，拍低级片，经常受到领导的批评。后来，重新竞争上岗后，新的栏目负责人敢于考核栏目组成员的表现，激发了大家的工作热情，使影片的制作质量重回正轨。

5. 重视过程沟通，强调阶段管理

如上所述，团队的行动计划应在团队成立之初就确定，并严格控制每个关键节点。为了实现这一目标，必须建立定期和不定期的团队沟通机制。每个团队成员不仅有责任随时向其他团队成员反馈自己的工作进展，而且有义务尽可能了解其他成员和整个团队的进展情况，并根据情况适当纠正自己的行为，以避免偏离正确的轨道，最终达到团队目标。

9.4 参考案例

9.4.1 案例一：美团网

美团网是Groupon电子商务网站在中国内地的第一家团购网站，是其创始人王兴于2010年3月4日推出的。其经营范围是网上购物。美团网每天推出单一精品消费，包括餐厅、酒吧、KTV、SPA、美发店等，网民可以低价购买团购店，并获得优惠券。美团的宗旨是为消费者找到最值得信赖的商家，让消费者享受到超低折扣的优质服务。寻找最适合商家的消费者，为商家提供最有利可图的互联网推广。美团网的企业文化理念包括：消费者第一，商家第二，激情、诚信、敬业。

美团网的页面继承了Groupon极简主义风格，其中一个页面涵盖了当天团购产品的所有重要信息，以及外部网站链接的第三方评论。启动美团网迅速引发了中国团购业的发展。两年多来，中国团购网站数量已达6000家。然而，自2013年以来，团购热潮逐渐放缓。不过，美团网在独立团购网站的市场份额依然领先。美团网之所以取得今天的成绩，与其精准的经营策略以及团队建设密不可分。

美团是独立团购网的龙头企业。在快速扩张的过程中，美团要在行业中做出表率，保持行业领先地位。故美团经营战略可以概括为柔性综合，即通过创新保持进攻性的同时，维持美团在行业内的领先地位以及公司的稳定。

王兴和他的团队是典型的学生企业家。在没有足够的行业经验、技术积累和网络资源的情况下，王兴一行用激情开启了创业之旅。早期的王兴团队和当时大多数学生创业团队一样，都是一个纯粹的模仿者。美国企业标杆管理的标志可以从已经尝试过的几个项目中看出。例如，校内，凡飞网以及美团网分别指Facebook、twitter和Groupon。然而，王兴是一个有强烈学习意愿和学习能力的人。他总是以开放的心态观察和探索周围的世界，像海绵一样吸收所需的营养。

持续学习在两个方面支撑着王兴团队的持续成长。第一个是产品能力。王兴是一位勤奋敬业的互联网研究者。他坚信利用互联网思维和技术来改变生活和产业。因此，他对互联网领域的创新和发展高度敏感。历史上，王兴团队的每一次创业都走在行业的前沿（如社交网络、微博、团购等），在国内相关领域开了先河。另外，虽然在促进客户获取方面并不手软，但王兴团队更善于从用户体验出发，用技术打磨出更好的产品。这种产品思维帮助王兴的团队在社交网络和团购等几场拉锯战中占据了上风。第二个能力是战略能力。总结王兴近十年来在公开场合（如美团年会）和媒体采访（财经杂志等）上的讲话，不难发现他在战略方向和模式理论上不断进步。

此外，美团 COO 干嘉伟将企业管理分成四个层次：

第一个层次，最原始的管理，几乎没有管理或一些自发的管理。在计划经济时代，没有管理。西方现代企业管理是在改革开放后才真正引入的，这是 30 年前的事。我国企业的管理水平还比较低，大多还处于第一层次，是一种本能的、自发的管理。

第二个层次，引入相对科学的管理方法，如目标管理、绩效考核等，世界 500 强企业大多将分公司管理在这一级别。与民营、国有企业相比，他们更注重目标、结果和数字，奖惩更加明确。

第三个层次，引入相对完善的流程管理。第三层可以很好地分解业务逻辑，然后通过管理系统掌握关键的流程指标，通过流程控制实现对结果的控制。因为只有过程是可以追求的，结果是没法追求的。

第四个层次，人才及组织的发展和完善才是真理。首先，招募和培训下属。其次，做好顶层设计，即系统设计。在这个设计中，让那些有能力的人得到他们应得的东西，并鼓励每个人努力工作。

因此，作为一个合格的创业者，不仅要对自己有一个正确的判断，把自己摆在恰当的位置上，像王兴与其团队那样，保持好的心态和不断进取的态度，并且制定严格的管理策略，对每一个员工严格筛选，创造出更加优秀的创业团队。

9.4.2 案例二：唯品会

唯品会信息科技有限公司（VIPS）成立于 2008 年 8 月，网站于 2008 年 12 月 8 日开通。唯品会的主营业务是品牌折扣产品的网上销售，涵盖名牌服装、鞋包、美容、母婴、家居等大类。企业的使命是传承优质生活，提升幸福体验。企业愿景是成为世界一流的电子商务平台。其企业理念分为以下几点。对于用户：用户是上帝，也是我们的父母，坚持用户利益至上，不断倾听和深刻理解用户需求，不断给用户惊喜，提供超出预期的体验和服务，不断创造新的用户价值。对于合作伙伴：尊重和对待合作伙伴，真诚合作。为员工共建共生体：员工是公司最大的资产，不断激发他们的潜能，使员工与企业双赢，共同成长。善待员工，关心员工身心健康。对社会：感恩，关注社会责任，尽最大努力回报社会，帮助需要帮助的人，塑造健康的企业形象。其价值观是：简单、创新、快速、协作。在这样的企业经营管理下，唯品会 2020 年 Q1 净营收达到了 188 亿人民币，活跃用户数为 2960 万。

唯品会在国内开创了“名牌折扣＋限时抢购＋正品保证”的创新电子商务商业模式，不断深化为“精选品牌＋深度折扣＋限时抢购”的正品特价销售模式。此外，唯品会的组织结构也是成功的关键。

在唯品会的组织架构中，唯品会控股有限公司是在创始人、上市前投资者和公众投资者的基础上成立的。VIPStand 国际控股有限公司（香港）是通过股权关系的主要对外经营实体。在中国，唯品会（中国）有限公司和唯品会（中国）是通过股权关系组建的。品晖（简阳）电子商务有限公司和唯品会（成都）电子商务有限公司的两家子公司通过合同关系组建广州唯品会信息技术有限公司作为主要技术支持。可见唯品会在国内外市场都是一家大公司。其资金、技术和市场发展潜力巨大。

从唯品会的外部架构来看，唯品会是一种典型的 vie 架构。唯品会通过 vie（“可变利益实体”）广州唯品会从事社会电子商务业务。通过广州唯品会、唯品会中国及其股东签署了一系列协议。因此，唯品会可以说拥有一个相对完整、相互关联的多个利益集团的网络，这些利益集团通过区域层面的关系进行协议连接，设立子公司，从而扩大企业规模，发展至今。

从唯品会的内部架构来看，唯品会在管理决策层面拥有强大的管理团队，其采用的就是董事长，下设副董事长，下设总裁以及副总裁的组织结构模式。董事长是股东大会选举产生的代表股东，也是对公司经营进行监督的最高决策者。在唯品会，董事长也是公司的首席执行官。总裁和副总裁是股东任命的管理公司的领导。

就其日常业务运作而言，其行动层主要采用我们熟悉的分工制组织结构形式。总经理（CEO）下设人力资源部、行政部、财务部、采购部、运营部、市场部、产品部、技术部、物流部和客户服务部等相关部门。以下分为相关负责人。同时，根据具体事务的特点，将其细分为不同的模块。通过事业部组织架构的应用，总公司领导可以摆脱日常事务，集中精力解决全局问题，特别是对于唯品会这样一个既有国内市场又有国际市场的大型企业来说，这种结构能很好地减轻总公司的压力。可以实行独立核算，可以充分发挥经营管理的积极性，更有利于组织专业化生产，实现企业内部合作。事业部之间存在比较和竞争，有利于企业的发展。业务单元内部的供应、生产和营销很容易协调，不像线性职能体系下需要高层管理层介入，这大大减轻了管理层的压力，使决策更加完善。同时，事业部经理要考虑整个事业部，这有利于管理人才的培养。从整体上看，唯品会利用其良好的企业文化，极大地补充和改善了部门合作不足、组织重叠的问题，使员工之间的关系良好，组织凝聚力高，管理层和管理层之间的沟通更加融洽顺畅，大幅提高了组织运作的效率。

9.4.3 案例三：小米公司

小米公司成立于 2010 年 4 月，是一家专注于智能产品自主研发的移动互联网公司。“为发烧而生”是小米的产品理念。小米公司开创了以互联网模式开发手机操作系统的先河，以及发烧友参与开发和改进的模式，是一家专注于智能产品自主研发的移动互联网公司。随着中国移动互联网的快速发展，小米公司无疑已成为互联网企业中的“佼佼者”，其扁平化的组织结构管理模式也是其成功的关键。其基本组织结构是

“创始人—团队领导—员工”。有八位创始人。小米的小团队一般不超过 10 人。组长是每个项目的负责人。除了带领团队开展开发和日常管理事务之外，他还需要与其他部门进行协调和沟通。

与业内其他大公司相比，小米的结构确实要平淡得多。这样的管理系统大大减少了管理信息的反复确认和沟通时间，采用简单的层次结构，使团队能够有效地运作。小米公司的成长有其独特的方式，或者说是一种独特的企业文化。一般公司除了一些固有的职能部门之外，往往会随着新业务的拓展，增加业务部门。小米公司牢牢抓住了手机等少数“自营”业务，其他业务则被“打包”到生态链上。无论涉及多少生态链产业，都只有一个生态链部门。它一方面可以充分发挥小团队的效率优势，另一方面也可以保持和激发企业家的作用，甚至可以更好地利用股权激励招到更好的人才。

小米公司组织中所有人员的主观能动性都很高。他们在薪酬结构上采用宽带薪酬结构。一方面，它们支持扁平化组织结构的优势；另一方面，他们都注重自主研发，让员工更注重个人能力和技能的成长，而不考虑其他外在因素。

小米能在组织管理上做到最好，也离不开他们在选拔人才上的努力。小米公司的门槛很高，他们不考虑没有经验的人。他们选择的人起点高，经验丰富。正因为如此，他们才能在短短几年内占领市场。在员工招聘方面，小米始终坚持“用最优秀的人”，找到能劳逸结合、能战斗到底的人。因此，在创业初期，小米花了很多时间招人。对于一家公司来说，最好的管理方式就是不需要管理。对于一家初创公司来说，如果公司发现的人还需要管理，培训这些人需要很长时间，那么在公司没有大的发展之前，成本可能几乎被消耗掉了，所以小米只招那些自我驱动力强的人。“米粉”都知道小米的口号是“为发烧而生”，是“低价”与“高性价比”的结合。小米手机的性能配置优于同价位的其他品牌，主要表现在性能和价格较低，也就是所谓的“发烧”。

小米的成功是企业家的完美示范。小米的扁平化管理模式和用工方式可以说是互联网企业的典范。

9.5　课后习题

（1）企业的宗旨和目的是什么？

（2）简要分析企业组织结构的扁平化管理模式。

（3）企业文化的功能是什么？如何让企业文化理念落地生根？

（4）简要分析企业的发展战略。

（5）如何塑造一个优秀的企业团队？

参考文献

[1] 陈德智．创业管理［M］．北京：清华大学出版社，2007.

[2] 中关村创新研修学院，北航创业管理培训学院．创业启动［M］．北京：科学出版社，2004.

[3] 杨红卫，杨军，常凤英．大学生全程就业指导［M］．昆明：云南大学出版社，2010.

[4] 史云天．如何撰写商业计划书［J］．科技创业，2001（3）：62-65.

[5] 王岳森，李惠军．创造学教程［M］．成都：西南交通大学出版社，2003.

[6] 侯先荣，曹建新．MBA学位论文写作指南［M］．广州：华南理工大学出版社，2006.

[7] 谢晓翠，王静．职业生涯设计与就业指导［M］．杭州：浙江大学出版社，2007.

[8] 华尔街风险投资编委会．华尔街风险投资［M］．长春：吉林摄影出版社，2002.

[9] 邵文革，李寿和．农村青年创业导航［M］．杭州：浙江工商大学出版社，2011.

[10] 胡国胜，廖敏慧．网络营销与安全［M］．北京：清华大学出版社，2007.

[11] 邓云晖，于万里．财经应用文［M］．北京：对外经济贸易大学出版社，2005.

[12] 卢旭东．创业学概论［M］．杭州：浙江大学出版社，2002.

[13] 王岳森，李惠军．创造学教程［M］．成都：西南交通大学出版社，2003.

[14] 汪岩．30分钟搞定商业计划书［M］．北京：中国纺织出版社，2005.

[15] 刘燕华，吴红骏．心理学视角的职业规划与实务［M］．兰州：甘肃文化出版社，2007.

[16] 陈龙春，杨敏．大学生创业基础［M］．杭州：浙江大学出版社，2007.

[17] 董仕华．小企业创业管理一本通［M］．杭州：浙江工商大学出版社，2012.

[18] 广西国际商务职业技术学院．大学生职业生涯规划创业教育篇［M］．南宁：广西人民出版社，2009.

[19] 曾杰豪．大学生就业行动手册：职业发展与就业指导［M］．广州：华南理工大学出版社，2013.

[20] 赵恩北．大学生职业生涯发展与辅导［M］．石家庄：河北人民出版社，2010.

[21] 刘常勇．创业管理的12堂课：机会，资金，团队，风险——12堂创业者和风险管理者的实用教程［M］．北京：中信出版社，2002.

[22] 张德斌，冯章．我创业我成功：成功创业102条黄金法则［M］．北京：当代世界出版社，2005.

[23] 曲艳焱．沈阳市 LN 教育培训中心营销策略研究［D］．天津：南开大学，2008.
[24] 吕化周，柳兴国，范应仁．市场营销学［M］．武汉：武汉理工大学出版社，2006.
[25] 周泽信．现代商务管理学教程［M］．北京：中国商务出版社，2005.
[26] 徐水尚．虚拟企业运营模式研究［D］．武汉：华中师范大学，2007.
[27] 丛喜红．风华酒业有限责任公司营销策略研究［D］．哈尔滨：哈尔滨工业大学，2007.
[28] 曹彩凤．如何提升高速公路社会管理综合治理工作水平［J］．决策与信息旬刊，2013（4）：274-274.
[29] 韩国文．创业学［M］．武汉：武汉大学出版社，2007.
[30] 李蔚．创业市场营销［M］．北京：清华大学出版社，2005.
[31] 黄鹤．农民朋友不可不知的 99 个创业法则［M］．南昌：江西教育出版社，2010.
[32] 严书翔．卓越公司的 10 大法则［M］．深圳：海天出版社，2005.
[33] 木子．制胜的商业计划分析——麦肯锡“七步分析法”［J］．企业管理，2001（11）：51-52.
[34] 孙砚．福建电信在线计费系统项目可行性研究［D］．南京：南京邮电大学，2012.
[35] 李智．全国互联网扩容工程可行性研究［D］．北京：北京邮电大学，2008.
[36] 刘生峰．国际市场营销［M］．广州：暨南大学出版社，2006.
[37] 李学斌．TSG 公司 30 万吨冷轧薄板项目可行性研究［D］．青岛：中国海洋大学，2010.
[38] 孙丰田．辽河油田井下作业公司设备采购项目研究［D］．大连：大连理工大学，2009.
[39] 许俊．企业战略与技改项目可行性实证研究［D］．武汉：武汉理工大学，2003.
[40] 马宝国，张志艳．企业信息收集浅谈［J］．科技信息，2008（20）：475-476.
[41] 乜堪雄．市场营销学［M］．南京：东南大学出版社，2006.
[42] 杨小红．新兴行业创业机会阶段化管理研究：以新兴服务业“苏州爱宝贝婴儿游泳馆”为例［D］．镇江：江苏大学，2013.
[43] 戴艳艳．高科技企业二次创业的动机及风险研究［D］．武汉：武汉理工大学，2004.
[44] 王战平．营销训练［M］．武汉：武汉大学出版社，2003.
[45] 孙华宪．汽车营销技术［M］．西安：西安电子科技大学出版社，2007.
[46] 黄光耀．浅谈做好营销工作对企业发展的重要作用［J］．商情，2011（38）：166-166.
[47] 韩雯．东大公司环氧丙烷技术扩建项目可行性研究［D］．青岛：中国海洋大

学，2009.
[48] 杨蕾．基于经典模型的机会型创业机会研究［D］．合肥：合肥工业大学，2008.
[49] 李长军．焦煤集团赵固二矿建设项目可行性研究［D］．天津：天津大学，2009.
[50] 许志扬．设备技术改造项目的可行性研究［D］．青岛：中国海洋大学，2008.
[51] 肖先勇，杨洪耕，李兰弟．电力市场营销［M］．成都：四川大学出版社，2002.
[52] 李培志．OLK公司新产品开发项目管理研究［D］．上海：东华大学，2012.
[53] 明志舒．宁东直流工程建设项目的效益分析［D］．济南：山东大学，2011.
[54] 王红梅，赵胜刚．现代工业企业管理［M］．南京：东南大学出版社，2007.
[55] 杨伟文．市场营销管理教程［M］．长沙：湖南人民出版社，2006.
[56] 陈茂强．市场营销学［M］．西安：西安电子科技大学出版社，2011.
[57] 于家臻，毛艳丽．市场营销基础［M］．北京：电子工业出版社，2010.
[58] 张光灿．工商管理基础［M］．南京：河海大学出版社，2006.
[59] 黄小英．PPG公司涂料研发项目风险管理体系研究［D］．天津：天津工业大学，2013.
[60] 陆参．工程建设项目可行性研究实务手册［M］．北京：中国电力出版社，2006.
[61] 王红梅．现代企业管理［M］．西安：西安交通大学出版社，2012.
[62] 李俊凯．营销是什么［M］．北京：人民日报出版社，2004.
[63] 王政．新产品开发浅析［J］．商情，2013（18）：130-130.
[64] 李自如，关健．现代企业管理学［M］．长沙：中南大学出版社，2010.
[65] 张海霞．枣庄市张庄石榴园扩建项目效益评估研究［D］．青岛：中国海洋大学，2011.
[66] 肖正茂．安旭科技快速诊断试纸国际市场营销战略研究［D］．兰州：兰州大学，2015.
[67] 范忠宝．投资项目评估教程［M］．北京：经济科学出版社，2002.
[68] 乔斌．Z监狱改扩建工程可行性研究［D］．南京：南京理工大学，2011.
[69] 孙嘉．产品生命周期管理方案研究［D］．上海：复旦大学，2009.
[70] 张阳才．YX公司新产品开发项目管理优化研究［D］．杭州：浙江工业大学，2017.
[71] 刘笃池．自主创新企业与后进模仿企业竞争策略模型研究［D］．长沙：中南大学，2009.
[72] 江谢海．基于RWW模型的丙烯酸乳液新产品开发项目筛选的研究［D］．上海：东华大学，2013.
[73] 范正伟．3G时代电信运营商产品创新研究［D］．北京：北京邮电大学，2009.
[74] 张密．服务营销学［M］．北京：对外经济贸易大学出版社，2000.
[75] 王振江．关于产品生命周期理论在营销实践应用中的突出问题与对策思考［J］．经济研究导刊，2012（33）：223-226.

[76] 范忠，闫黎．市场营销学［M］．西安：西北大学出版社，2003.
[77] 陈红燕．M公司工业以太网交换机营销策略研究［D］．西安：西北大学，2009.
[78] 赵国杰．工程经济学［M］．天津：天津大学出版社，2004.
[79] 陈秋元．现代企业管理［M］．北京：经济科学出版社，2003.
[80] 李国栋．海南赛诺公司绿色营销策略研究［D］．大连：大连理工大学，2009.
[81] 黄汉江，潘其昌，俞冲．全国投资与建设研究成果集［M］．上海：上海财经大学出版社，2004.
[82] 韩海燕．兽药与饲料营销［M］．银川：宁夏人民出版社，2011.
[83] 韦蕊．蓝月亮洗衣液的产品定位及推广策略研究［D］．广州：中山大学，2009.
[84] 赵国杰．技术经济学（修订版）［M］．天津：天津大学出版社，1996.
[85] 王志伟．我国彩电制造企业全寿命营销模式的构建研究［D］．长沙：中南大学，2009.
[86] 傅云新．21世纪高等院校旅游管理专业联编教材服务营销学［M］．广东：华南理工大学出版社，2005.
[87] 赵国杰．投资项目可行性研究［M］．天津：天津大学出版社，2003.
[88] 林小兰．市场营销基础与实务：项目课程教材［M］．北京：电子工业出版社，2009.
[89] 王伟伟．基于RE理论的PLC设计管理体系的研究与应用［D］．西安：陕西科技大学，2008.
[90] 杜跃平，段利民．技术创业：技术项目评价与选择［M］．西安：西安电子科技大学出版社，2010.
[91] 武振业，叶成炯，周国华．生产与运作管理［M］．四川：西南交通大学出版社，2000.
[92] 李怀斌，于宁，张闯．服务营销学教程［M］．大连：东北财经大学出版社，2010.
[93] 张兴旺．A电机集团并购后的技术平台整合研究［D］．苏州：苏州大学，2014.
[94] 李强．企业市场分析的理论与方法研究［D］．阜新：辽宁工程技术大学，2005.
[95] 张宪福．M电压力锅公司竞争战略研究［D］．广州：中山大学，2009.
[96] 韩雪松．新医改背景下恒瑞医药公司营销策略研究［D］．天津：南开大学，2010.
[97] 翁玮蔓．新疆五家渠兰花生态旅游商务综合项目商业计划书［D］．镇江：江苏大学，2012.
[98] 吴融．Y公司电子产品B2C平台业务发展战略的研究［D］．大连：大连理工大学，2018.
[99] 嵇建新．企业应重视市场调研［J］．中小企业管理与科技，2007（11）：27-29.
[100] 蒋伟宏．珠海天然气公司发展战略与实施策略研究［D］．大连：大连海事大

学，2013.
[101] 尚兴武．一汽解放公司发展战略研究［D］．哈尔滨：哈尔滨工业大学，2007.
[102] 陈洪安，陆军，江若尘，等．营销管理［M］．上海：华东理工大学出版社，2008.
[103] 吴健安．营销管理［M］．高等教育出版社，2004.
[104] 汪海波．陕西秦龙电力公司发电业务战略研究［D］．西安：西北大学，2009.
[105] 黄海萍．阜新市杨记玛瑙玉器雕刻厂市场分析［D］．阜新：辽宁工程技术大学，2006.
[106] 陈双喜．大连船舶重工集团有限公司发展战略研究［D］．大连：大连海事大学，2012.
[107] 张国忠．经济新常态下中小企业战略环境分析［J］．中外交流，2018.
[108] 曾静．如何运用 Top-Down 模式和 Bottom-Up 模式进行中学英语听力教学［J］．中外交流，2018.
[109] 刘秉君．商务策划市场研究［M］．北京：中国经济出版社，2008.
[110] 张向彬．GE 成都分公司 PLC 产品营销策略研究［D］．成都：西南交通大学，2008.
[111] 何苏华．企业合作网络的成因及其运行机制［J］．佛山科学技术学院学报（社会科学版），2003（3）：1-3.
[112] 王艳．电子商务商业模式研究［J］．广西财经学院学报，2013（1）：98-102.
[113] 荆林波．信息服务与经营模式［M］．北京：经济科学出版社，2005.
[114] 克拉森．利润力：企业提高利润的学问［M］．北京：线装书局，2004.
[115] 姜梅梅，杨苗苗．移动互联时代，新式企业品牌的创立与运维分析［J］．消费导刊，2016（11）：83-83，85.
[116] 王天宇．科技服务业商业模式研究［D］．沈阳：沈阳理工大学，2014.
[117] 何苏华，陈晶瑛．企业网络组织利益分析与风险管理［J］．企业经济，2006（5）：82-83.
[118] 郝思杰．基于粗糙集的企业商业模式创新的评价研究［D］．上海：东华大学．
[119] 马莉．“氧气听书”手机 App 营销策略研究［D］．杭州：浙江工业大学，2017.
[120] 刘勇．中国联通营销策略研究［D］．南京：南京理工大学，2008.
[121] 赵黎明．现代企业管理学［M］．天津：天津大学出版社，1995.
[122] 刘红燕．国际市场营销新教程［M］．北京：中国劳动社会保障出版社，2004.
[123] 永良，刘挥．从零开始学炒股大全集：一部股票投资的百科全书．北京：企业管理出版社，2010.
[124] 唐猛．强生公司人工关节产品市场营销战略研究［D］．沈阳：东北大学，2011.

［125］何静．市场营销学实训［M］．武汉：华中科技大学出版社，2008.
［126］王阳，付春香．区域营销理论与策略［M］．兰州：甘肃文化出版社，2007.
［127］陈奇琦．今麦郎方便面沈阳分公司营销策略研究［D］．沈阳：东北大学，2011.
［128］赵术林．电脑销售岗前培训．重庆：重庆大学出版社，2014.
［129］姚小远．中盐湖南株洲化工集团有限公司营销策略研究［D］．长沙：湖南大学，2011.
［130］张冰新．大学生返乡创业融资困境及其路径研究［D］．合肥：安徽财经大学，2017.
［131］张玉臣．创业投资管理［M］．上海：同济大学出版社，2005.
［132］金峰．公司上市运作指南（十三）［M］．北京：光明日报出版社，2003.
［133］陈卫荣．风险投资退出机制研究［D］．杭州：浙江大学，2003.
［134］薛莲．国外非正式风险投资发展经验及对中国的启示［D］．上海：复旦大学，2003.
［135］张玉臣．创业投资管理［M］．上海：同济大学出版社，2005.
［136］吴建同．合肥地区 IT 产业投资价值分析［D］．合肥：中国科学技术大学，2003.
［137］范立华．我国风险投资的制度安排［D］．成都：西南财经大学，2001.
［138］张曼．论建立我国风险投资机制［D］．成都：西南财经大学，2000.
［139］王立彦．会计控制与信息系统［M］．大连：东北财经大学出版社，2005.
［140］郑丹瑜，杜阳，刘桂荣．大学生创业融资方式比较分析［J］．中国集体经济，2012（15）：118-119.
［141］占永琼．大学生创业理论与实务［M］．上海：同济大学出版社，2009.
［142］赵玉海．新经济时代支持创业的两种工具研究［D］．南京：河海大学，2006.
［143］黄轶芳．我国风险投资决策机制问题探析及对策研究［D］．武汉：武汉理工大学，2005.
［144］严也舟．高新技术产业风险投资研究［D］．武汉：武汉理工大学，2002.
［145］周子潇．高新技术风险投资及我国对策研究［D］．长沙：湖南大学，2002.
［146］钟原．大学生职业规划与创业指导［M］．武汉：武汉理工大学出版社，2008.
［147］陈震红，董俊武．创业风险的来源和分类［J］．财会月刊，2003（24）：56-57.
［148］张卿，王孝胜．大学生职业生涯规划与就业指导［M］．西安：西北工业大学出版社，2010.
［149］黄晓勇．基于结构化视角的农民工返乡创业研究［D］．重庆：重庆大学，2012.
［150］陈龙春，杨敏．大学生创业基础［M］．杭州：浙江大学出版社，2007.
［151］饶远，赵敏敏，李世萍．大学生创业理论与实践［M］．昆明：云南大学出版

社，2008.
[152] 韩国文．创业学［M］．武汉：武汉大学出版社，2007.
[153] 龚荣．回望那些杯具的 VC［J］．新经济，2010（12）：76-79.
[154] 王慧．高校贷款风险及其控制研究［D］．青岛：中国海洋大学，2010.
[155] 王静．基于信贷流程的商业银行信贷风险控制研究［D］．西安：西安科技大学，2011.
[156] 刘杨．考虑两个风险情形的项目风险应对策略选择方法研究［D］．沈阳：东北大学，2011.
[157] 廖婧舒．计及分布式电源的配电网风险评估研究［D］．重庆：重庆大学，2014.
[158] 任壮．谈我国个人消费信贷中的信息不对称问题［J］．财会月刊，2003（24）：55-56.
[159] 李邦忠．高新技术产业投资创业项目的风险评价［J］．企业家天地下半月刊（理论版），2007（2）：75-76.
[160] 李海涛．基于有限理性的投资项目经济评价研究［D］．天津：天津大学，2006.
[161] 刘有名．安全防范型企业创业研究［D］．长沙：中南大学，2007.
[162] 嵇绍乾．盐城市企业环境与企业发展关系实证研究［D］．南京：南京理工大学，2005.
[163] 徐红涛．扁平化集成管理浅议［J］．合作经济与科技，2016（23）：111-112.
[164] 梅小伟．扁平化管理模式下输电工程项目管理改进研究［D］．南京：东南大学，2012.
[165] 高军．××油田采油厂组织结构扁平化构建研究［D］．青岛：中国石油大学（华东），2012.
[166] 闫伍夫．扁平化管理与金字塔式管理区别［J］．商业经济，2008（14）：54-55.
[167] 高芳．企业制定员工发展计划的必要性［J］．北京城市学院学报，2005（4）：67-68.
[168] 沈火平．漳州移动公司片区营销中心扁平化管理改革的研究［D］．厦门：厦门大学，2009.
[169] 方真，林彦新，邢凯旋．化工企业管理［M］．北京：中国纺织出版社，2007.
[170] 陈广．华为的企业文化［M］．深圳：海天出版社，2007.
[171] 张桀．以扁平化提升管理水平［J］．中国电力企业管理，2009（12）：51-53.
[172] 严瑾．K（中国）公司员工发展体系及其实施研究［D］．上海：上海交通大学，2009.
[173] 张亚平．A 公司发展战略及相关管理问题研究［D］．南京：南京理工大学，2008.

［174］邹联民．浅谈全员创新与江汉油田的持续发展［J］．江汉石油职工大学学报，2006（3）：61-63.

［175］陈镇聪．全业务环境下东莞移动自有渠道管理策略研究［D］．武汉：华中科技大学，2012.